신학은 우리가 믿고 있는 하나님에 대한 설명이다. 감히 알 수도 표현할 수도 없는 하나님을 설명할 수 있는 이유는 하나님께서 우리가 그분을 알아들을 수 있도록 표현하신 바가 성경이라는 책을 통해 증거, 보존, 전승되었기 때문이다. 예수께서 오시고 난 이후 셀 수 없이 많은 사람들이 그 성경을 통해 발견한 하나님을 설명함으로써 우리 그리스도인과 교회를 살리는 데 큰 역할을 해왔다. 그런 신학적 유산들이 세상을 회복하시는 하나님과 동역하기에 부족함이 없을 정도로 축적되었다. 하지만 안타깝게도 교회를 위해 깊은 영성과 총체적 이해를 추구해야 할 오늘날의 신학이 하나님과의 깊은 사귐을 상실하고 교회라는 맥락을 상실한 채 신학교의 울타리 안에 갇혀 있는 경향을 보이고 있다. 이런 상황에서 한국복음주의신약학회에 소속된 교수님들이 신약성경 각 권의 말씀을 본문으로 풀어 설교한 내용을 모아 책으로 출간하게 된 것은 참으로 귀한 시도다. 신학자들의 노고와 연구물이 사람을 살리고 공동체를 세움으로써 세상 속에 침투해 들어가 각자의 역할을 감당하는 교회를 세우는 일을 위해 하나님의 손에 들려 더욱 온전히 사용되길 기도한다.

김형국 | 하나복DNA네트워크 대표

설교자들이 가끔 신약성경의 숲속에서 길을 잃을 때가 있다. 방향을 잡아주는 본문을 놓치거나, 그 숲에서 너무 많은 것들을 보고 즐기기 위해 달리는 일을 멈췄을 때 그런 일이 생긴다. 신약성경의 숲에서 길을 잃지 않으려면 분명한 길잡이 곧 본문이 필요하다. 『때를 얻든지 못 얻든지』에서 27명의 설교자들이 선보이는 숲속 달리기는 본문과 함께 뛰는 설교가 무엇인지를 확실히 보여준다. 그들은 다른 것에 눈을 돌리지 않는다. 그러면서도 숲속 달리기가 지루하지 않도록 다른 본문과의 상관성 및 시원하게 적용할 수 있는 옹달샘과 같은 적용 실천을 보여줌으로써 완성도 높은 신약 설교의 본을 제시해준다. 이 책은 좋은 설교 훈련의 교과서가 될 것이다.

박동국 | 서귀포교회 담임목사

오늘날 설교자들이나 청중들 모두 감동적이고 듣기에 좋은 설교를 선호하는 경향이 있다. 그러나 교회에 정말 필요한 것은 바른 설교이며, 바른 설교는 성경의 바른 주해로부터 나온다. 목회자들이 평생에 걸쳐 신학자들의 도움을 받아야 하는 이유가 여기에 있으며, 그렇기 때문에 신학자들 역시 교회와 목회자들을 돕는 것에 신학함의 목표를 두어야 한다고 생각한다. 그런 점에서 신약학자들이 뜻을 모아 바른 주해에 기초한 성경신학적 설교의 모본을 한국교회 앞에 내어놓게 된 것에 대해 깊은 감사를 표현한다. 한국교회 강단이 보다 건강한 방향으로 나아가는 데 이 설교집이 큰 기여를 할 것이라 확신한다.

송태근 | 삼일교회 담임목사

신학자들의 설교는 신학생들과 현장의 목회자들에게 사나운 광풍이 일어나는 어두운 밤에 항구를 향해가는 배를 안전하게 인도하는 등대와 같다. 바른 배경 이해, 충실한 주해, 평이한 설명, 건전한 적용을 두루 잘 구비한 이 책은 영적인 등대로서의 탁월한 역할을 신실하게 해낼 것이다.

유상섭 | 창신교회 담임목사, 전 총신대학교 교수

지난 20년 동안 목회자들이 신약성경 말씀을 잘 이해할 수 있도록 좋은 논문으로 귀한 영향을 끼친 한국복음주의신약학회와 신구 임원분들께 감사의 마음을 전한다. 이해하기 어려운 말씀을 정확히 해석하고 현시대에 적실성 있는 이슈를 다룬 글들은 말씀을 전하는 설교자들에게 마른 땅에 단비와 같았다. 이번에는 27명의 저명한 신약학자들을 통해 설교의 진수를 맛보게 하는 새로운 시도에 박수를 보낸다. 해당 구절에 대한 학자다운 주해와 더불어 정곡을 찌르는 촌철살인의 메시지는 말씀의 강력한 힘을 느끼게 해주기에 충분하다. 또한 신약성경 각 권에 대한 추천 주석들은 어떤 책을 참고해야 할지 막막한 설교자들에게 큰 도움이 되리라 확신한다. 이 시도가 지속적으로 이어져 한국교회 강단에 새바람을 불러일으키길 기대하며 말씀을 사랑하는 설교자들에게 필독을 권한다.

이풍인 | 개포동교회 담임목사

독자들은 이 책을 통해 다음 세 가지를 경험하게 될 것이다. 첫째, 본문 중심의 설교를 만나게 될 것이다. 설교는 반드시 본문을 풀어내야 한다. 풀이법은 설교자에 따라 다양하지만, 풀어야 할 대상은 반드시 본문이다. 이 책의 저자들은 평생 주해를 수련한 분들로서, 독자들은 이 책을 통해 탄탄한 주해가 설교로 옮겨진 열정 어린 결과물을 만나게 된다. 둘째, 신약성경의 각 권에서 한 편씩의 설교만 묶었는데도 신약성경 전체를 맛보는 경험을 할 수 있을 것이다. 특히 한 장으로 구성된 책에서 본문을 정한 설교들은 책 전체를 아우르는 독특한 인사이트를 준다. 셋째, 저자들은 다양한 배경에도 불구하고 복음주의라는 큰 틀 안에서 성경 해석을 제시함으로써 독자들에게 신약성경이 보여주는 높은 차원의 통일성을 경험하게 한다. 이 책은 설교자로서 충분한 경험을 쌓은 분들에게도 의미 있는 지침이 될 것이라고 본다.

한규삼 | 충현교회 담임목사

추천사를 의뢰받게 되면 분주한 일정 가운데 책 전체를 읽는 일에 부담을 느껴서 추천을 포기하는 경우가 생기곤 한다. 그런데 이 책은 추천 요청을 받을 때는 물론이고 책의 내용을 보는 순간 추천하고픈 마음이 강렬히 느껴졌다. 오랜 세월동안 신약성경을 전공하시고 한국의 신약학회를 책임 있게 섬겨 오신 분들이 이렇게 27권의 신약성경에서 원하는 본문을 선정하여 한 편씩 설교로 묶어낸 글을 살펴보면서, 한 본문이라도 그냥 지나치고 싶지 않아 온 마음을 기울여 읽어보지 않을 수 없었다. 책을 읽는 동안 느낀 행복감과 말씀에 대한 사모함이 성경을 사랑하는 모든 목회자들, 신학생들, 일반 성도들에게도 전해지길 바란다.

화종부 | 남서울교회 담임목사

때를 얻든지 못 얻든지

때를 얻든지 못 얻든지

신약학자들의 설교

한국복음주의신약학회 지음

새물결플러스

목차

머리말

파란 하늘빛이 싱그러운 계절, 한 권의 책을 내놓음으로써 세상에 작은 빛을 더하게 되어 참 기쁩니다. 한국복음주의신학회에서 기획한 『때를 얻든지 못 얻든지』가 출간되었습니다. 1세기 그리스어로 기록된 역사적 문서인 신약성경을 하나님의 말씀으로 고백하고 사랑하며 연구하는 27인의 신약학자들이 정성껏 작성한 설교문을 모아 하나의 작품으로 내놓게 되었습니다. 27이라는 숫자에서 쉽게 짐작하실 수 있듯이 각 설교자는 신약성경 27권 중 한 권씩을 맡아 그 안에서 자유롭게 성경 구절을 선택하여 한 편의 설교문을 완성하였습니다.

설교자들은 지금까지 회장, 부회장, 총무 등의 직책을 맡아 학회 발전을 위해 수고해오신 분들입니다. 또한 평생에 걸쳐 논문과 학술 도서를 집필함으로써 신약학 세부 영역에서 학문적으로 귀한 공헌을 이룬 분들이기도 합니다. 이렇게 좋은 신약학자들이 작성한 설교를 한 편씩 읽어나가시다 보면 깊은 숲속의 옹달샘에서 방금 퍼올린 생수를 맛보는 것처럼 달콤함과 시원함을 느끼실 수 있을 것이라고 확신합니다. 의지할 수 있는 사람이 곁에 있다면 어두운 골목길도 거뜬히 나설 수 있듯이, 설교자들의 안내를 의지하여 신약성경의 숲속을 거닐다 보면 그 안에 자리한 형형색색의 나무와 꽃에 대해 더 자세히 알고 감상하고픈 호기심과 열망이 생기리라 봅니다.

설교문은 설교자의 특성과 구상을 잘 드러낼 수 있도록 형식에 큰 제한을 두지 않았습니다. 다만 공동 집필이라는 점에서 원고 분량의 균형을 맞추려고 했으며, 본문과 문맥 해설을 잘 반영하되 지나친 석의에 치우치지 않으면서도 메시지의 적용이 적절하게 드러날 수 있도록 신경을 썼습니다. 또한 독자의 이해를 돕기 위해 적절히 각주를 사용했으며, 신약성경 각 권의 본문 해석과 설교에 도움이 될 만한 추천 주석서를 함께 소개하였습니다. 『때를 얻든지 못 얻든지』가 학회 구성원뿐만 아니라 한국교회 강단에서 말씀의 교사로서 고군분투하고 계신 목회자, 더 나아가 내일의 설교자로 나설 신학생과 일반 성도가 신앙 생활에서 마주칠 "예기치 못한 기쁨의 선물"이 되면 참 좋겠습니다.

이렇게 단행본이 출간될 수 있도록 소중한 설교문을 작성해주신 교수님들, 발행 관련 업무로 수고하신 총무 권해생 교수님과 간사 황환승 목사님께도 감사를 드립니다. 코로나19로 인해 교계와 출판계가 어려움을 겪고 있는 상황에서도 기꺼이 출판을 결정해주신 새물결플러스&아카데미 김요한 대표님과 직원 여러분께도 감사와 위로의 마음을 전합니다. 아울러 학회의 견실한 울타리로 계신 고문 선배님들과 재정 지원을 통해 국내 신약학 연구에 동역해주시는 후원 이사님들께 이 기회를 빌어 존경과 감사의 말씀을 올립니다. 아무쪼록 이 책이 한국복음주의신약학회의 창립 목적을 굳건히 하고 이를 발판으로 더 왕성히 발전해가는 데 미력이나마 도움이 되기를 소망합니다. 이 책을 펼치는 독자 여러분에게도 주님의 선한 손길이 늘 함께하시기를 기원합니다.

2021년 10월

한국복음주의신약학회 회장
허주

1
마태복음 설교

양용의

설교자 약력

총신대학교(B.A.)

영국 London Bible College(B.A. Hon., M.A.)

영국 Wycliffe Hall, Oxford / Coventry University(Ph.D.)

에스라성경대학원대학교 은퇴교수

설교자 저서

『마태복음 주석』 한국성경주석 시리즈 1(2022 출간 예정) 외

네 믿음이 크도다[1]

마태복음 15:21-28

그리스도인이라면 누구나 예수님으로부터 "네 믿음이 크다"라고 인정받고 싶을 것입니다. 그런데 놀랍게도 마태복음 안에서 믿음이 크다고 인정받은 사람은 단 둘뿐입니다. 그들은 열두 제자를 대표하는 베드로나 우리에게 잘 알려진 어떤 유명한 인물이 아닙니다. 그 둘은 모두 이방인들로서, 한 백부장(8:10)과 오늘 본문이 소개하는 이름도 알려지지 않은 한 가나안 여인입니다. 특히 "네 믿음이 크도다"라고 직접 인정받은 사람은 가나안 여인 한 사람뿐입니다. 과연 가나안 여인은 어떻게 예수님으로부터 이처럼 믿음이 크다고 인정받을 수 있었을까요? 오늘 본문을 통해 이 여인의 믿음을 살펴보고, 우리도 그러한 믿음을 갖게 되기를 기대합니다.

오늘 본문이 소개하는 가나안 여인의 이야기를 읽다 보면 몇 가지

---

1   이 설교문은 저자의 "네 믿음이 크도다", 『성경과 교회』 16(2018), 80-113을 설교 형태로 재구성한 것입니다. 설교문의 특성상 참고 자료는 일일이 그 출처를 밝히지 않았습니다.

질문이 생깁니다. 무엇보다도 이방 여인의 간절한 탄원에 대해 당신께서 이스라엘에게만 보냄을 받으셨다고 선언하신 예수님의 반응을 어떻게 이해해야 할까요? 그리고 결국 그 여인의 믿음을 극찬하시고 탄원을 들어주시는 상반된 모습을 어떻게 연결해야 할까요? 예수님은 과연 이스라엘에 대해 배타적으로 적용하시던 선교 원칙을 마지못해 포기하신 것일까요? 아니면 처음부터 여인의 탄원을 들어주시려고 생각했지만 그 여인의 믿음을 확인하기 위해 의도적으로 그처럼 냉담한 반응을 보이셨던 것일까요? 특히 마가의 평행단락(막 7:24-30)에는 없는 내용인 "이스라엘 집의 잃어버린 양들"에게만 보냄을 받았다는 예수님의 배타적 선교 선언과 함께 이방 여인의 "큰 믿음"에 대한 칭찬을 포함한 마태의 의도는 무엇일까요? 이 여인의 요청을 받아들이심으로써 예수님의 선교 방향에 전환이 생긴 것인가요? 그분은 왜 이 여인의 믿음을 크다고 인정하셨을까요? 본 설교에서는 본문을 찬찬히 살펴봄으로써 이 다양한 질문들에 대한 답을 찾아본 후 이것이 오늘날 우리에게 주는 메시지와 적용점을 정리해보려고 합니다.

1. 본문과 마가복음 평행단락 비교

본 단락은 마가복음 7:24-30과 평행을 이룹니다. 두 복음서는 같은 사건을 기술함에도 불구하고 몇 가지 두드러진 차이점들을 보입니다. 그중 주목할 만한 차이점들은 다음과 같습니다. 우선 마가복음 7:25-26에 나오는 여인의 출신, 딸의 상태, 여인의 간청 내용이 마태복음에서는

22-25절에 걸쳐 매우 다른 형태로 분산되어 기술됩니다. 마태복음에는 마가복음에 없는 예수님의 침묵과 제자들의 간청(23절), 이스라엘에 대한 예수님의 배타적 선교 선언(24절)이 나타납니다. 이처럼 마태는 마가에 비해 여인에 대한 예수님의 부정적인 태도를 더욱 부각합니다. 그리고 여인에 대한 예수님의 최종 답변에는 마가복음에 없는 여인의 믿음이 크다는 칭찬을 기술함으로써, 여인에 대해 예수님이 보이는 최종적인 태도의 긍정적 측면을 더욱 부각합니다. 이와 더불어 기타 세부적인 차이들이 갖는 함의는 아래 본문 이해에서 살펴볼 것입니다.

2. 문학적 구조

본 단락은 상황 설정(21절)과 대화(22-28절)로 나뉩니다. 대화의 구조는 단순하면서도 뚜렷한 일관성이 있습니다. 마태는 마가와 달리 줄곧 직접화법을 사용하는데, 그 직접화법은 예수님께 대한 네 차례의 요청과 그에 대한 예수님의 반응으로 구성됩니다.[2]

---

2   아래 소개된 구조적 통찰과 분석은 Davies and Allison, *Matthew II*, 541에 많이 의존하였습니다.

22절	여인의 요청
23a절	예수님의 반응(ὁ δὲ οὐκ ἀπεκρίθη αὐτῇ λόγον…)
23b절	제자들의 요청
24절	예수님의 반응(ὁ δὲ ἀποκριθεὶς εἶπεν…)
25절	여인의 요청
26절	예수님의 반응(ὁ δὲ ἀποκριθεὶς εἶπεν…)
27절	여인의 요청
28절	예수님의 반응(τότε ἀποκριθεὶς ὁ Ἰησοῦς εἶπεν αὐτῇ…)

예수님의 처음 세 반응은 모두 "호 데"(ὁ δὲ, "그러나 그분께서")로 시작합니다. 이는 탄원자들의 요청들에 대한 예수님의 반응이 부정적임을 나타냅니다. 그에 반해 마지막 반응은 "토테"(τότε, "그때에")로 시작합니다. 이는 탄원자의 요청에 대한 예수님의 반응이 지금까지와 달리 긍정적으로 바뀌었음을 드러냅니다. 탄원에 대한 예수님의 반응에는 점진적인 진전이 있습니다. 첫째 반응(23a절)은 아무런 말씀도 안 하시는 무반응으로 시작하여, 둘째와 셋째 반응(24, 26절)은 부정적이지만 답변은 하시는 반응으로, 넷째 반응(28절)은 칭찬을 포함하는 긍정적 반응으로 끝을 맺습니다. 이런 진전은 예수님의 마지막 긍정적 답변이 절정에 해당함을 시사합니다.

3. 문맥 관찰

본문의 앞 단락(15:1-20)에서 예수님은 입으로 들어가는 것이 아니라 입에서 나오는 것이 사람을 더럽힌다고 선언하십니다. 게다가 "씻지 않은 손으로 먹는 것은 사람을 더럽히지 않는다"라는 선언은 유대인들의 정결 규례를 폐지하는 혁명적인 교훈입니다(참조. 막 7:19). 이어서 예수님께서 "두로와 시돈"이라는 부정한 이방 지역에 들어가셔서 부정한 이방인인 가나안 여인을 만나 대화하신다는 사실은 음식뿐 아니라 장소와 사람에 대한 정결 규례까지도 뛰어넘으셨음을 강력히 시사합니다.

뒤에 이어지는 단락에서 예수님은 계속 이방 지역을 다니시며 기적들을 행하신 후(15:29-31) 먹이시는 기적을 재차 일으키십니다. 이 기적은 메시아 잔치가 이스라엘뿐만 아니라 이방인들에게도 배설된다는 점을 시사하는 듯합니다. 이어서 바리새인들과 사두개인들의 불신앙이 소개되고(16:1-4), 제자들마저도 여전히 작은 믿음 때문에 책망을 받는 사건이 기술되는 것은(16:5-12) 의미심장합니다. 이는 가나안 여인의 큰 믿음과 현저한 대조를 이루기 때문입니다. 이런 점에서 가나안 여인의 큰 믿음은 제자들의 믿음에 큰 도전으로 작용합니다.

앞뒤 문맥의 이런 내용은 가나안 여인의 믿음을 "크다"라고 극찬하신 함의를 추적하는 데 유용한 지침이 됩니다.

4. 본문 이해

4.1. 상황 설정(21절)

예수님은 예루살렘에서 온 바리새인들과 서기관들이 정결 규례에 관한 문제를 제기(1-2절)하는 것에 대해 강력하고도 단호하게 부정적인 답변을 하시고(3-20절), 두로와 시돈 지방들로 물러가셨습니다. 그분이 물러

가신 곳이 "두로와 시돈 지방들"이라는 점을 주의 깊게 봐야 합니다. 바로 앞 단락(1-20절)에서 음식과 관련된 정결 규례 폐지를 시사하신(참조. 15:11, 20) 예수님께서 곧바로 이방 지역에 몸소 들어가셨다는 점은 장소와 관련된 유대인들의 정결 규례가 폐지될 것임을 암시합니다. "두로와 시돈"은 구약성경에서 하나님을 대적하여 책망받는 이방 도시로 자주 언급되는 곳입니다(사 23장; 욜 3:4-8 등). 이처럼 교만하고 사악한 도시들이 11:21-22에서는 고라신과 벳새다보다 더 회개할 만한 도시들로 언급되었습니다. 그런데 예수님께서 바로 그곳들로 들어가셨다는 언급은 독자들로 하여금 그곳에서는 갈릴리 도시들보다 더 나은 어떤 긍정적 반응이 나타나지 않을까라는 기대를 품게 합니다. 이처럼 이방 지역에 대한 장벽을 허무신 예수님 덕분에 결국 우리나라를 포함한 전 세계에 복음이 선포되었으니, 이에 관해 하나님께 감사와 찬송을 돌립니다.

4.2. 대화(22-28절)

(1) 여인의 첫 번째 요청(22절)

마태는 이방 여인이 예수님께 나와서 탄원하는 광경을 소개합니다. 그는 이 여인을 "가나안 여인"이라고 소개합니다. 가나안 사람들은 이스라엘이 가나안 땅에 들어갈 때 쫓아내었던 종족으로서 역사적으로 이스라엘과 뿌리 깊은 적대 관계에 있습니다. 마태는 이 여인이 그런 두려움과 혐오감을 뛰어넘어 예수님께 나아왔다는 점을 부각하는 듯합니다. 이 여인은 예수님을 "다윗의 자손"과 "주님"이라고 부릅니다. 특히 "주님"

을 탄원마다 세 번이나 반복해서 사용하는데, 이는 그녀의 고백적 믿음을 지극히 돋보이게 합니다.

여인은 예수님께 이렇게 부르짖습니다. "저에게 자비를 베풀어 주십시오." 아마도 이 여인은 유대인의 메시아이신 예수님께서 이방인인 자신에게도 자비를 베푸실 분이라고 기대했던 듯합니다. 이어서 자신의 딸을 위해 탄원합니다. "제 딸이 심하게 귀신 들려 있습니다." 이는 딸의 절박한 상태를 지시해줍니다.

여러분이나 가족에게 심각한 어려움이 있습니까? 그렇다면 그 문제를 가지고 주님 되신 예수님께 담대히 나아가 그분의 자비를 구합시다. 그분은 특정 민족이나 계급만을 위해 오신 메시아가 아니라, 어려움을 당하는 모든 이들을 위한 메시아이시기 때문입니다.

(2) 예수님의 첫 번째 반응(23a절)

여인의 간절한 탄원에 대한 예수님의 반응은 냉담하기 그지없습니다. 그분은 그녀의 절박한 탄원을 완전히 묵살하시고 그녀에게 한 말씀도 하지 않으셨습니다. 예수님의 이런 반응은 가히 충격적입니다. 그분은 사람들에게 자비를 강조하실 뿐 아니라 자비로운 성품을 지닌 분으로 알려져 있기 때문입니다(참조. 5:7; 11:28-30 등). 게다가 이미 이방인의 탄원을 들어주신 적도 있기 때문에(8:10-13), 그녀의 탄원을 이처럼 묵살하시는 이유를 쉽게 짐작하기 어렵습니다. 우리도 때로는 예수님께서 나의 간절한 탄원에 대해 아무런 반응을 보이시지 않고 나에게 너무 무관심한 태도를 취하시는 것 같다고 느낄 수 있습니다. 하지만 아마도 그분의 이런 침묵에는 의도가 있을 것입니다. 그런 침묵을 통해 우리의 믿음을 시험하시려는 것일지도 모릅니다.

(3) 제자들의 요청(23b절)

예수님의 냉담한 반응에도 불구하고 여인의 탄원이 지속되었던 것 같습니다. 마태는 이런 사실을 제자들의 요청이 지속적이었다는 점을 통해 시사합니다. 아마도 그녀는 지속적으로 탄원하다 보면 마침내 예수님의 자비를 얻을 수 있을 것이라는 기대를 품었던 모양입니다. 그녀의 믿음은 그분의 냉담한 반응을 극복하도록 함으로써, 그녀는 이렇게 첫 번째 시험을 통과합니다. 우리는 그녀의 이런 태도에서 예수님의 자비로운 반응을 내다보게 됩니다. 그리고 이를 통해 그분이 우리의 기도에 무반응으로 일관하신다고 할지라도 그분께 나아가 지속적으로 탄원해야 한다는 도전을 받게 됩니다.

하지만 제자들은 여인의 지속적인 탄원이 불편했던 것 같습니다. 그래서 예수님께 그녀를 돌려보내시라고 요청합니다. 하지만 그들의 요청은 그녀의 탄원 내용보다는 그녀의 부르짖는 행동과 연관되어 있습니다. 반면 지금 냉담한 반응을 보이는 예수님이 오히려 진정으로 이 여인을 위하는 분이라는 사실이 마침내 드러날 것입니다.

(4) 예수님의 두 번째 반응(24절)

예수님의 답변은 단호합니다. "나는 이스라엘 집의 잃어버린 양들 외에는 보냄을 받지 않았다." 아마도 이 답변은 제자들에게 주어졌던 것 같습니다. 하지만 예수님은 지속적으로 탄원하는 여인도 이를 듣기를 기대하셨을 것입니다. 사실 이런 배타적인 선교 원칙은 앞서 제자들에게 주어진 선교 명령에서 이미 밝혀졌습니다(10:5-6). "이방인들의 길로 가지 말고, 사마리아인들의 도시에도 들어가지 마라. 오히려 이스라엘 집의 잃어버린 양들에게 가라." 예수님은 이 원칙을 자신의 선교에도 그대로 적용하십니다. "이스라엘 집의 잃어버린 양들"이라는 표현이 10:6의 표현과 정확히 일치한다는 점에서, 마태는 두 선교 원칙이 긴밀하게 상관된 것임을 지시합니다. 그런데 두 말씀 모두 마태복음에만 나타난다는 점이 흥미롭습니다. 아마도 마태는 이 두 말씀을 통해 그의 유대인 독자들에게 하나님께서 이스라엘에 대한 약속을 얼마나 신실하게 지키시는지를 확인해주려고 한 것 같습니다(참조. 롬 15:8).

그런데 두 말씀 사이에는 긴장이 있습니다. 앞서 선교 명령을 들은 제자들은 실제로 유대인이 주로 사는 지역에서 그들을 대상으로 선교했던 것으로 보입니다. 그에 반해 여기서는 예수님께서 선교 원칙을 선언하신 후 이방 여인의 요청을 들어주심으로써 선교의 대상이 확대되기 때문입니다. 그렇다면 이 절의 배타적인 선교 원칙 선언에는 그에 대한 여인의 반응을 시험하시려는 의도가 내포된 것으로 볼 수 있습니다. 결국 이 배타적 선교 원칙은 예외 없는 원칙이 아닐뿐더러(참조. 8:5-13, 28-34), 예수님의 최종 원칙도 아님이 드러날 것입니다.

우리는 예수님의 말씀을 읽을 때 문맥과 상관없이 문자적으로 받아들이고 적용하는 것을 경계해야 합니다. 그분의 말씀은 진리지만 그 진리가 적용되는 방식은 상황과 대상에 따라 다양하게 나타날 수 있기 때문입니다.

(5) 여인의 두 번째 요청(25절)

아마도 여인은 제자들에게 하는 예수님의 답변을 먼발치에서 들었을 것입니다. 이제 여인은 예수님의 단호한 신학적-선교적 입장의 장벽에 직면한 셈입니다. 하지만 그녀는 더욱 간절한 모습으로 예수님께 탄원합니다. "그러나 그녀가 와서 그분께 절하며 말하였다. '주님, 저를 도와주십시오.'" 그녀는 예수님과 신학적으로 논쟁하려 하지 않습니다. 단지 그분의 동정심에 호소할 뿐입니다. 마태는 "절하다"라는 표현을 사용함으로써 그녀가 예수님을 경배받으시기에 합당한 분으로 인식하고 있음을 부각합니다(참조. 2:2, 11; 8:2; 9:18; 14:33; 18:26). 두 번째 탄원은 첫 번째 탄원(22절)을 요약한 것이지만, 현 문맥에서 겸손과 인내로 표현되는 그녀의 간절함을 강력히 강조합니다.

과연 우리는 이 여인처럼 겸손한 태도로 낙심하지 않고 인내하며 탄원합니까? 탄원의 진정한 힘은 이 여인처럼 낙심하지 않고 하나님을 경외하며 그분의 자비와 동정심에 호소하는 데 있다고 할 것입니다.

(6) 예수님의 세 번째 반응(26절)

이제 짤막한 비유를 활용한 예수님의 세 번째 반응이 주어집니다. "자녀들의 빵을 취하여 개들에게 던져주는 것은 옳지 않다." 사실 본문을 해석하는 데 가장 큰 어려움을 던져주는 이 세 번째 반응은 여인에게 직접 주어진 예수님의 첫 번째 명시적 답변에 해당합니다. 그런데 이는 여인에게 매우 모욕적이고 충격적인 답변입니다. 이 비유에서 "자녀들"은 이스라엘 백성을, "개들"은 여인을 포함한 이방인들을 지칭하는 것이 명백합니다. 예수님은 이방인들을 개들에 비유하심으로써 그들에 대한 모욕적인 입장 표명을 서슴지 않으십니다. 게다가 예수님은 "빵"에 비유된 구원이 이스라엘만을 위한 것이며 이방인들에게는 주어질 수 없다는 사실을 거듭 밝히십니다. 하지만 모욕적인 거절이 부각될수록 그에 대한 여인의 변함없는 탄원은 더욱 큰 믿음으로 인정받을 것입니다. 사실 예수님은 이미 이방인에게도 구원의 은혜를 나누어 주셨습니다(8:5-13). 그렇다면 이 모욕적이고 부정적인 반응은 여인의 믿음을 한층 더 시험하시려는 의도로 주어진 것이 분명해 보입니다.

우리가 만일 이 여인이었다면, 이토록 모욕적으로 받아들여질 수 있는 예수님의 답변을 듣고 어떤 반응을 보였을까요? 이 정도 답변이라면 "아, 예수님은 이방인에게 도무지 도움을 주시지 않는 분이구나"라고 생각하며 탄원을 포기하지는 않았을까요? 아니면 "뭐 이런 사람이 다 있어? 이 사람은 내 절박한 상황에 아무런 관심이 없을뿐더러 심지어 인격적인 모독을 주는 아주 매정한 인간이구먼!"이라고 투덜대면서 돌아갔을 법하지 않은가요? 그런데 이 여인은 어떻게 반응했는지 몹시 궁금해집니다.

(7) 여인의 세 번째 요청(27절)

너무도 실망스럽고 모욕적인 예수님의 답변에 대해 여인은 전혀 예상밖의 반응을 보입니다. 그녀는 실망이나 분노가 아니라 놀라울 정도로 긍정적인 탄원으로 반응합니다. 그녀는 자신의 탄원이 논리적으로 타당한 이유를 다음과 같이 제시합니다. "옳습니다, 주님. 그렇지만 개들도 주인들의 식탁에서 떨어지는 부스러기를 먹습니다." 그녀는 일단 예수님의 비유가 밝히는 대로 구원의 은혜에 대한 이스라엘 백성의 우선권을 인정합니다. 그러면서 그 비유가 진리의 일부만 밝히고 있다는 점에 주목합니다. 이방인과 동격으로 취급되는 개들마저도 최소한 주인들의 식탁에서 떨어지는 빵 부스러기들은 먹을 수 있다는 것입니다. 그분께서 하나님으로부터 보내심을 받으신 대로 이스라엘에게 구원의 은혜를 베푸시는 것은 마땅합니다. 하지만 이방인들도 개들처럼 구원의 은혜의 부스러기들은 먹을 수 있다는 것입니다.

그녀의 이런 반응은 놀랍게도 성경이 밝히는 두 가지 진리를 충실히 반영하고 있습니다. 첫째, 지속적인 탄원의 원리입니다. 예수님은 산상설교에서 지속적 탄원이 하나님의 은혜를 얻는 응답을 보장해준다고 가르치셨습니다(7:7-11). 이 여인은 그 기도의 원리를 지금 실천하고 있습니다. 둘째, 그녀의 반응은 하나님의 구원 계획을 적절히 반영합니다. 하나님께서 아브라함을 선택하여 부르실 때의 목적은 그가 "큰 민족", 곧 이스라엘 민족을 이루게 하실 뿐 아니라 그로 말미암아 "땅의 모든 족속들"이 복을 받도록 하는 것이었습니다(창 12:2-3). 또한 하나님은 이스라엘과 언약을 맺으시면서 그들을 당신의 소유이자 온 땅의 백성들을 위한 제사장으로 삼으셨습니다(출 19:5-6). 또한 시편 72:10-19은 메시아께서 이방인들 중에서도 궁핍한 자가 부르짖을 때 그를 불쌍히 여겨 압박과 강포에서 그를 구원하실 것임을 내다봅니다. 그렇다면 지극히 모욕적이고 배타적인 예수님의 앞선 답변은 이방인을 구원하시려는 하나님의 목표를 적절히 반영하면서도 그녀의 최종적 부르짖음을 기대하시는 그분의 마지막 시험대였다고 할 수 있을 것입니다.

여인의 이런 태도는 참으로 상상을 초월할 정도로 긍정적입니다. 그녀에게서 자존심이란 찾아볼 수 없습니다. 그녀는 예수님 앞에서 자신을 철저히 낮춘 채로 모욕적으로 들릴 수 있는 그분의 답변마저도 긍정적으로 인정하면서, 동시에 그분이 베푸시는 자비의 한 조각이라도 갈망하는 태도를 보입니다. 과연 나는 그 여인처럼 예수님 앞에 철저히 낮아진 모습으로 나아가고 있나요? 나에게 아직도 부인되지 못하는 자존심의 흔적은 없나요? 진정으로 절박할 때 내세울 것은 아무것도 없습니다. 어떻게 해서든지 주님께서 나의 절박한 필요에 관심을 기울이고 그에 반응하시기를 간절히 갈망하는 것 외에는 사치에 불과합니다.

(8) 예수님의 최종 반응(28절)

예수님은 최종 반응에서 지금까지 유지해온 논점을 완전히 뒤집는 듯한 평결을 내리십니다. "오, 여인아! 네 믿음이 크도다." "네 믿음이 크도다"라는 평결은 이 여인 외에 마태복음 안에서 그 누구도 받은 적이 없는 특별한 것입니다. 예수님의 이 평결은 충격적입니다. 왜냐하면 정작 이스라엘 가운데서는 믿음의 반응이 아닌 거절과 불신앙의 반응만 있었고(참조. 11-12장), 제자들마저도 그들의 "작은 믿음" 때문에 두 번이나 책망을 받았기 때문입니다(8:26; 14:31). 앞서 예수님은 이스라엘의 불신앙을 꾸짖는 가운데 두로와 시돈의 회개 가능성을 언급하셨는데(11:21-

22), 마침내 두로와 시돈 지역에서 한 이방 여인이 "큰 믿음"을 칭찬받고 있다는 사실은 시사하는 바가 큽니다.

이어서 예수님은 여인의 탄원을 들어주십니다. "'네가 원하는 대로 너에게 될지어다.' 그러자 그녀의 딸이 그 시각에 나았다." 이제 앞선 탄원(27절)에서 표현되었던 그녀의 통찰, 곧 이방인도 하나님의 구원의 은혜를 누릴 수 있다는 기대가 마침내 현실로 나타났습니다. 이렇게 볼 때 가나안 여인의 탄원에 대한 예수님의 부정적 반응은 그분의 본심을 표현한 것이라기보다는 여인의 큰 믿음을 확인해보시려는 의도적인 시험이었음이 분명합니다.

5. 결론

지금까지 살펴본 본문에 대한 이해를 바탕으로 도입부에서 제기한 핵심 질문들에 답하면서 설교 본문의 핵심 메시지를 도출하고 적용점을 찾아보도록 합시다.

(1) 예수님은 입장을 바꾸셨는가?

냉정하기 그지없고 심지어 모욕적으로 느껴지는 예수님의 처음 반응은 과연 그분의 본심이었을까요? 지금까지 살펴본 바에 따르면 그것은 예수님의 본심이 아니었습니다. 그분은 처음부터 여인의 믿음을 시험하고자 하셨습니다. 따라서 그분의 냉담하고 모욕적인 반응들은 그녀의 지극히 겸손하고 의존적이며 간절하고 변함없는 믿음의 반응을 확인하시려는 적극적인 목적에서 나온 것이었습니다. 그렇다면 예수님은 배타적인 선교 입장을 어쩔 수 없이 예외적으로 바꾸신 것이 아닙니다. 그보다는 가나안 여인의 큰 믿음을 확인하심으로써 애초부터 이방인들까지 구원하시려는 궁극적인 선교 목적(8:11-12; 21:43; 28:19)을 이루어 나가신 겁니다.

(2) 구원의 유일한 조건: 믿음

가나안 여인의 이야기는 마태복음의 중요한 신학적 진리를 확증해줍니다. 곧 하나님이 베푸시는 구원의 은혜는 민족적 신분을 갖춘 자들에게 자동적으로 주어지는 것이 아니라, 오로지 예수님의 하나님 나라 복음 선포에 믿음으로 반응하는 자들에게만 주어진다는 것입니다. 이스라엘은 민족적으로 하나님 나라에 들어갈 수 있는 기회를 먼저 부여받은 우선권을 소유하였기 때문에, 예수님과 제자들은 그들에게 먼저 하나님 나라의 복음을 선포하였습니다(10:5-6; 15:24; 22:1-4). 하지만 그들은 그 초청을 끝까지 거절하였습니다(11-12장; 22:3-6; 23:37). 그 결과 그들은 민족적 우선권을 갖고 있었음에도 불구하고 하나님의 심판을 받을 수밖에 없었습니다(21:12-17, 18-22, 43; 22:7-8; 23:38; 24:2). 다만 이스라엘 백성 중에서도 믿음으로 반응한 자들은 당연히 구원의 은혜를 누립니다(9:2, 22, 29-30). 한편 하나님이 베푸시는 구원 계획의 우선순위에서 밀려 있던(10:5; 15:24) 이방인들도 믿음으로 반응하기만 하면 하나님 나라의 잔치에 참여할 수 있는 특권을 누립니다(8:13; 15:28; 21:43; 22:9-10; 28:19-20). 이처럼 하나님 나라에 참여하여 구원의 은혜를 누리기 위한 유일한 기준은 민족을 불문하고 동일하게 "믿음"뿐입니다.

(3) 제자들의 작은 믿음과 가나안 여인의 큰 믿음

가나안 여인의 이야기는 우리의 믿음 상태를 점검해보도록 촉구합니다. 모든 것을 버려두고 예수님을 따른 제자들은 정작 "작은 믿음" 때문에 거듭 책망을 받았는데(6:30; 8:26; 14:31; 16:8; 17:20), 반면 가나안 여인은 예수님으로부터 "네 믿음이 크다"라는 칭찬을 받았다는 사실은 우리 모두에게 강력한 도전이 됩니다. 철저히 자존심을 부정하고 어떤 상황에서든 흔들리지 않는 신뢰를 갖는 것, 이는 가나안 여인에게서 배우는 "큰 믿음"의 핵심 요소입니다. 하나님 앞에서 중요한 것은 이스라엘의 민족적 지위나 열두 사도라는 대단한 지위보다 오직 "믿음"뿐입니다. 우리는 제자들의 작은 믿음과 대조되는 가나안 여인의 큰 믿음을 보며 큰 충격을 받게 됩니다. 그리고 이런 대조를 통해 우리 자신의 믿음은 과연 어느 쪽에 속하는지를 도전받게 됩니다.

설교자가 추천하는 주석

1. 양용의, 『마태복음 어떻게 읽을 것인가』, 서울: 한국성서유니온, 2018.

2. 그랜트 R. 오스본, 김석근 역, 『강해로 푸는 마태복음』, 존더반 신약주석, 서울: 도서출판디모데, 2015.

3. R. T. 프랜스, 권대영, 황의무 역, 『NICNT 마태복음』, 서울: 부흥과개혁사, 2019.

4. 도날드 해그너, 채천석 역, 『마태복음 (상),(하)』, WBC, 서울: 솔로몬, 1999.

5. John Nolland, *The Gospel of Matthew*, NIGTC, Bletchley: Paternoster Press, 2005.

2
마가복음 설교

심상법

설교자 약력

부산대학교(B.Eng.)

고신대학교 신학대학원(M.Div.equiv.)

미국 Biblical Theological Seminary(S.T.M.)

남아공 Stellenbosch University(D.Th.)

총신대학교 명예교수

설교자 저서

『성경해석의 역사에서 해석의 길을 찾다』(2017) 외

옥토의 신앙

마가복음 4:13-20

마가복음 저자가 강조하는 핵심 메시지 중 하나는 "참된 들음"입니다. 이 **"들음"**(hearing)은 단지 피상적인 들음이 아니라 "깨달음이 있는 들음" 또한 "순종의 들음"을 말합니다. "대 비유"(Grand Parable)라고 불리는 마가복음 4장의 "씨 뿌리는 자의 비유"(4:1-20)는 참된 들음을 강조하고 있습니다. 씨 뿌리는 자의 비유(막 4:3-9)의 시작(3절)과 끝(9절)에 나타난 들음에 대한 아래의 수미쌍관(inclusio) 구조를 보면 이 비유의 주제가 들음에 있음을 간파하게 됩니다(Garland 1996:151).[1]

"들으라(Ἀκούετε), 씨를 뿌리는 자가 뿌리러 나가서"(3절)

"또 이르시되 들을(ἀκούειν) 귀 있는 자는 들으라(ἀκουέτω) 하시니

---

1   Lane(1974:153)도 "씨 뿌리는 자의 비유가 주의 깊은 들음에 대한 압도적인 부르심으로서 비유의 처음과 끝을 구성하는 가운데 예수는 이 부르심으로 그가 서술하는 상황에 청중들을 참여시켜 그들이 들음에 대한 판단을 하도록 한다"고 서술합니다. 결국 이 들음은 피상적인 들음이 아니라 신중한 들음을 의미합니다.

라"(9절).

이처럼 마가는 씨 뿌리는 자의 비유를 통해 예수님이 전하려는 내용을 미리 주지할 뿐 아니라, 하나님의 계시자로서 예수님이 하시는 말씀을 듣는 것(순종)이 얼마나 중요한지 강조합니다.

인터넷에 "안득기"라는 제목의 흥미로운 이야기가 있습니다.

고등학교 수업 시간에 한 선생님이 주의가 산만한 학생 하나를 불러내서는 "야! 네 이름이 뭐냐?"고 물었답니다.

학생이 대답하기를, "안 듣깁니다(안득기입니다)."

"뭐라고, 이름이 무엇이라고?" 다시 대답하기를 "듣깁니다(득기입니다)."

"이 녀석, 안 듣긴다고 했다가 듣긴다고 했다가 너 지금 날 놀리는 거니?"

화가 난 선생님이 득기를 벌세우고 반장을 불러서

"야! 너 나가서 회초리 하나 들고 오라"고 지시했습니다.

나간 반장이 들어오는데 회초리가 아니라 몽둥이를 들고 옵니다.

선생님은 더 화가 났습니다. "야! 너 친구를 죽일라고 하니?"

그러면서 반장에게 "야, 너 입안에 뭐니?"(너 이 반에 뭐니? 너 반장 아이가?)라고 물었습니다.

마침 반장은 껌을 씹고 있었는데 들킨 줄 알고 이렇게 답했습니다.

"네 입안에 껌입니다."

그날 반장과 득기는 줄초상이 났답니다.

인간관계에서 "듣기"가 얼마나 힘들고 중요한지를 잘 보여주는 유머입니다.

이처럼 그리스도인의 신앙에도 "듣기"가 매우 중요합니다. 성경에 따르면 "믿음은 들음에서 나온다"고 합니다. "그러므로 믿음은 들음에서 나며 들음은 그리스도의 말씀으로 말미암았느니라(롬 10:17)." 그렇다면 성경에서 말하는 듣기란 어떤 듣기를 말할까요? 저는 오늘 본문을 통해 이 점을 상고하려고 합니다.

특별히 비유를 말하기 전에 언급한 3절의 "들으라"(Ἀκούετε)는 표현은 경건한 유대인들이 매일 암송하는 신앙고백인 신명기 6:4 이하의 쉐마(Shema)의 시작에서 나타난 표현과 유사합니다, "이스라엘아, 들으라"(שְׁמַע יִשְׂרָאֵל). 유대인이 말하는 들음이란 단순히 귀로만 듣는 것이 아니라 "순종의 들음"을 의미합니다. 유대인의 앎이란 단순히 지식적인 앎이 아닌 경험적인 앎을 뜻하는 것처럼 말입니다. 랍비들 사이에는 이런 일화가 전해진다고 합니다.

한 제자가 스승인 랍비에게 물었습니다. "선생님, 제가 토라를 일곱 번 꿰뚫어 읽었습니다. 이제 무엇을 해야 합니까?" 스승인 랍비는 "그러면 토라는 너를 몇 번 꿰뚫어 읽었느냐?"고 대답했다고 합니다.

이 스승과 제자 사이의 문답을 통해 알 수 있듯이 성경 읽기란 단순한 읽기가 아니라 삶을 관통한 읽기입니다. 이처럼 오늘 본문의 듣기 역시 단순한 듣기가 아니라 삶(순종)을 수반한 듣기를 말합니다. 마가복음 4장이 "들음"을 강조하고 있다는 것은 "들으라"(ἀκούω)는 단어가 다음과 같이 13번이나 반복되는 점을 통해 충분히 이해할 수 있습니다. "들으라"(3절), "들을 귀 있는 자는 들으라"(9, 23절), "듣기는 들어도"(12절), "말씀을 들(었)을 때에"(15, 16, 18, 20절), "너희가 무엇을 듣는가 스스로 삼가라"(24절), "저희가 알아들을 수 있는 대로"(34절).

저는 오늘 20절의 말씀을 중심으로 씨 뿌리는 자의 비유가 강조하는 "옥토의 신앙"에 대해 살펴보려고 합니다. 20절의 옥토에 대한 설명은 다른 토양에 관한 설명과는 달리 매우 짤막하게 한 절로 서술되어 있습니다. "좋은 땅에 뿌려졌다는 것은 곧 말씀을 듣고 받아 삼십 배나 육십 배나 백 배의 결실을 하는 자니라"(20절). 옥토의 신앙은 어떤 특징을 갖고 있을까요? 결실? 예, 그래요. 결실입니다. 그러나 이 결실은 어떤 삶의 결과로 나타난 것이지 특징은 아닙니다. 도대체 무엇이 또는 어떤 삶이 옥토로 하여금 결실하게 하였습니까? 겉으로 보기에는 잘 나타나지 않습니다만 원문을 자세히 보면 그 특징이 드러납니다. 결론적으로 저는 옥토 신앙의 본질은 "들음"에 있다고 말하고 싶습니다. 그런데 본문을 보니 네 토양(밭) 모두 말씀을 들었다고 언급하고 있습니다(15, 16, 18, 20절). 즉 15절의 "곧 말씀을 들었을(ἀκούσωσιν) 때에", 16절의 "곧 말씀을 들을(ἀκούσωσιν) 때에", 18절의 "이들은 말씀을 듣기는(ἀκούσαντες) 하되", 20절의 "곧 말씀을 듣고(ἀκούουσιν)"로 표현되어 있습니다.

그런데 여기 20절의 "듣고"라는 표현은 한글 번역으로 보면 다른 토양(밭)들의 모습과 유사한 것처럼 나타나지만, 원문을 보면 차이가 드러납니다. 그렇다면 다른 토양들과 옥토의 차이는 무엇입니까? 바로 "들음"에 있습니다.

20절의 "들음"(ἀκούουσιν)은 그 시제가 현재형(present)으로 표현되어 있다면, 나머지 세 토양들의 들음(15, 16, 18절)은 단순 과거(aorist)로 표현되어 있습니다. 그리스어에서 단순 과거는 행동의 단순한 발생을 의미하지만, 현재형은 지속된 행동이나 반복된 행동을 의미합니다(Garland 1996:151). 본문에 나와 있는 대로 씨 뿌리는 자의 비유에 등장하는 네 토양은 전부 "듣기"를 언급하고 있습니다. 길가도(15절), 돌밭도(16절), 가시떨기밭도(18절), 옥토(20절)도 다 듣습니다. 이를 유념하고 본문을 다시 한번 봅시다.

15절을 읽어 보면 "**길가**"도 말씀을 들었습니다. "말씀이 길가에 뿌려졌다는 것은 이들을 가리킴이니 곧 **말씀을 들었을 때에** 사탄이 즉시 와서 그들에게 뿌려진 말씀을 **빼앗는** 것이요"(15절). 그러나 사탄이 그 말씀을 **빼앗아갔습니다.** 이렇게 되면 듣기는 듣지만 아무런 의미가 없습니다. 사탄의 유혹에 속수무책입니다. 이는 "**피상적인 들음**"에 불과합니다. 소귀에 경 읽기와 같은 모습입니다. 요즘 교회 다니는 사람들 중에도 이런 사람들이 있습니다. 교회에 나와 말씀을 들어도 마음에 들어오지 않습니다. 한 귀로 듣고 한 귀로 흘려버립니다. 수용하지 않습니다. 수십 년을 교회에 다니면서 피상적으로 말씀을 듣습니다. 마가복음이 말하는 이와 같은 사람들은 예수님의 사역과 교훈에 적대감을 가진 유대 종교 지도자들로서 논쟁을 통해 예수님을 시험하고 배척한 끝에 결국 죽이고 마는 서기관, 바리새인, 헤롯당원, 대제사장들을 가리킵니다.

두 번째 "**돌밭**"은 16-17절에 표현된 대로 "또 이와 같이 돌밭에 뿌려졌다는 것은 이들을 가리킴이니 곧 말씀을 들을 때에 즉시 기쁨으로 받으나 그 속에 뿌리가 없어 잠깐 견디다가 말씀으로 인하여 환난이나 박해가 일어나는 때에는 곧 넘어지는 자"입니다. 돌밭도 말씀을 들었습니다. 그러나 돌밭은 말씀으로 인해 환난이나 핍박(수난, 어려움)이 일어나면 말씀 듣기를 포기합니다. 더 이상 말씀을 들으려고 하지 않습니다. 우리 가운데도 이런 사람이 있습니다. 말씀 때문에, 하나님 때문에, 교회 때문에, 의로움 때문에, 진리 때문에 어려움을 당하게 될 때 그 사람의 신앙이 어떤 신앙인지를 시험받습니다. 오늘 본문에 등장하는 돌밭의 신앙은 어떤 특징을 가지고 있습니까? 마가가 강조하고 있는 반복된 표현을 유의해 살펴보십시오. "즉시", "잠깐", "곧"이라는 표현이 등장합니다. 이런 부류의 사람들은 듣기는 하지만 "**신속한 듣기**"를 하는 자들입니다. 이들은 뿌리가 없습니다. 마가복음에 따르면 이런 사람은 수난의 의미를 알지 못합니다. 이들은 "하나님 나라에 들어가려면 많은 환난(고난)을 겪어야 할 것"(행 14:22)이라는 말의 의미를 알지 못합니다. 신앙은 수난을 통해 자랍니다. 성경에 나오는 믿음의 용장들은 다 수난을 통해 자란 사람들입니다. 아브라함, 모세, 다윗, 다니엘, 욥이 그러했습니다. 그래서 저는 히브리서 11장을 가리켜 "믿음장"이라고 하는 대신 "수난장"이라고 부르고 싶습니다.

18-19절에 묘사된 세 번째 토양(밭)은 "**가시떨기밭**"입니다. "또 어떤 이는 가시떨기에 뿌려진 자니 이들은 **말씀을 듣기는 하되** 세상의 염

려와 재물의 유혹과 기타 욕심이 들어와 말씀을 막아 결실하지 못하게 되는 자요." 성경은 이 밭 역시 "말씀을 들었다"고 기록합니다. 그런데 문제는 말씀을 듣지만 살다가 세상의 염려나 재물의 유혹(속임)및 기타 욕심이 찾아오면 이 사람은 말씀 듣기를 포기합니다. 더는 말씀의 단맛과 축복을 알고자 하지 않습니다. 그래서 말씀 듣기를 포기합니다. 시편 1편에 언급된 바람에 나는 겨와 같습니다. 악인의 꾀를 따르고, 죄인의 길에 서며, 오만한 자의 자리에 앉기를 더 좋아합니다. 하나님 말씀보다 세상의 가치를 더 좋게 여깁니다. 세상과 짝한 롯과 같은 인물입니다. 마가복음에는 이런 인물이 많이 등장합니다. 처음에는 말씀을 달게받지만 자신의 명예와 권력에 집착한 끝에 세례 요한을 죽이게 된 헤롯왕(6:14-29), 재물이 많은 고로 주(主)의 말씀에 순종치 못하고 근심하여돌아간 부자 청년(10:17-22), 진리보다는 권력에 눈이 어두워 예수님을넘겨준 빌라도(15:1-15), 재물과 세상 욕심을 품고 예수를 판 가룟 유다(14:10) 등이 이에 속합니다. 또한 세상의 권력과 영광에 취해 수난의 말씀을 버리고 도망친 결과 결실치 못한 예수님의 초기 제자들도 이 부류에 포함됩니다.

그런데 오늘 우리가 주목할 마지막 토양인 "옥토"는 어떤 모습입니까? 20절에 서술된 옥토 역시 "듣기"를 통해 그의 참모습이 드러납니다. 여러분, 옥토는 어떤 사람이라고 생각하십니까? 사탄의 유혹이나 환난과 핍박을 겪지 않고 세상을 염려하지 않으며 재물의 유혹도 받지 않는그런 사람이라고 생각합니까? 무풍지대에 머물면서 사탄의 유혹을 받지 않고 사는 사람입니까? 말씀 때문에 환난이나 핍박을 겪지 않는 사람입니까? 남산 위의 저 소나무처럼 철갑을 두른 채로 걱정, 유혹, 욕심 없이 사는 사람입니까? 저는 그렇지 않다고 생각합니다.

비록 20절에 이런 상황에 대한 언급이 없다는 이유로 옥토를 유혹이나 환난을 겪지 않고 염려나 욕심도 없이 결실만 하는 사람으로 여긴다면 그것은 성경을 잘못 알고 있는 것입니다. 옥토 역시 이런 삶의 굴곡을 다 경험합니다. 옥토와 같은 사람도 사탄의 유혹을 받고, 말씀 때문에 환난과 핍박을 경험하며, 이런 사람한테도 세상의 염려와 재물의 유혹과 기타 욕심이 찾아옵니다. **그러나 옥토는, 옥토는, 옥토는,** 사탄의 유혹에도, 환난과 핍박 중에도, 세상의 염려와 재물의 유혹과 기타 욕심이 찾아와도, 결코 말씀 듣기를 포기하지 않습니다. 지속적으로, 반복하여, 계속적으로 말씀을 듣습니다(현재형의 의미). "주여, 영생의 말씀이 주께 있사오니 우리가 누구에게로 가오리까?"(요 6:68)

옥토는 오히려 사탄의 유혹과 시험이 올 때 계속 말씀을 들음으로써 자신을 말씀으로 무장하고 공격에 맞섭니다. 광야의 시험에서 예수님이 보이신 모습처럼 삽니다. "기록되었으되 '사람이 떡으로만 살 것이 아니요, 하나님의 입으로부터 나오는 모든 말씀으로 살 것이라' 하였느니라"(마 4:4). 옥토는 "바람에 나는 겨"와 달리 가뭄에도 결실(結實)하는 청정한 "시냇가에 심은 나무"와 같습니다. 그 이유는 시편 저자의 노래처럼 "오직 여호와의 율법을 즐거워하여 그 율법을 주야로 묵상하는 자"(시 1:2)이기 때문입니다.

비가 내리고 창수가 나며 바람이 불어도 옥토는 무너지지 않습니다. 왜냐하면 옥토는 말씀의 반석 위에 서 있는(자신의 삶을 세운) 사람이기 때문입니다. 하나님의 선하시고 온전하시며 기뻐하시는 뜻을 따라 사는 사람, 그 말씀을 즐거워하고 주야로 묵상하는 사람, 어떤 환경에도 말씀 듣기를 포기하지 않는 사람, 이 사람이 진정한 옥토입니다. 시편 119편이 말하는 말씀의 축복을 누리는 사람입니다. 이것이 아브라함과 모세와 다윗과 다니엘과 예수님의 삶의 모습입니다. 이 사람은 결코 무너지지 않습니다. 유혹이 찾아와도, 시련이 와도, 염려와 욕심이 찾아와도, 말씀 듣기를 포기하지 않는 사람, 그 말씀을 지속적으로 순종하는 사람, 시절을 좇아 과실을 맺는 사람입니다. 오늘 본문에 언급되어 있는 대로 삼십 배, 육십 배, 백배의 결실을 맺는 사람입니다. 여러분은 길가, 돌밭, 가시떨기, 옥토 중 어떤 모습을 갖춘 사람이 되고 싶습니까?

옥토의 "들음과 받음"은 사단이 말씀을 빼앗아가지 않도록 "즉시" 듣고, 환난에 시들지 않게 "깊이", 다른 세상적인 관심들로부터 유혹을 받지 않기 위해 "절대적으로" 받아들임을 의미합니다(Gundry 1993:206). 마가복음에 등장하는 세례 요한과 예수님을 비롯해 많은 믿음과 헌신의 사람들이 이에 속합니다. 고침 받은 나병환자(1:45), 고침 받은 거라사 광인(5:20), 혈루증 여인(5:25-34), 회당장 야이로(5:22-24, 35-43), 수로보니게 여인(7:24-30), 거지 소경 바디매오(10:46-52), 성전의 가난한 과부(12:41-44), 향유 부은 여인(14:3-9) 등 다양한 사람이 있습니다. 마가복음의 이 인물들은 이적 기사에 나타난 믿음과 헌신의 사람들이며, 수난기사를 전후로 한 헌신과 봉사의 사람들입니다.

그러나 마가복음에서 진정한 옥토, 소위 찐 옥토는 예수님입니다. 옥토이신 예수님은 사탄의 유혹을 받았고 말씀(하나님의 뜻) 때문에 환난이나 핍박(고난)을 당하셨습니다. 인간의 몸을 입고 오셨기 때문에 예수님 역시 세상의 염려와 재물의 유혹과 기타 욕심에서 자유로울 수 없었지만, 옥토이신 예수님은 지속적으로 하나님의 뜻을 묵상하고 그 뜻을 따라 살았습니다(막 1:35-39; 14:32-42). 옥토이신 예수님은 공생애를 사는 동안 염려와 유혹과 욕심이 찾아올 때면 자주 한적한 곳이나 산으로 물러 나와(피정) 지속적으로 하나님의 말씀을 듣고 받으셨습니다. 그런 후 하나님의 뜻인 대속적인 죽음을 이루심으로써(막 10:45) 우리를 위해 놀라운 구원을 이루셨습니다. 예수님은 마가복음이 말하는 진정한 옥토셨습니다.

옥토에 관한 교훈은 저의 삶에도 큰 위로와 도전을 주었습니다. 제가 2년 정도 신학교에서 해직(解職)이 되어 어려움을 겪고 있을 때 서울에 있는 한 교회에서 저를 1년간 설교 목사로 불러주셨습니다. 덕분에 설교를 준비하고 말씀에 집중하면서 해직의 시간을 보내는 가운데 정말로 큰 힘을 얻었습니다. 하나님의 말씀이 없었다면 저는 영적 상처를 안고 실족했을지도 모릅니다. 어려움 중에 저를 일으켜준 것은 바로 하나님의 말씀이었습니다. 결과적으로 "고난당한 것이 내게 유익이라. 이로 말미암아 내가 주의 율례들을 배우게 되었나이다"(시 119:71)라는 시편 저자의 고백은 진실로 저의 찐 고백이 되었습니다.

결국 본문의 비유가 강조하는 근본 문제는 말씀을 "듣기는 듣지만 [그 의미를] 깨닫지 못하는 데"(12, 24절) 있습니다. 그리고 이 들음은 "피상적인(일시적인) 들음"이 아니라 "(지속적으로) 듣고 [그것을] 받아" 결실하는 들음을 뜻합니다(20절). 결론적으로 오늘 본문은 비록 말씀을

(일시적으로) 들었지만 사탄이 즉시 나타나 그 뿌린 말씀을 빼앗아가는 상황("길가"의 경우[15절]), 말씀으로 인해 환난이나 박해가 일어나는 상황("돌밭"의 경우[16-17절]), 또는 말씀을 (일시적으로) 들은 후 세상의 염려와 재리(財利)의 유혹과 기타 욕심이 생기는 상황("가시떨기밭"의 경우[18-19절])을 맞이하게 된다고 할지라도 끝까지 말씀을 "듣고 받음"(믿고 순종함)으로써 결실하는 "좋은 땅"(마지막 땅)이 되어야 한다고 우리에게 이야기합니다.

사랑하는 성도 여러분! 신앙인이라고 해도 누구나 철갑을 두른 영적 철인(아이언 맨)은 아닙니다. 저의 신앙 멘토셨던 김준곤 목사님은 산이 높을수록 계곡 또한 깊다고 말씀하시면서 늘 말씀과 기도로 무장한 채 영적으로 깨어있어야 한다고 권면하셨습니다. 사탄은 시시각각 우는 사자처럼 찾아와 믿는 우리를 넘어뜨리려고 합니다. 말씀을 듣고 순종하려고 할 때도 환난과 핍박이 찾아옵니다. 또한 잘 믿고 있다고 여기는 사람에게도 세상의 염려와 재물의 유혹과 기타 욕심이 찾아와 신앙을 막아버리려고 할 때가 많습니다. 이럴 때일수록 예수님처럼 한적한 곳에 나아가 말씀 묵상과 기도를 통해 하나님의 뜻을 찾고 그 뜻에 순종함으로써(막 1:35-39) 결실하는 우리가 되었으면 합니다. 이것이 바로 시편의 저자가 권면하는 "복 있는 사람"의 모습입니다. 사탄의 유혹에 맞서 예수님처럼 말씀으로 대적하고, 말씀을 따라 살 때 찾아오는 환난과 박해를 두려워하지 않으며, 세상의 염려와 재물의 유혹과 기타 욕심이 내 마음을 흔들 때도 주야로 말씀을 묵상하고 말씀 위에 굳게 서서 철을 따라 결실하는 우리 모두가 되었으면 합니다. 이런 은혜가 넘쳐나기를 기원합니다. 진리의 성령 안에서 말씀과 기도로 승리함으로써 결실하는 옥토 같은 우리가 되기를 진심으로 소원합니다. 찐 옥토가 되기를 진심으로 소원합니다.

설교자가 추천하는 주석

1. Mary Ann Tolbert, *Sowing the Gospel: Mark's World in Literary-Historical Perspective*, Minneapolis: Fortress Press, 1996.

2. James R. Edwards, *The Gospel according to Mark*, Grand Rapids: Eerdmans, 2001.

3. 데이빗 E. 갤런드, 채천석, 정일오 역, 『NIV 적용주석: 마가복음』, 서울: 솔로몬, 2011.

4. 윌리엄 레인, 이상훈 역, 『마가복음 (상), (하)』, 서울: 생명의 말씀사, 1983/1985.

5. R. T. 프랜스, 이종만, 임요한, 정모세 역, 『NIGTC 마가복음』, 서울: 새물결플러스, 2017.

3
누가복음 설교

정창욱

설교자 약력

총신대학교(B.A.)

총신대학교 신학대학원(M.Div.)

미국 Calvin Theological Seminary(Th.M.)

네덜란드 Vrije Universiteit, Amsterdam(Dr.theol.)

설교자 저서

The Original Language of the Lukan Infancy Narrative (2004) 외

성령의 불세례

누가복음 3:15-16

유엔 무역 개발 회의(UNCTAD)가 한국의 국제적 지위를 개발도상국에서 선진국으로 변경했다는 소식을 듣고 궁금해졌어요. 과연 선진국의 기준이 무엇인가? 1인당 국민 소득이 높다고 해서 선진국이 되는 건 아닙니다. 오일 머니를 자랑하는 중동 국가들은 1인당 국민 소득이 엄청나게 높지만 이 국가들을 선진국이라 부르진 않습니다. 조금 더 자세히 찾아보니 1인당 국민 소득 외에도 한 나라의 교육 수준, 문화 역량, 사회의식 수준, 경제 구조, 의료 체계 등을 종합적으로 고려해서 선진국이냐 아니냐가 결정된다고 합니다.

그렇다면 그리스도인이란 어떤 기준을 충족시킨 사람일까요? 어떤 특징을 가지고 있는 사람일까요? 과연 어떤 사람이 그리스도인이며, 그런 사람은 어떤 삶을 살아가는 걸까요? 오늘 본문 말씀을 통해 이 질문과 관련된 하나님의 음성을 듣게 되기를 소원합니다.

1. 본문의 맥락

우선 오늘 본문 말씀의 전후 문맥을 살펴보겠습니다. 당시 세례 요한은 죄 용서를 위한 회개를 촉구하는 세례를 베풀면서, 이스라엘 사람들 가운데서 거대한 영향력을 행사하고 있었어요. 그러자 사람들은 세례 요한이 자신들을 구원할 메시아가 아닐까 하는 기대와 의구심을 가졌고, 그에 대한 세례 요한의 대답이 오늘 우리가 읽은 본문 16절에 기록되어 있습니다. 세례 요한 자신은 물로 세례를 주지만 자기 뒤에 오는 진정한 메시아 곧 그리스도는 성령과 불로 세례를 주실 것이라고 선언해요. 그렇다면 성령과 불세례는 과연 무엇일까요?

오순절파를 중심으로 한 은사주의자들은 성령과 불세례란 무언가 마음이 뜨거워져서 방언하고 입신(入神)도 하는 그런 거라고 생각하기도 합니다. 하지만 아무래도 그건 아닌 것 같지요? 그게 아닌 건 알겠는데 그럼 뭔가요? 우리는 왜 아닌지를 분명히 알아야 하고, 거기서 한 걸음 더 나아가 그게 아니면 무엇인지를 확실히 알고 말할 수 있어야 합니다. 자고로 분명하게 알아야 이단에 넘어가지 않아요. 신천지에 왜 넘어갈까요? 복음에 대해 확실하게 알지 못하니까요. 누군가 엉뚱한 소리를 할 때 "그게 아니라 이거야"라고 확실히 아는 바를 정확히 설명해줘야 해요. 그렇다면 성령과 불세례는 어떤 의미일까요?

2. 성령과 불세례

2.1. 하나의 세례로서 성령 세례의 의미

첫 번째 질문은 이거죠. 성령과 불세례는 별개의 두 세례인가, 아니면 하나의 세례인가? 성령 세례를 받고 불세례를 또 받으라는 건가요, 아니면 성령과 불세례는 같이 주어지는 건가요? "성령과 불세례"에 해당하는 그리스어 표현의 문법적 사항을 고려해보면 이는 하나의 세례라고 볼 수 있어요.[1] 그렇다면 하나의 세례로서 성령과 불세례는 어떤 의미를 지닌 것일까요? 우선 성령으로 세례를 받는다는 건 쉽게 이해가 되지요. 예수님을 주님으로 영접하고 하나님을 믿는 사람은 누구나 성령을 가지고 있어요. 이건 믿는 사람의 부정할 수 없는 특징이에요. 고린도전서 12:3은 이렇게 말합니다. "그러므로 내가 너희에게 알리노니 하나님의 영으로 말하는 자는 누구든지 예수를 저주할 자라 하지 아니하고 또 성령으로 아니하고는 누구든지 예수를 주시라 할 수 없느니라." 또한 로마서 8:9도 "누구든지 그리스도의 영이 없으면 그리스도의 사람이 아니라"고 분명히 선언함으로써, 그리스도인은 다름 아닌 바로 그리스도의 영 곧 성령을 가진 사람이라고 확증해줍니다. 여러분은 예수님을 주님으로 고백하십니까? 그렇다면 여러분에게 성령님이 계신 줄 믿으시기

---

1   성령과 불세례의 의미와 관련하여 Dunn을 비롯한 많은 학자들이 다양한 의견을 제시합니다. 그들의 주장과 그에 대한 평가 등 자세한 사항을 위해서는 정창욱, 『신약개관: 하나님 나라 관점으로 신약 읽기』(서울: 총신대학교 출판부, 2013), 134-40을 참조하시길 바랍니다.

바랍니다. 그렇다면 불세례는 어떤 의미인가요?

2.2. 불세례의 의미

불의 의미가 무엇인가 파악할 때 우리 마음대로 생각해선 안 되고 구약성경에서 뭐라고 말하는지를 살펴봐야 해요. 특별히 구약에서 성령과 불의 이미지가 함께 등장하는 부분을 잘 살펴보아야 하지요. 구약성경에서 이 두 가지가 함께 등장할 때 불은 정결과 정화와 정제의 역할을 합니다. 대표적으로 이사야 4:4-5을 들 수 있어요. "이는 주께서 심판하는 영과 소멸하는 영으로 시온의 딸들의 더러움을 씻기시며 예루살렘의 피를 그중에서 청결하게 하실 때가 됨이라. 여호와께서 거하시는 온 시온산과 모든 집회 위에 낮이면 구름과 연기, 밤이면 화염의 빛을 만드시고 그 모든 영광 위에 덮개를 두시며"(참조. 말 3:2-3). 여기서 알 수 있듯이 불은 부정한 것을 태워서 깨끗하게 만들고 금이나 은 같은 금속을 만들 때처럼 어떤 성분을 정제하고 정련하는 역할을 합니다. 불세례는 이런 과정을 거쳐 우리의 마음을 깨끗하게 하는 것입니다. 그렇다면 불이 정제하는 그런 역사는 어떻게 일어나게 될까요?

열광적으로 기도하고 펄펄 뛴다고 불이 내려오는 게 아니지요. 그건 때로 그냥 자기 감정이 도취된 것일 수도 있어요. 저는 어렸을 때 굿하는 걸 봤어요. 작두를 타는 걸 보고 싶었는데 어머니께서 저의 눈을 가려주셨어요. 영화에서 무당이 작두 타는 걸 보세요. 실제로 탄답니다. 입신을 해서 열광적인 모습으로 펄펄 뛰면서 정신적 몰아지경에 빠져서 신비한 일을 해내는 거죠. 하지만 그런 것과 그리스도인의 가슴에 성령의 불이 타오르는 건 다르지요. 어떻게 달라요? 그리스도인에게는 말씀을 통해 성령의 불의 역사가 일어나는 겁니다. 이와 관련해서 요한1서 2:20, 27에 "기름 부음"이라는 말이 나와요. 바로 성령의 기름 부음입니다. 이게 무얼 의미하나요? 계시의 빛을 통해 말씀이 깨달아지는 거지요. 27절은 분명히 그렇게 말해줍니다. "너희는 주께 받은 바 기름 부음이 너희 안에 거하나니 아무도 너희를 가르칠 필요가 없고 오직 그의 기름 부음이 모든 것을 너희에게 가르치며 또 참되고 거짓이 없으니 너희를 가르치신 그대로 주 안에 거하라." 성령이 밝히는 계시의 빛은 우리로 하여금 진리를 깨닫고 하나님 앞에서 우리의 모습을 보게 만듭니다. 부정한 모습을 깨닫게 하신 후 그걸 깨끗하게 쓸어버릴 수 있도록 해주십니다. 이걸 회개라고 하지요.

회개는 자책이나 반성과는 달라요. 어떤 분은 잘못을 깨닫고 나서 계속 자책만 하세요. 또 어떤 분은 지난 일을 되돌아보고 반성하면서 교훈을 얻으려고 해요. 이건 자책보다는 좀 더 낫지요. 하지만 거기서 한 걸음 더 나아가야 해요. 바로 회개를 해야 하지요. 누구에게요? 하나님께. 어떻게요? 바로 믿음으로 하는 거지요. 내가 잘못했기 때문에 가슴을 치면서 자책하고 반성도 하지만, 거기서 머물지 않고 믿음으로 그런 잘못을 용서해주시는 하나님께 나아가야 합니다. 그래서 회개는 자책과 반성과 믿음을 포괄하고 있어요. 그렇게 회개를 통해 잘못과 과오를 용서받아 깨끗하게 되는 겁니다. 이게 성령의 불의 역사입니다. 혹시 여러분 중에 과거에 잘못한 것 때문에 계속 자책하면서 마음의 불편함을 느끼는 분들이 계신가요? 주님 안에서 믿음을 가지고 승리하시길 바랍니다. 계속 자책하는 것은 사단이 주는 마음이에요. 끊임없는 자책에서 벗어나 주님의 용서 안에서 참된 자유를 누리시길 바랍니다.

그런데 불세례의 효능은 단순히 정결하게 되는 것에서 멈추지 않아요. 마음의 부정한 것들이 제거되면서 우리 마음에 역동성이 생기고 삶이 활기를 되찾아요. 어떻게요? 거룩한 영이신 성령님이 드디어 우리 마음속에서 활발하게 움직이기 시작하심으로써 가능한 일이죠. 그렇게 되면 활기와 역동성이 생길 수밖에 없어요. 이게 바로 그리스도인의 삶이에요. 우리 믿는 사람들의 삶의 비밀이지요. 이렇게 성령님이 활동하시니까 누가복음 3:8에서 말하는 회개에 합당한 열매 곧 회개에 걸맞은 행동을 하게 되는 겁니다. 말로만 회개하고 계속 그릇된 길을 가면 우리 마음속에서 불이 타오를 수가 없어요. 그러니 힘이 빠지고 무력하게 살아가게 되는 거지요. 그런데 회개에 합당한 열매를 맺는 것은 우리의 인간적인 결단이나 의지로 할 수 있는 것이 아니에요. 성령의 불의 역사로 인해 정결해지는 진정한 체험을 하게 되면 성령님의 은사를 받아서 그렇게 회개에 합당한 행동을 하게 되는 겁니다.

이 성령의 불의 역사는 원래 처음 회심할 때 주어지는 회개로 말미암은 성령의 역사와 정결케 하는 사역을 일컫는 말입니다. 하지만 회심 후에도 지속적으로 성령으로 인한 죄의 소멸과 마음의 정화가 일어나야 합니다. 말씀을 통해 마음속에 성령의 불이 타올라야 합니다. 여러분, 성령을 받았습니까? 성령의 불이 타오르고 있습니까? 온라인으로 예배를 드리든 현장에서 드리든 말씀을 통해 불이 활활 타올라야 하고 그로 인해 생동감 있는 삶을 살아갈 힘을 얻어야 합니다.

3. 공동체에 임하는 불세례의 필요성

불세례의 역사는 개인을 넘어 공동체에도 나타나야 한다는 것을 사도행전 5장의 사건이 보여줍니다. 바로 아나니아와 삽비라 사건이지요. 이 사건에서 보듯이 거룩한 공동체에도 믿음이 올바르지 못한 사람이 있을 수 있어요. 여러분이 다니는 교회에 그런 뒤틀린 모습을 보이는 사람이 있다고 해도 이상하게 여기지 마세요. 폭발적인 성령의 역사로 놀라운 기적과 가슴 벅찬 일들이 넘쳐나고 그로 인해 뭇 사람들의 칭송을 받던 예루살렘 교회에도 이런 아름답지 못한 일이 있었어요. 중요한 것은 그런 문제의 해결 방법입니다. 불같은 성령의 은혜가 넘치는 교회는 아나니아와 삽비라 같은 사람이 교회 사역에서 중심 역할을 하도록 허락하지 않아요. 그런 사람들이 발붙일 수 없어요. 베드로는 아나니아와 삽비라가 성령을 속이고(3절) 주의 영 곧 성령을 시험했다고(9절) 책망합니다. 성령의 불의 역사가 넘치는 교회에 부정한 것이 틈 탔음에도 불구하고 그런 부정한 일을 저지르는 불신의 사람들이 결코 교회의 중심 역할을 하지 못하게 하는 장면이죠. 이처럼 성령이 강력하게 역사하면 그런 사람들이 교회의 중심부에 발을 들여놓을 수 없습니다. 그렇게 하는 편이 교회에 유익하거니와 그 사람들에게도 좋아요. 결과적으로 그들이 교회에 해를 끼치지 않고, 또 그렇게 교회 주변에 머물면서 돌이킬 기회를 갖게 되기 때문이지요. 동시에 교회는 그런 부정한 생각이 중심에 자리 잡지 못하게 함으로써 계속 부흥과 성장을 경험할 수 있고요.

왜 교회가 힘을 잃거나 본연의 모습을 상실하고 사그라져 가는 걸까요? 성령의 불의 역사가 강력하게 일어나지 않기 때문이지요. 따라서 성령과 불의 역사는 모든 교회 공동체에서 지속적으로 나타나야 합니다.

4. 불이 약해질 때

그런데 우리 마음속의 성령의 불이 약해질 때가 있어요. 그럴 수 있어요. 우리는 구원을 받았지만 죄악된 본성을 지닌 육체 가운데 살아가고 있기 때문에 우리가 불순종하거나 하나님으로부터 멀어지면 불길이 약해지고 희미해져요. 그럴 수 있지만 그런 상태가 정상이라고 생각하지는 마세요. "예수 믿는 게 다 그렇지 뭐." 이게 교회를 병들게 하고 화석처럼 만드는 생각이에요. 우리 마음속에 다시 불길이 일어나 부정한 것들이 태워짐으로써 활력 있는 신앙인으로 살아가야 한다는 사실을 잊지 마세요. 그래서 우리에게 말씀이 중요한 거예요. 말씀을 통해 성령의 불이 다시 타오르기 때문입니다. 여러분이 다니는 교회의 담임목사님, 부목사님들, 전도사님들은 말씀의 훈련을 잘 받고 무엇보다도 말씀을 사모하며 그대로 살려고 하는 분들이에요. 또한 그런 말씀을 여러분들에게 전해주기 위해 온 힘을 기울여 말씀을 묵상하고 배우며 생각하는 분들이에요. 예배에 참석할 때 그분들 입에서 나오는 말씀을 사모하면서 나아오세요. 각종 모임과 소그룹에서 그분들의 입을 통해 나오는 말씀에 귀를 기울이고 사모하세요. 그분들이 주는 권면의 말씀을 가벼이 듣지 마세요. 마음으로부터 쏟아내는 그 말씀을 정성들여 담아내세요. 또한 거기서 한걸음 더 나아가 아침 혹은 저녁마다 짧은 시간을 내서라도 하나님의 말씀을 묵상하세요. 그 가운데서 하나님의 음성 듣기를 간절히 사모하세요. 그 말씀을 통해 여러분들의 마음속에 성령의 불이 타오르게 되고 그로 인해 주님과 동행하는 복된 나날을 누리게 될 것입니다.

5. 성령의 불과 이 땅 위에서의 삶

하나님 아버지께서는 성령과 불세례를 통해 우리 믿는 사람들에게 구원을 베푸셨어요. 그래서 저 하늘에 우리의 소망이 있고 그곳에 우리의 영원한 거처가 있어요. 우리 마음속에서 말씀으로 말미암는 성령의 불이 타오르면 하늘을 향한 우리의 소망도 더 커지지요. 그렇게 되면 이 땅 위의 것에 목을 매지 않게 되고 불안에 사로잡히거나 염려에 삼켜지지 않아요. 그런 과정을 통해 하늘에서 맛볼 구원의 완성을 이 땅에서 부분적으로 체험하게 되지요. 평강, 기쁨, 안락, 즐거움 이런 것들을 누리게 됩니다. 이건 엄청난 역설이지요. 이 땅의 것들에 얽매이고 목숨을 걸지 않기 때문에 도리어 집착없이 이런 것들을 누릴 수 있어요. 우리에게 주시는 재물의 복도 그렇게 누릴 수 있는 거지요. 탐욕을 부리지 않은 채로 주시는 축복에 감사하며 주어진 것들을 누릴 수 있고, 세상의 것들에 큰 의미를 부여하지 않기 때문에 미련 없이 기쁘게 남을 도와주고 헌신할 수 있어요. 이렇게 이 땅에서의 축복을 만끽하는 겁니다. 이게 참 역설적이지요. 이 땅의 것에 집착하지 않을수록 이 땅의 것들을 가치 있게 맘껏 누릴 수 있어요.

이처럼 우리 그리스도인이 성령과 불세례를 통해 누리는 구원은 단순히 죽어서 천국에 가서 영원히 사는 것뿐만 아니라, 여기 이 땅에서도 누리는 축복이지요. 여러분, 모두 눈을 감고 손을 들어보세요. 구원의 확신이 있으신 분, 내일 죽어도 천국에 갈 것이라고 믿는 분은 손을 들어보세요. 그렇다면 여러분은 저 하늘에서 맛볼 행복을 이 땅 위에서 부분적으로 맛보고 계십니까? 제가 잘 아는 어떤 분의 경험을 말씀드리면서 설교를 마치고자 합니다. 제가 잘 아는 어떤 분이 계세요. 그런데 그분이 다니는 교회에 분쟁이 생기기 시작했어요. 문제를 제기하는 분들이 교회를 어지럽히고 혼란에 빠뜨리고 있었어요. 이분은 교회를 지키기 위해 헌신하면서 온갖 수모와 어려움을 참아내셨어요. 힘겹지만 누구에게도 불평과 원망을 늘어놓지 않고 꿋꿋이 고통과 고난을 감당해냈고, 마침내 하나님께서 놀라운 방법으로 교회의 문제를 해결해주심으로써 교회는 안정을 되찾았어요. 하지만 이분은 그런 과정에서 인간으로서는 감당하기 어려운 일을 겪으면서 마음속에 깊은 상처를 받았어요. 그런데 하나님께서 정말 신비한 방법으로 그분에게 너무나 좋은 땅을 소유하게 하신 거예요. 그분은 순수한 마음에 자꾸 그 땅을 하나님 나라를 위해 사용해고 싶다는 강한 의지를 표현하셨어요. 그 말씀을 듣고 저는 두 가지 생각이 들었어요. 한편으로는 참 고귀하고 순수한 마음이라는 생각이 들었고, 다른 한편으로는 좀 안타까웠어요. 하나님께서 허락하셨으니 그 땅을 가꾸고 돌보는 기쁨을 만끽하시면 좋겠다고 생각했거든요. 그래서 그분에게 그렇게 하면 하나님께서 더 기뻐하실 거라고 말씀드렸어요. 그분은 결국 그 땅에 상추, 오이, 참외, 수박과 더불어 꽃과 과수를 심고 가꾸게 되었는데, 그러면서 마음속의 상처가 많이 치유되었고 기쁨과 감사를 느끼게 되었다고 하시더라고요. 그분이 치른 희생을 보시고 하나님께서 이렇게 말씀하실 수도 있었어요. "네가 수고가 많았으니, 천국에 와서 영생을 누리고 복을 누리거라." 저 하늘의 축복도 엄청난 것이고 그것으로 충분할 수 있어요. 그런데 하나님께서는 이 땅에서 위로와 보상을 함께 주셨어요. 얼마나 감사한 일인가요? 우리의 하늘 아버지는 이런 분이세요. 성령과 불세례를 받고 살아가는 자녀들에게 이런 식으로 하늘의 위로와 사랑을 베푸세요.

하나님은 이 땅에서 우리가 잘 살아갈 수 있도록 필요한 것들을 채워주십니다. 우리는 그걸 선한 청지기로서 잘 지키면서 누릴 필요가 있어요. 왜요? 하나님께서 주셨으니 얼마나 감사해요. 감사하면서 누리고 베풀며 살아가는 거지요. 하나님 아버지께서는 우리가 단순히 죽은 다음에 천국에서 영생을 얻고 참된 복을 누리기만 원하시지 않고 지금 여기서 이 땅 위에서 주의 자녀로서 축복을 누리길 원하세요. 하나님과 동행하기를 원하세요. 물론 어려운 일을 당할 때도 있지요. 그렇게 견디기 힘든 일을 겪을 때도 성령의 불이 타오르게 되면 좌절 가운데서도 힘을 얻고, 낙망 가운데서도 기운을 내며, 고통 가운데서도 기력을 회복하게 되는 거지요. 그렇게 할 수 있도록 은혜를 주세요. 성령의 불세례를 지속적으로 경험하게 해주심으로써 하나님 안에서 참된 힘과 용기를 얻게 해주세요. 우리가 주눅 들지 않게 해주세요.

❖

이제 말씀을 맺겠습니다. 그리스도인은 성령의 불세례를 받은 사람들입니다. 아직 예수 그리스도를 인생의 주님으로 맞아들이지 못하셨다면 오늘이라도 예수님을 여러분의 인생의 구주로 맞이하시고 성령의 불세례를 경험하시길 바랍니다. 불세례를 받으신 후 여전히 성령의 불이 타오르고 있습니까? 그 불이 계속해서 타오르기를 존귀하신 예수님의 이름으로 축원합니다. 혹시 성령의 불세례를 받았는데 그 불이 약해져 있는 분이 계신가요? 그럴 수 있습니다. 어떻게 잘 아느냐고요? 저도 그럴 때가 있거든요. 염려하지 마십시오. 하나님께서 말씀을 통해 성령의 불을 다시 타오르게 하실 것입니다. 말씀을 사모하십시오. 주님께 기도하며 나아가십시오. 하나님께서 여러분들 마음에 말씀으로 말미암는 성령의 불을 타오르게 해주실 것입니다. 이 같은 성령의 불의 역사를 날마다 경험함으로써 하나님의 복된 자녀로, 참된 그리스도인으로 능력 있게 살아가는 여러분들이 되시길 존귀하신 예수님의 이름으로 축원합니다.

설교자가 추천하는 주석

1. 대럴 벅, 신지철 역, 『누가복음』, 서울: 부흥과개혁사, 2013.

2. 존 놀랜드, 김경진 역, 『누가복음』, 서울: 솔로몬, 2005.

3. 조엘 그린, 강대훈 역, 『누가복음』, 서울: 부흥과개혁사, 2020.

4. David E. Garland, *Luke*, Grand Rapids: Zondervan, 2012.

5. Michael Wolter, *The Gospel According to Luke*, Waco: Baylor Univ. Press, 2016.

4
요한복음 설교

조석민

설교자 약력

영국 University of Gloucestershire (B.A.)

합동신학대학원대학교 (M.Div.equiv.)

영국 University of Bristol, Trinity College (M.A., Ph.D.)

에스라성경대학원대학교 신약학 은퇴교수

설교자 저서

Jesus as Prophet in the Fourth Gospel (2006) 외

도마의 합리적 의심과 신앙고백

요한복음 20:24-29

의혹과 의심은 왜 시작되는 걸까요? 일반적으로 의심하게 만드는 사람과 제도 또는 단체와 사회가 있기 때문에 의혹과 의심은 해결되지 않는 문제가 됩니다. 일반적으로 무언가를 감추려고 하면 더욱 의심을 받게 되지만 이와 반대로 모든 것을 투명하게 알리고 공개할 때 대부분의 의심이 사라지고 신뢰가 생겨납니다.

그리스도인들에게 의심은 어떤 의미입니까? 대부분의 그리스도인들은 신앙생활에서 의심이란 부정적인 것이며 불신앙의 증거라고 생각합니다. 정말 신앙생활에서 의심은 불필요한 것입니까? 그 의심이 합리적일지라도 그리스도인들에게는 전혀 무가치한 것인가요?

병적인 현상으로 나타나는 것이 아닌 "합리적인" 의심이라면, 그것은 우리의 삶에서 매우 중요한 요소라고 할 수 있습니다. 의심이 예를 들면 의심증(Doubtinginsanity)이나 의심광(Doubtingmania) 같은 증상으로 나타나면 전문적인 치료를 받아야 합니다. 우리가 알고 있는 의부증, 의처증은 대표적인 의심병입니다. 이런 병은 반드시 치료를 받고 극복해야 부부 사이가 정상적으로 유지될 수 있습니다.

하지만 의심과 의혹이 항상 부정적인 면만 지닌 것은 아닙니다. 의심이 발명을 낳습니다. 과학의 발전은 합리적 의심에서 비롯되었다고 해도 과언이 아닙니다. 법정에서 검사와 변호사가 합리적 의심을 품고 치열하게 간접적, 직접적인 증거를 찾아 공방을 벌일 때, 또는 수사관이 합리적 의심을 갖고 끈질기게 수사할 때 비로소 왜곡된 진실이나 숨겨진 진실의 민낯이 드러나기도 합니다. 법의학자들은 죽은 자들이 죽어서도 자기 죽음의 이유를 말한다는 확신을 갖고 있습니다. 그래서 합리적 의심 속에서 시신 부검을 하고 작은 단서를 확보하여 중요한 사건의 실마리를 제공합니다.

성경에 등장하는 대표적인 의심의 인물은 오늘 본문에 나오는 도마입니다. 도마는 서양에서 "의심하는 도마"(Doubting Thomas)로 불릴 정도로 의심의 대명사로 인식되고 있습니다. 한국교회 안에서도 도마의 의심은 칭찬받지 못하는 행동으로 치부됩니다. 오늘 우리는 본문에 등장하는 도마를 통해 그의 의심과 믿음의 과정을 들여다보고 그가 어떻게 예수님의 부활을 믿고 고백하게 되었는지 알아봄으로써 요한복음이 가르치는 믿음이 무엇인지 배워봅시다.

1. 본문의 배경과 내용

먼저 본문의 배경과 내용을 간략하게 살펴보겠습니다. 본문은 십자가에서 처형당하고 운명하신 예수님이 다시 살아나신 "부활"에 대한 내용입니다. 요한복음에는 부활하신 예수님을 보여주는 세 장면이 있습니다. 첫 번째는 막달라 마리아가 예수님의 시신이 있는 무덤으로 찾아가서 부활하신 예수님을 만나는 장면입니다(20:11-18). 두 번째는 도마와 가룟 유다를 제외한 열 제자가 십자가 위에서 처형당하신 예수님을 목격하고 두려움을 느끼면서 한 집에 모여 문을 닫고 숨어있었을 때 부활하신 예수님께서 그들에게 나타나셔서 제자들을 만나주시는 놀라운 장면입니다(20:19-23). 그리고 마지막은 오늘 설교 본문입니다(20:24-29). 이 본문은 도마와 부활하신 예수님께 초점이 맞추어져 있습니다. 우리는 이 장면을 통해 도마의 합리적인 의심과 그의 신앙고백을 살펴볼 것입니다.

그리스도인의 신앙생활에서 가장 중요한 요소는 부활하신 예수님을 믿음으로 고백하고 사는 것입니다. 요한복음은 믿음을 정적인 개념이 아닌 동적인 개념으로 설명하고 있습니다. 그래서 요한복음 저자는 믿음을 표시할 때 예외 없이 모두 그리스어 명사 "피스티스"(πίστις) 대신 동사 "피스튜오"(πιστεύω)를 명사화(또는 동명사화)하여 사용합니다. 더욱이 요한복음은 믿음이란 어느 한순간에 기적처럼 성숙하는 것이 아니라 단계를 거쳐서 조금씩 자라가는 것임을 보여줍니다. 그런 믿음의 속성을 보여주는 한 사람이 바로 오늘 본문에 등장하는 도마입니다.

도마는 요한복음에 모두 네 번 등장합니다. 우선 나사로가 병들어 죽은 후에 예수님께서 그를 다시 살려내시는 놀라운 기적 사건 속에 등장합니다(11:16). 두 번째는 예수님께서 제자들에게 유언과도 같은 마지막 고별 설교를 하셨을 때 현장에 있었던 제자로 등장합니다(14:5). 세 번째는 이 복음서의 거의 끝부분에 등장하여 예수님의 부활을 믿지 못하겠다고 솔직히 말하며 회의적인 태도를 보인 후 마침내 예수님께 믿음을 고백하는 모범적인 인물로 묘사됩니다(20:19-29). 네 번째는 요한복음의 마지막 장인 21장에서 베드로와 다른 제자들과 함께 디베랴 호수를 배경으로 등장합니다(21:2).

도마는 과연 예수님을 어떻게 이해하고 따라다닌 인물이었을까요? 처음부터 예수님을 잘 믿고 순종하면서 따라다녔을까요? 도마가 부활하신 예수님을 믿지 못하겠다고 말한 회의적인 태도는 어떻게 평가할 수 있습니까? 도마를 통해 배우는 믿음의 모범은 무엇입니까? 본문에 등장하는 도마를 이해하기 위해 먼저 이 복음서에 등장하는 그의 믿음의 여정을 간단히 살펴볼 필요가 있습니다. 왜냐하면 도마가 부활하신 예수님을 만난 후에 "나의 주님이시오, 나의 하나님이시니이다"(28절)라고 고백한 것은 한순간에 발생한 일처럼 보이지만, 그 배경은 그렇게 단순하거나 간단하지 않기 때문입니다.

2. 도마의 믿음의 여정(11:16, 14:5, 21:2)

도마가 요한복음에 처음 등장한 것은 나사로 사건입니다(11:1-42). 예수님의 열두 제자 가운데 한 사람이었던 도마는 나사로 사건에서 "디두모라고도 하는 도마"(11:16)라고 소개됩니다. 당시 도마는 예수님의 제자임에도 불구하고, 다른 제자들처럼 예수님의 정체성을 올바로 이해하지 못한 채 따라다니고 있었습니다. 그 증거는 다음과 같습니다.

나사로가 병들어 죽었을 때 예수님은 "나사로가 잠들었다"(11:11)라고 말씀하십니다. 하지만 제자들은 이 말씀을 오해하여 "그가 잠들었으면 낫겠나이다"(11:12)라고 반응합니다. 제자들은 예수님의 말씀을 전혀 이해하지 못했습니다. 도마는 예수님께서 죽음이 기다리는 유대 땅으로 가자고 제자들에게 말씀하셨을 때(11:7) 이미 결사 항쟁의 시간이 다가온 것으로 오해했습니다. 그래서 "우리도 주와 함께 죽으러 가자"(11:16)라고 외친 것입니다. 도대체 도마는 예수님을 어떻게 이해하고 따라다녔기에 이런 말을 할 수 있었을까요? 도마는 예수님을 팔레스타인 회복을 위한 해방자 또는 정치적 지도자 정도로 오해한 것 같습니다. 당시 팔레스타인에는 많은 열심당원들이 있었습니다. 이들은 이스라엘의 정치적 해방을 위해 모이고 흩어지면서 혁명을 꿈꾸고 행동하였습니다. 도마는 예수님을 그런 사람들 가운데 하나로 착각한 것입니다. 이것은 도마가 지닌 "믿음의 수준"을 보여주는 첫 번째 장면입니다. 예수님으로부터 오랫동안 가르침을 받아왔음에도 불구하고 그는 예수님을 올바로 이해하지 못하고 따라다닌 것입니다.

나는 예수님의 정체성을 어떻게 이해한 채로 그분을 따르고 있는지 점검해보아야 합니다. 혹시 예수님을 나의 어려운 문제나 상황을 해결하는 데 필요한 해결사 정도로 이해하고 따라다니고 있지는 않은지 점검해봅시다.

두 번째로 요한복음에 도마가 등장하는 것은 예수님이 고별설교를 하실 때입니다(14:5). 예수님이 제자들에게 임박한 십자가 죽음을 앞에 두고 유언과도 같은 말씀을 하실 때 도마가 등장합니다. 예수님은 제자들에게 "내가 어디로 가는지 그 길을 너희가 아느니라"(14:4)라고 고별설교를 하시면서 자신의 죽음과 부활을 말씀하셨습니다. 하지만 제자들은 당시에 그 말씀을 깨닫지 못했습니다. 도마는 예수님의 말씀을 듣자마자 곧바로 "주여, 주께서 어디로 가시는지 우리가 알지 못하거늘 그 길을 어찌 알겠사옵나이까?"(14:5)라고 반문합니다.

도마의 반문은 그가 충성스럽기는 하지만 지혜롭지 못한 제자임을 보여줍니다. 이것이 도마가 가진 믿음의 한계이자 이해의 수준입니다. 도마는 예수님의 길 곧 고난과 죽음의 십자가 길을 전혀 알지 못합니다. 예수님은 도마를 비롯한 다른 제자들에게 "내가 곧 길이요 진리요 생명이니 나로 말미암지 않고는 아버지께로 올 자가 없느니라"(14:6)라고 깨우쳐주십니다. 예수님만이 하나님께로 가는 유일한 길이라고 선언하신 진리의 말씀입니다. 이것은 요한복음의 핵심 사상입니다. 영원한 생명은 예수 그리스도의 죽음과 부활을 통해서만 얻을 수 있으며 이 길만이 하나님 아버지께로 갈 수 있는 유일한 길이라는 말씀입니다.

하지만 도마는 아직까지 예수님의 길을 알지 못하는 수준에 머물러 있습니다. 그는 예수님이 다른 나라로 가시거나 멀리 여행을 떠나시려는 것으로 오해했습니다. 그동안 예수님께서 수차례에 걸쳐서 제자들에게 자신의 고난과 죽음 및 부활을 미리 말씀해주셨지만 제자들은 그것을 제대로 이해하지 못했다는 증거입니다. 도마가 예수님의 말씀을 올바로 이해하지 못한 가장 중요한 이유 중 하나는 자신이 듣고 싶은 것만 들으려고 했으며 자신이 욕망하는 것에만 관심이 있었기 때문입니다. 도마의 반문은 그 자체로 그의 믿음의 수준과 이해의 한계를 드러낸 것일 뿐입니다.

내 믿음의 수준은 어느 정도인가요? 오랫동안 예수님을 믿고 살아왔다고 하지만 정말 예수님을 올바로 알고 있는 것인가요? 예수님 없는 교회당에서 예수님 없이 예수님과 함께 살려고 하지는 않았나요? 세상의 욕망을 채우는 데 급급하면서도 욕망을 믿음으로 포장하고 있지는 않았나요?

3. 도마의 의심과 신앙고백(20:24-29)

이 본문은 요한복음에서 도마가 세 번째 등장하는 장면입니다. 이 단락을 통해 도마의 의심과 신앙고백을 살펴봅시다. 먼저 본문을 자세히 살펴보겠습니다.

첫째, 도마는 예수님의 부활을 믿기 전에 합리적 의심을 제기합니다(24-25절)

이 단락에서 도마는 예수님의 부활을 믿지 못하겠다고 솔직하게 고백하면서 등장합니다. 24절에서 저자는 도마를 자세히 소개하면서 앞으로 전개될 내용을 독자가 알 수 있도록 설명합니다. 도마는 "열두 제자" 가운데 한 사람입니다. "디두모(Didymus)라 불리는 도마(Thomas)"는 요한복음의 나사로 사건에 처음 등장할 때와 동일한 이름입니다(11:16). "디두모"는 쌍둥이라는 뜻입니다. 아마도 도마는 쌍둥이 형제 중 하나였던 것 같습니다. 본문에 등장하는 도마가 동명이인일 수도 있겠지만, 저자는 그 가능성을 완전히 차단하며 분명히 "열두 제자" 가운데 한 사람인 "디두모라 불리는 도마"라고 묘사합니다. 도마를 이렇게 소개하는 것은 단순히 그를 소개하는 데 그치지 않고, 앞서 두 번에 걸쳐서 등장했던 인물과 동일인물이라는 것을 그 이름과 함께 연결하여 보여주려는 저자의 의도입니다. 그래서 본문에 등장하는 도마를 올바로 이해하려면 앞서 두 번에 걸쳐서 등장했던 도마를 알아야 합니다.

저자는 이 도마가 "예수께서 오셨을 때에 함께 있지 아니했다"라고 설명합니다. 이는 요한복음 20:19-23의 사건을 설명하는 것입니다. 즉 예수님께서 부활하신 후에 제자들에게 나타나 자신을 보여주셨는데, 도마는 그 자리에 없어서 부활하신 예수를 볼 수 없었다는 뜻입니다. 제자들은 당시 상황을 도마에게 이렇게 설명합니다. "우리가 주를 보았노라"(25절).

하지만 도마는 제자들의 말을 듣고 바로 부정적인 반응을 보입니다. "내가 그의 손의 못 자국을 보며 내 손가락을 그 못 자국에 넣으며 내 손을 그 옆구리에 넣어 보지 않고는 믿지 아니하겠노라"(25절). 한마디로 도마는 제자들의 말을 믿지 못하겠다는 겁니다. 이런 회의적인 반응을 보면 도마는 자신이 직접 체험하고 확인해야 믿을 수 있다는 실증적 체험을 신뢰하는 사람인 것 같습니다. 우리는 도마의 의심을 어떻게 평가할 수 있습니까? 도마는 왜 제자들의 말을 믿지 못합니까?

도마가 동료 제자들의 말에 보인 회의적인 반응은 합리적 의심입니다. 왜냐하면 도마가 알고 있는 지식으로 판단하면 죽은 사람이 다시 살아난다는 것은 있을 수 없는 일이기 때문입니다. 이를 쉽게 믿지 못하는 것은 지극히 당연한 일입니다. 이런 점에서 도마의 의심은 합리적 의심이며 믿기 위해 의심한 경우에 속합니다. 도마가 제자들의 말을 믿지 못한 것은 결국 자신의 경험과 지식으로 이해할 수 없는 일을 그들이 말하고 있기 때문입니다. 도마는 자신이 의심하고 있음을 정직하게 드러냅니다. 믿지 못한다는 것을 그대로 솔직하게 드러내는 것은 쉬운 일이 아닙니다. 이는 용기가 필요한 일입니다. 사람이 믿음을 갖기 위해서는 합리적 의심의 단계를 거쳐야 합니다. 합리적 의심은 부정적으로 보일지 모르지만 결국 이 단계를 거쳐서 믿음의 자리에 오르게 되며, 그렇게 얻어진 믿음은 반석과도 같은 믿음이 됩니다. 합리적 의심을 부정할 때 도리어 믿음은 사라지게 됩니다.

도마는 동료인 제자들에게 자신이 믿기 위해 필요한 조건을 정직하게 말했을 뿐입니다. "내가 그의 손의 못 자국을 보며 내 손가락을 그 못 자국에 넣으며 내 손을 그 옆구리에 넣어 보지 않고는 믿지 아니하겠노라"(25절). 도마는 제자들에게 억지를 부리는 것이 아닙니다. 동료 제자들을 불신하는 것도 아닙니다. 자신의 한계를 분명히 인정하고 자신이 합리적으로 의심하는 바를 솔직하게 말한 것뿐입니다. 도마에게 예수님의 부활이란 도저히 믿을 수 없는 사건이기 때문입니다. 도마는 제자들의 말 한마디를 듣고 자신의 믿음을 고백할 수 없는 상황이라는 것을 압니다.

누구나 의심의 단계를 거쳐야 믿음이 확실해지고 튼튼해집니다. 믿음의 성장 단계에서 의심을 거치지 않았다면 감사할 일이지만 어떻게 보면 그렇게 좋아할 것도 아닙니다. 언제 의심의 구렁텅이에 빠질지 모르기 때문입니다. 인생의 여러 굴곡을 거치다 보면 사람들은 한 번쯤 자신의 믿음에 회의를 갖게 됩니다. 하지만 용기 있는 사람만이 자신의 믿음 없음이나 믿지 못함을 말할 수 있습니다. 도마가 동료 제자들에게 믿지 못하겠다고 말한 것은 사실 대단한 용기입니다. 이런 점에서 볼 때 합리적 의심이 부정적인 영향만 미치는 것은 아닙니다. 합리적 의심의 단계를 거쳤을 때 더 높은 믿음의 자리에 우뚝 설 수 있기 때문입니다.

둘째, 도마는 합리적 의심의 단계를 거쳐 예수님께 자신의 믿음을 고백합니다 (26-29절)

26절의 "여드레를 지나서"라는 표현은 처음 예수님의 제자들이 문을 닫고 집에 모여 있다가 부활하신 예수님을 만난 이래 다시 주일이 되었음을 암시합니다(20:19-23). 제자들이 지난번처럼 집안에서 모여 문을 닫고 있었을 때 부활하신 예수님께서 다시 나타나셨습니다. 이때는 도마도 제자들과 함께 있었습니다. 도마와 가룟 유다를 제외한 열 명의 제자들이 집안에 모여서 문을 닫고 있었을 때처럼 예수님이 제자들 가운데로 오셔서 그들에게 "너희에게 평강이 있을지어다"(26절)라고 인사하십니다. 그리고 도마에게 분명하게 말씀하십니다. "네 손가락을 이리 내밀어 내 손을 보고 네 손을 내밀어 내 옆구리에 넣어 보라. 그리하여 믿음 없는 자가 되지 말고 믿는 자가 되라"(27절).

예수님은 도마가 합리적 의심을 갖고 동료 제자들의 말을 믿지 않았던 것을 상기시키면서 말씀하십니다. 말씀의 내용을 보면 도마가 부활하신 예수님을 보았다는 동료 제자들의 증언을 믿지 않고 합리적 의심을 제기하며 믿음의 조건을 말했던 것을 예수님이 곁에서 모두 듣고 계셨던 것 같습니다. 아마도 도마는 예수님의 이 말씀을 듣고 매우 놀라고 당황했을 것입니다. 더 놀라운 일은 예수님께서 도마의 의심을 전혀 책망하지 않으셨다는 사실입니다. 예수님은 오히려 도마의 요구를 들어주시면서 그가 실증적 체험을 통해 믿음을 갖도록 격려하시는 것처럼 보입니다. 이는 예수님께서 이성적 또는 합리적 의심을 무시하시거나 그것이 필요 없는 것이라고 말씀하시지 않았다는 증거입니다.

여기서 우리가 배우고 깨달아야 할 것이 있습니다. 우리는 합리적 의심을 배격하면서 무조건적인 믿음을 요구하는 일을 경계해야 합니다. 어린아이들, 청년들, 아직 믿음이 온전히 성숙하지 못한 사람들이 예수님이 누구신지 알지 못한 채로 그분의 부활을 의심할 때, 그들이 보이는 회의적 반응을 폄하해서는 안 되며 그들이 내는 의심의 목소리를 짓밟거나 억누르지 말아야 합니다. 교회 안에서 무조건적인 믿음을 강요하는 일을 멈춰야 올바른 믿음이 시작될 수 있습니다. 하나님의 말씀을 읽고 연구하며 묵상하는 가운데 합리적 의심을 인정하고 그 의심에 함께 대답할 준비를 할 때 올바른 신앙고백에 도달할 수 있습니다. 우리의 믿음은 이성을 부정하고 논리적 판단을 배격하는 것이 결코 아니기 때문입니다. 또한 정성을 쌓거나 물질로 제사를 지내는 것만으로 얻어지는 것이 결코 아니기 때문입니다.

부활하신 예수님이 도마에게 나타나 말씀하실 때 그는 합리적 의심 속에서 믿음의 조건으로 제자들에게 제시했던 물증을 확인할 필요를 더 이상 느끼지 못했습니다. 부활하신 예수님이 나타나셔서 직접 말씀하시자 도마는 그 앞에서 즉시 대답하며 "나의 주, 나의 하나님"(28절)이라고 분명하게 자신의 믿음을 고백합니다. 어떻게 도마는 이렇게 간단히 믿음을 고백한 것인가요? 이런 믿음의 고백이 쉬운 것인가요? 도마는 예수님의 옆구리와 손의 못 자국을 만져 본 후에야 믿음을 고백한 것일까요? 아마도 도마는 예수님의 손에 남은 못 자국과 옆구리의 창 자국을 손으로 만져서 확인하지 않았을 것입니다. 왜냐하면 부활하신 예수님을 직접 만나 뵙고 말씀을 들었기 때문에 더는 어떤 물증이나 체험도 필요하지 않았기 때문입니다. 도마는 부활하신 예수님을 직접 뵙고 즉시 신앙고백을 한 것입니다. 더욱이 예수님께서 도마를 향해 "너는 나를 본고로 믿느냐? 보지 못하고 믿는 자들은 복되도다"(29절)라고 말씀하신 것은 그가 손가락으로 예수님의 상처를 만져보지 않고서도 부활하신 예수님을 믿었다는 증거입니다.

도마가 28절에서 밝힌 "나의 주, 나의 하나님"이라는 고백은 당시 시대적 배경을 고려하면 매우 놀라운 신앙고백입니다. 당시 로마의 식민지에서 살아가는 모든 사람들은 로마 황제를 자신들의 주인 곧 하나님 또는 신으로 고백하고 섬겨야 했습니다. 그런데 도마는 부활하신 예수님을 직접 만나 말씀을 들은 뒤에 예수님이 자신의 주인이며 하나님이라고 고백한 것입니다. 도마의 생각이 바뀌고 그의 철학과 사상이 완전히 변화된 것을 그의 고백을 통해 알 수 있습니다. 도마는 더 이상 로마 황제가 아닌 부활이요 생명이신 예수님을 주 곧 하나님으로 믿고 고백하게 된 것입니다.

합리적 의심의 문제를 해결한 도마는 마침내 신앙을 고백할 수 있었습니다. 자신의 믿음 없음을 고백하는 사람에게는 올바른 믿음을 가질 수 있는 소망이 있습니다. 하지만 예수님을 믿지 못하고 의심하는 상태에 있음에도 불구하고 그것을 숨기고 있다면 결국 불신앙의 늪에 빠질 수밖에 없습니다. 따라서 합리적 의심은 믿음을 위해 꼭 필요합니다. 이 단계를 잘 지나면 믿음의 문턱에 이를 수 있습니다. 도마는 이런 점에서 하나의 신앙 모델이 됩니다.

요한복음은 도마의 합리적 의심과 신앙고백을 통해 참된 믿음이 무엇인지를 보여줍니다. 특히 도마는 기적을 경험하고 나서 믿음을 가진 것이 결코 아닙니다. 요한복음은 신비한 기적을 체험하거나 눈으로 직접 보고 믿는 것만이 참된 신앙이라고 격려하지 않습니다. 오히려 특별한 기적을 체험하지 않아도 성경이 가르치는 예수님을 믿는 것이 참된 신앙이라고 암시합니다. 특히 요한복음을 읽고 예수님을 그리스도로 믿는 모든 사람은 예수님을 직접 눈으로 보지 못했지만 그분을 주와 하나님으로 믿는 사람들입니다. 예수님은 이런 사람들을 가리켜 "보지 못하고 믿는 자들은 복되도다"(29절)라고 말씀하셨습니다.

요한복음의 도마를 통해 우리가 얻을 수 있는 교훈을 정리해봅시다.

첫째, 우리는 믿음이 날마다 조금씩 자라가도록 하나님의 말씀을 묵상하고 연구해야 하며, 의심이 들더라도 용기를 갖고 정직하게 질문하는 과정을 통해 자신의 연약한 믿음을 드러내야 합니다. 듣고 싶은 것만 들으려고 할 때 다른 말은 들리지 않는 법입니다. 사람은 자신의 수준만큼 이해하고 깨달을 수 있습니다.

요한복음에 등장하는 도마는 열두 제자 가운데 한 사람이지만 그는 처음부터 예수님을 오해한 채로 따라다녔습니다. 도마에게 예수님은 이스라엘의 정치적 해방자나 문제의 해결사 그 이상도 이하도 아니었습니다(11:16). 그는 자신의 기대와 생각을 가지고 예수님을 따라다녔습니다. 도마는 예수님이 십자가의 마지막 죽음을 앞에 두고 유언과도 같은 고별 설교를 하는 순간에도 그분의 말씀을 이해하지 못했습니다. 예수님께서 자신의 죽음을 미리 알려주셨음에도 불구하고 다른 제자들과 마찬가지로 전혀 그 의미를 이해하지 못했습니다. 이것이 도마가 가진 믿음의 수준이었습니다.

둘째, 요한복음은 기적이나 체험을 통한 믿음보다도 합리적 의심을 통해 깨닫는 믿음을 격려합니다. 우리는 의심의 다리를 건너야 믿음에 이르게 됩니다. 그러므로 합리적 의심을 부정적으로 치부하거나 무시하지 않아야 합니다. 이와 더불어 무조건적인 믿음을 강요해서는 안 됩니다.

도마는 다른 제자들과 함께 십자가에서 죽으시고 부활하신 예수님을 만나지 못했습니다. 예수님의 제자들은 부활하신 예수님을 자기 눈으로 목격하고 그 경험을 증언했지만, 도마는 의심했습니다. 하지만 도마의 의심은 합리적 의심이었습니다. 예수님의 부활을 믿는 것은 이성의 판단을 넘어서는 일이었기 때문입니다. 도마의 합리적 의심은 당연한 것이었습니다. 도마는 예수님의 부활을 목격한 제자들처럼 믿기 위해 의심한 것입니다. 마침내 부활하신 예수님이 도마 앞에 나타나셨을 때 도마는 의심을 버리고 자신의 믿음을 고백합니다. 자신의 눈앞에서 부활하신 예수님을 보았을 때 도마의 의심은 신앙고백으로 바뀌었습니다. 물론 이런 믿음도 결국 하나님이 주신 선물입니다(1:12-13).

설교자가 추천하는 주석

1. 권해생,『요한복음』, 서울: 대한예수교총회출판국, 2021.

2. 조석민,『이해와 설교를 위한 요한복음』, 고양: 이레서원, 2019.

3. D. A. 카슨, 박문재 역,『요한복음』, 서울: 솔로몬, 2017.

4. J. Ramsey Michaels, *The Gospel of John*, NICNT, Grand Rapids: Eerdmans, 2010.

5. Francis J. Moloney, *The Gospel of John*, Sacra Pagina 4, Collegeville: Liturgical Press, 2005.

5

사도행전 설교

허주

설교자 약력

한국외국어대학교(B.A.)

미국 Westminster Theological Seminary(M.Div.)

영국 University of Sheffield(Ph.D.)

아신대학교(ACTS) 교수

설교자 저서

A Dynamic Reading of the Holy Spirit in Luke-Acts (2001) 외

말씀을 전하지 못하게 하시거늘:
하나님의 신비로운 뜻, 선교

사도행전 16:6-10

우리의 인생을 되돌아보면 신비의 연속이 아닐 수 없습니다. 이런 신비로운 일이 만남을 통해 종종 이루어지곤 합니다. 한 사람이 태어나서 유아기를 거쳐 성인에 이를 때까지 우리는 참으로 수많은 만남을 갖게 되지요. 성경과 교회 역사를 찬찬히 들여다보면 우리는 사람과 사람 그리고 사람과 하나님과의 만남 속에서 벌어지는 사건과 이야기에 주목하게 됩니다. 그리고 이런 만남을 통해 드러나는 하나님의 뜻과 섭리가 참으로 신비로움을 고백하지 않을 수 없습니다. 하나님은 오늘도 우리들의 "우연한 만남" 가운데 자신의 신비로운 구원 역사를 이루어가시는 분입니다.

우리의 책인 사도행전 16장에는 바울과 일행의 선교여행이 나옵니다. 여기엔 흔히 제2차 선교여행으로 불리는 사건의 초반부가 잘 묘사되어 있습니다. 이 여행의 주요 인물은 바울, 실라, 디모데입니다. 이 여행은 기원후 49년에서 52년까지 약 3년이 소요되었으며 이동 거리는 총

5,500킬로미터에 달합니다. 자동차나 비행기도 없었고 투숙 환경이나 안전 상황이 오늘날과 비교할 수 없을 만큼 열악했던 당시 사정을 고려할 때 참으로 대단한 여행이 아닐 수 없습니다. 수리아 안디옥에서 시작된 제2차 선교여행의 주요 방문 도시는 브루기아, 갈라디아, 무시아, 드로아, 빌립보, 데살로니가, 베뢰아, 아덴, 겐그레아, 고린도, 에베소입니다. 이 일정은 사도행전 15:40에서 시작되어 18:22로 마무리됩니다. 우리가 살펴보려는 16:6-10에는 이들이 원래 계획했던 선교의 방향이 막히면서 전혀 생각하지 못했던 지역과 도시로 여정을 변경할 수밖에 없었던 상황이 요약적으로 소개됩니다.[1]

저는 이 다섯 절을 기초로 삼아 "하나님의 신비로운 뜻, 선교"란 제목으로 묵상을 하고자 합니다. 선교는 하나님의 신비로운 뜻이자 그분의 사람들과의 신비로운 교제 속에 나타나는 하나님의 목적입니다. 선교가 신비로운 이유는 무엇보다 선교의 주인이신 하나님께서 신비로운 분이시기 때문입니다. 아울러 이와 같은 하나님의 신비로운 뜻은 매우 자주 하나님과 사람 및 사람과 사람 사이의 신비로운 만남 가운데 드러납니다. 이 설교를 접하는 여러분에게도 하나님의 신비로운 뜻과 목적이 삶 속에서 자주 발견되고 깨달아지는 은혜가 있길 소망합니다.

저는 선교의 본질인 하나님의 신비로운 뜻을 세 가지 질문과 답변 형식으로 생각해보고자 합니다. 첫째는 "누가 이들을 보냈는가"입니다.

---

1   목회자를 위한 사도행전 및 신구약 성경 지리를 위해서는 토마스 V. 브리스코의 『두란노 성서지도』(서울: 두란노, 2008)를 참고하시기 바랍니다.

앞서 언급했듯이 바울의 선교팀에는 세 사람의 이름이 나옵니다. 바울, 실라, 디모데이지요. (16:10부터 언급된 "우리"를 고려하면 저자 누가도 포함될 수 있습니다만, 여기서는 이름이 밝혀진 세 사람에게만 초점을 맞추겠습니다.) 디모데가 루스드라에서부터 바울의 선교팀에 합류하게 된 데는 바울의 개인적 권면과 제안이 작용했을 것으로 짐작됩니다. "바울이 더베와 루스드라에도 이르매 거기 디모데라 하는 제자가 있으니 그 어머니는 믿는 유대 여자요 아버지는 헬라인이라. 디모데는 루스드라와 이고니온에 있는 형제들에게 칭찬받는 자니 바울이 그[디모데]를 [선교여행에] 데리고 떠나고자 할새"(16:1-3a). 그렇다면 디모데가 선교여행에 동참하게 된 결정적 이유는 바울 때문이라고 말할 수 있을까요? "그렇다"라고 말하는 것이 잘못된 대답은 아니겠지만, 우선 관련된 문맥을 모두 살핀 후 답변하는 편이 더 적절할 것 같습니다. 그렇다면 바울과 함께 루스드라에 도착한 실라는 또 어떻습니까? 실라가 수리아 안디옥을 떠나 바울과 함께 선교여행에 참여하게 될 때 실라를 부른 분은 누구인가요? 사도행전에서 실라는 예루살렘 교회 출신으로 소개됩니다(15:22, 32). 사도행전 15:36-39에 보면 바울은 안타깝게도 바나바와 심히 다투고 헤어지는데, 이때 그를 대신하여 실라와 함께 안디옥을 떠나 선교여행에 나서게 됩니다. 사도행전에 명시적으로 나오지는 않지만, 바울은 당시 안디옥 교회 성도와도 친분이 있었던(15:22-33) 실라를 권유하여 선교여행 파트너로 삼았던 것 같습니다. 안디옥 교회(와 예루살렘 교회)도 바울의 이런 제안을 수용한 후 두 사람의 선교여행을 격려해준 것으로 보입니다. "바울은 실라를 택한 후에 형제들에게 주의 은혜에 부탁함을 받고 떠나"라고 증언해주기 때문입니다(15:40). 그렇다면 실라는 (디모데와 마찬가지로) 바울과의 친분 때문에 선교여행에 동행하게 된 것일까요? 이 답변 역시 지금은 잠시 유보하고자 합니다. 우리가 살펴보아야 할 인물이 또 한 사람 있기 때문입니다. 그 인물은 바로 바울입니다. 그는 이 선교여행의 대표이자 주도자입니다.[2] 그렇다면 이 선교여행의 리더인 바울은 어떻습니까? "우리가 주의 말씀을 전한 각 성으로 다시 가서 형제들이 어떠한가 방문하자 하고"(15:36). 이렇게 말한 바울이 선교여행을 주도하고 결정한 사람입니까, 아니면 선교여행 여비를 후원하며 바울을 보내는 안디옥 교회 성도들이 이 선교여행의 주인입니까? 바울과 그의 동역자들이 선교여행에 나서도록 한 사람은 도대체 누구입니까?

사도행전의 관련 구절과 배후 상황을 살펴보면 실라와 디모데는 바울과의 만남으로 인해 선교여행에 동참하게 된 것으로 이해됩니다. 이런 판단은 옳고 정당해 보입니다. 바울은 이 여행의 목적 등을 고려한 후 나름 스스로 이런 결정을 내린 것 같습니다. 또한 안디옥 교회가 바울과 실라를 파송하기로 결의하고 선교 후원금을 제공한 것을 보면 안디옥 교회의 성도들이 선교여행에서 큰 역할을 감당하고 있음을 알 수 있습니다. 그럼에도 불구하고 우리는 사도행전(성경)을 큰 그림 안에서 읽어야 할 필요가 있습니다. 왜냐하면 사도행전은 15장에서 시작해서 16장으로 끝나는 이야기가 아니기 때문입니다. 사람들의 만남이 중요하

---

2   신학자이기 이전에 선교사라는 바울의 정체성을 이해하기 위해서는 에크하르트 슈나벨이 쓰고 정옥배가 옮긴 『선교사 바울: 선교의 실체와 원리, 선교의 전략과 방법』(서울: 부흥과개혁사, 2014)이 유익합니다.

지만 이 배후에 더 중요하고 신비로운 만남이 있음을 성경이 말해주기 때문입니다. 사도행전은 바울의 선교팀원들이 서로 만나고 교제하며 선교여행에 참여하는 과정을 주관한 분이 사람이 아닌 하나님이심을 증언해줍니다.

바울의 첫 선교여행이 시작되는 상황을 보면 이를 분명히 확인할 수 있습니다. 사도행전 13:2-4을 보겠습니다. "주를 섬겨 금식할 때 성령이 이르시되 '내가 불러 시키는 일을 위하여 바나바와 사울을 따로 세우라' 하시니, 이에 금식하며 기도하고 두 사람에게 안수하여 보내니라. 두 사람이 성령의 보내심을 받아…" 여기서 성경은 바울의 제1차 선교여행을 주도하고 시작한 사람이 바울이나 바나바가 아님을 잘 보여줍니다. 안디옥 교회의 성도들도 이 여행을 주관한 사람이 아닙니다. 성경은 바로 성령 하나님의 발언("성령이 이르시되")과 행위("성령의 보내심을 받아")로 인해 이 일이 시작되었음을 보여줍니다.[3] 이것은 승천하시기 전 예수님이 남긴 말씀을 통해 확인할 수 있습니다. "오직 성령이 너희에게 임하시면 너희가 권능을 받고 예루살렘과 온 유대와 사마리아와 땅끝까지 이르러 내 증인이 되리라 하시니라"(1:8). 무엇보다 사도행전에서 세 번에 걸쳐 소개된 바울의 회심과 소명 사건은 승천하셔서서 존귀케 되신 예

---

3   사도행전에는 성령이 자주 언급되며 성령의 일하심이 다양하게 묘사됩니다. 저자 누가는 이방인과 관련된 문맥 안에서 성령을 일하실 뿐만 아니라 말씀하시는 분으로 인물화하고 있습니다(행 8:29; 10:19-20; 11:12; 13:2; 21:11, 참조. 1:16; 28:24-25). 구약성경에서는 성령께서 말씀하시는 구절이 없다는 점을 인식할 때 이것은 매우 흥미로운 사실입니다. 이런 내용을 학술적으로 다룬 다음 문헌을 참조하시기 바랍니다. 허주, "너희가 해석할 때에 성령을 받았느냐?: 간접 묘사를 중심으로 한 누가행전의 성령에 대한 인물분석", 「신약논단」 제22권 제2호(2015), 397-466.

수님께서 바울을 택하여 보내시는 분임을 잘 보여줍니다(9:15-16; 22:18-21; 26:15-18; 참조. 갈 1:15-16; 롬 1:1; 15:16; 고전 1:1; 고후 1:1, 엡 1:1; 골 1:1; 딤전 1:1; 딤후 1:1, 9). 사도행전은 사도/증인들의 일하심이 드러나는 사도/증인들의 행전으로 볼 수 있지만, 심층적으로 살펴보면 "사람들의 행전"이기보다는 성령님의 행전이요, 인간을 구원하고자 하시는 "예수님(과 하나님)의 천상행전"입니다.[4]

그렇다면 우리는 다시 질문해보아야 합니다. "누가 이들을 선교 현장으로 보낸 것입니까?" 고향과 조국을 떠난 이들을 낯선 땅에서 한 팀으로 만나게 하신 분은 누구입니까? 그렇습니다. 성령 하나님입니다. 부활 승천하셔서 존귀케 되신 예수님의 영인 성령님께서 이 사람들을 택하고 보내신 겁니다. 성령님께서 바울을 감동시킨 것입니다. 성령님께서 이들을 만나게 하셨습니다. 성령님께서 바울을 통해 실라와 디모데의 마음을 흥분시키신 것입니다. 순종하게 한 것입니다. 선교여행을 떠나기 5년 전만 해도 서로 전혀 몰랐던 사람들이 만남을 통해 선교팀의 일행이 된 것은 하나님께서 행하신 신비로운 뜻이었습니다. 또한 이는 바울과 실라와 디모데 각 사람이 하나님을 인격적으로 만났기 때문이며, 이들 가운데 지속적으로 일하시는 예수님의 영 안에서 이들의 감동과 순

---

4   학계에서는 사도행전을 누가복음과 함께 "누가(복음)-(사도)행전"(Luke-Acts)으로 표기하곤 합니다. 누가-행전을 한 권으로 된 상/하권 개념으로 간주하기 때문입니다. 이 경우 누가복음은 예수님의 "지상행전"이 되며 이어지는 사도행전은 예수님의 "천상행전"이 됩니다. 또한 갈릴리에서 예루살렘까지 선포되었던 하나님 나라의 복음은 예루살렘에서 로마까지 확장되는 주 예수 그리스도의 복음으로서 성령님의 능력과 인도 가운데 드러나는 증인의 길이 됩니다. 허주, 『사도행전과 함께 하는 말씀 묵상』(양평: 아세아연합신학대학교, 2016), 25-32 참조

종이 있었기 때문입니다. 한 마디로 하나님의 신비로운 섭리가 빚어낸 결과인 겁니다.

이 설교를 읽으시면서 혹시 나에겐 왜 이런 하나님의 신비로운 부르심이 없을까 반문하는 분들이 있을지 모르겠습니다. 또는 이런 부르심의 가능성이 생길지도 모른다는 점이 부담스러우신 분도 있을 겁니다. 저는 여기서 "하나님의 선교"(the mission of God) 개념에 대해 몇 마디 덧붙이고자 합니다. 이에 관해 자주 오해가 있기 때문입니다. 먼저 하나님의 선교는 (1) 해외 타 문화권에서 (2) 풀타임 복음 사역자로 부름 받는 것에 제한되지 않음을 아셔야 합니다. 적극적인 "선교"란 예수님의 제자로 부름 받은 모든 성도와 공동체가 삶의 모든 영역에서 의식적으로 인지해야 할 "하나님의 뜻과 목적"을 의미하기 때문입니다. 말하자면 모든 시대와 상황 속에서 하나님의 백성으로서 거룩한 정체성을 소유해야 할 성도 한 명 한 명이 하나님의 선교적 부르심과 삶을 일상생활에서 드러내야 할 예수님의 증인들입니다.[5] 따라서 하나님의 선교적 부르심이 없는 성도/제자는 있을 수 없으며, 성령님과의 신비로운 교제가 없는 성도/제자 역시 있을 수 없습니다. 모든 그리스도인은 이 땅의 나그네로서 인생을 살아가면서 예수님의 증인으로서 부름 받은 "선교사"입니다. 또한 하나님의 뜻을 찾고 그분의 영광을 위해 살아가는 주위 사람

---

5   이 같은 "하나님의 선교" 개념에 도움이 되는 책으로는 크리스토퍼 라이트, 정옥배, 한화룡 역, 『하나님의 선교』(서울: IVP, 2010); 딘 플레밍, 한화룡 역, 『하나님의 온전한 선교』(서울: 대서, 2015); 리처드 보컴, 강봉재 역, 『성경과 선교』(서울: 새물결플러스, 2016); Michael W. Goheen, (ed.), *Reading the Bible Missionally* (Grand Rapids: Eerdmans, 2016)가 있습니다.

들에게 그리스도의 편지와 같이 여겨져야 하는 존재입니다(참조. 롬 1:1-7; 고전 10:31; 고후 3:1-3). 다만 우리의 연약함과 불순종으로 인해 일상에서 부르심을 의식하지 못하거나 부정하는 경우에는 문제가 발생하게 됩니다. 이제 우리의 마음의 눈에서 비늘 같은 것이 벗겨지는 은혜가 있길 원합니다. 우리의 심령 깊은 곳에서 나를 향한 주님의 선한 뜻(선교)을 신뢰하고 나아가는 담대함이 있길 소망합니다.

혹시 이 설교를 읽으시는 목회자나 선교사 또는 신학생이 있다면 묻겠습니다. 여러분을 현재 몸담고 있는 국내외 사역지나 신학교로 보내신 분은 누구십니까? 선교지에 갈 수 있도록 허락하신 분이 누구입니까? 부모님, 남편, 아내, 친구, 또는 여러분을 후원하고 있는 교회나 목사님입니까? 일정 부분 맞는 말입니다. 하지만 이것이 전부는 아닙니다. 아니, 처음부터 여러분을 선택하고 불러서 지금 그 자리로 인도하신 분은 사람이 아닙니다. 조직도 아닙니다. 한때 우리나라 코미디 프로그램에서 유행한 대사가 있었지요. "사람이 아니무니다!" 그렇습니다. 우리를 지금 이 자리로 보내신 분은 결코 사람이 아닙니다. 바로 하나님이십니다! 하나님의 선교를 실행하시는 주체는 언제 어디서나 "신비의 영"이신 성령님이십니다. 이 사실을 분명히 신뢰하고 나아갈 때 우리는 성령님의 일하심을 더욱 깊이 체험하게 됩니다. 성령님께 더욱 간절히 기도할 수 있게 됩니다. 우리를 거짓되고 부패한 어둠의 세상으로부터 빛의 나라로 옮기셔서 우리를 현재 사명의 자리에 앉히신 분은 사람이 아닙니다. 바로 하나님이 나를 이 자리에 있게 하셨습니다(참조. 창 45장 요셉의 간증과 갈 1장 바울의 간증). 오늘 우리가 예수님의 증인으로 살아가는 것 자체가 하나님의 신비로운 찾아오심과 간섭하심의 은혜입니다.

이제 두 번째 질문을 생각해보겠습니다. "왜 바울의 선교팀이 그곳 낯선 땅으로 가게 되었을까?" 바울, 실라, 디모데, 이 세 사람은 왜 고향과 가족과 친구를 떠나 갈라디아 지역을 넘어 드로아까지 가게 된 겁니까? 왜 이들은 계획에도 없었는데 원래 출발했던 안디옥으로부터 멀리 떨어진 마케도니아까지 배를 타고 가려는 것입니까? 방문하는 도시에서 돈을 벌고 인맥을 넓히기 위해서 입니까? 그곳의 유명한 유적지를 탐방하려는 목적 때문입니까? 방문지에서 자기 자신과 자기 나라 문화의 우월함을 뽐내려고 그리한 것입니까? 아닙니다. 바울의 선교팀은 이런 이유로 여기까지 온 것이 아닙니다. 그럼 무엇이 이들을 여기까지 오게 만들었습니까? 도대체 이들은 왜 낯선 문화와 불편한 잠자리로도 모자라 생명의 위협까지 감수해야 하는 자리로 나아가게 된 것입니까? "이는 하나님이 저 사람들에게 복음을 전하라고 우리를 부르신 줄로 인정함이러라"(16:10). 그렇습니다. 방문하는 도시의 사람들에게 하나님의 복음을 전하기 원해서 그렇게 한 것입니다. 이들이 처음 여행을 떠난 것도, 그 이후 갑작스럽게 행선지를 바꾸고 마케도니아로 향하게 된 것도, 하나님의 부르심을 따라 복음을 증언하기 위함이었습니다. 이들이 전한 복음의 내용은 제1차 선교여행을 소개하는 사도행전 13-14장에 잘 드러납니다. "그러므로 형제들아, 너희가 알 것은 이 사람[예수 그리스도]을 힘입어 죄 사함을 너희에게 전하는 이것이며…이 사람을 힘입어 믿는 자마다 의롭다 하심을 얻는 이것이라"(13:38-39). "여러분에게 복음을 전하는 것은 이런 헛된 일[우상숭배]을 버리고 천지와 바다와 그 가운데 만물을 지으시고 살아계신 하나님께로 돌아오게 함이라"(14:15). 이는 제2차 선교여행지가 소개된 16-17장에서도 요약적으로 드러납니다. "주 예수를 믿으라. 그리하면 너와 네 집이 구원을 받으리라"(16:31; 참조. 17:3, 18, 30-31). 말하자면 하나님을 알지 못하는 이 땅의 인생들의 신념과 인생관이 가짜이자 잘못된 것임을 알려주고자 했던 것이었습니다. 예수님을 인생의 주인으로 모시고 그분의 말씀/성경을 따라 사는 것이 우리 인간의 참 행복이자 기쁨임을 전해주고 싶었던 겁니다. 그렇기 때문에 예수님의 증인으로 살기 원하는 그리스도인은 자신이 먼저 복음 안에서 죄 용서의 기쁨과 감사를 경험해야 합니다. 선교적 삶과 사역의 자리는 예수님을 만나 새 사람됨의 감격을 누려본 적이 있는 사람이 나아가는 은혜의 자리입니다. 따라서 오늘날 국내외로 파송 받아 사역하는 복음 전도자들이 주의할 것이 있습니다. "우리가 너희를 깨우기 위해 왔다"라는 우월의식으로 무장한 채로 사람들에게 다가가서는 안 됩니다. 그들이 간절하게 "우리를 도와 달라"고 요청할지라도 그들을 향해 겸손하게 접근하는 배려와 공감의 마음을 갖춰야 합니다(참조. 고전 2:1-5; 살전 2:7-8). 어쩌면 "두 가지 마음 자세"가 필요한 것 같습니다. 하나는 사역 현장의 영혼을 깨우겠다는 열정을 품은 담대함의 "속사람"과 또하나는 복음에 빚진 것을 갚아야 한다는 겸손함의 "겉사람"으로서의 자세입니다.

이제 마지막 세 번째 질문을 생각해보겠습니다. 저는 이것을 가장 주목하고 싶습니다. 이것이야말로 사도행전 16:6-10의 사건이 기록된 가장 중요한 이유가 아닐까 싶습니다. 바로 "바울의 선교팀에 도대체 무슨 일이 벌어졌는가?"라는 질문입니다. 더 구체적으로 말하면 "바울 일행이 계획했던 선교여행 일정이 왜 갑작스럽게 변경되었는가?"입니다. 본문을 보면 바울의 선교팀은 원래 아시아 즉 에베소에 들어가서 복음을 전할 계획이었습니다. 바울과 실라가 안디옥에서 처음 선교여행을 떠날 때도 원래는 제1차 선교여행 도시들을 재방문한 뒤 에베소로 갈 예정이었던 것으로 파악됩니다. 안디옥 교회도 이 선교 전략에 동의하여 그에 맞춰 후원할 재정을 고려하고 파송했을 겁니다. 바울이 루스드라에서 만난 디모데에게 선교팀에 합류할 것을 권했을 때도 에베소로 갈 계획을 말해주었을 것입니다. 하지만 이들은 에베소 근처에도 갈 수 없었습니다. 성경은 이것을 이렇게 증언합니다. "성령이 아시아에서 말씀을 전하지 못하게 하시거늘…예수의 영이 허락하지 아니하시는지라"(16:6-7). 다른 분이 아닌 성령님께서 친히 에베소 도시에 방문해서 복음의 말씀을 전하는 사역을 막은 것입니다.

이는 정말 바울 일행에게 답답한 일이 아닐 수 없었습니다. 선교여행의 리더인 바울은 더욱 곤혹스러웠을 겁니다. 교회 파송을 받고 떠났음에도 불구하고 아시아(에베소)로 전혀 들어갈 수 없었기 때문입니다. 이런 상황은 하루만 벌어진 것이 아닙니다. 계속 진입을 시도했음에도 불구하고 여전히 그 지역에 들어갈 수 없었던 것이지요. 성경의 진술을 보면 이들은 하는 수 없이 아시아 지역이 아닌 브루기아, 갈라디아 북쪽 지역, 무시아를 거쳐 어정쩡하게 드로아까지 도착하게 되었습니다(16:6-8). 여기서 신중히 관찰할 대목이 있습니다. 사도행전 16:6-7에서 언급된 "성령"(토 하기온 프뉴마, τὸ ἅγιον πνεῦμα)과 "예수의 영"(토 프뉴마 예수,

τὸ πνεῦμα Ἰησοῦ)이 바울 일행을 막았다고 하는 사실을 바울 일행이 당시 그 현장에서 바로 깨닫지 못했다는 것입니다. 만약 그랬더라면 바울은 실라 및 디모데와 함께 별다른 고민 없이 즉시 선교지를 바꾸었을 것이 분명합니다. 하지만 이들은 아시아 지역으로 가려던 계획을 포기하지 않고 계속 애썼습니다. 현장에서 복음 전파를 막는 분이 성령님이란 사실을 즉각적으로 알 수 없었기 때문입니다. 아니, 오히려 사탄의 방해라고 생각했을 가능성이 더 높습니다. 사탄도 억울했을 겁니다. 아시아(에베소)를 행선지로 잡은 선교여행이 막힌 이유가 예수의 영 때문이라는 사실, 즉 선교의 주인 되시는 예수님께서 친히 길을 막으신다는 사실을 깨달은 것은 바울이 드로아에 도착한 직후였습니다. 이곳에서 예수님의 환상을 보게 되면서입니다. "밤에 환상이 바울에게 보이니 마게도냐 사람 하나가 서서 그에게 청하여 이르되 '마게도냐로 건너와서 우리를 도우라' 하거늘 바울이 그 환상을 보았을 때 우리가 곧 마게도냐로 떠나기를 힘쓰니 이는 하나님이 저 사람들에게 복음을 전하라고 우리를 부르신 줄로 인정함이러라"(16:9-10).

이는 무엇을 의미합니까? 하나님의 사람(들)도 그분의 뜻과 계획을 삶의 현장에서 바로 깨달을 수 있는 것이 아닙니다. 말하자면 예수님께 붙잡힌 사람일지라도 하나님의 뜻을 늘 단번에 알 수 없습니다(참조. 롬 11:33-36). 오히려 계속해서 그분의 뜻을 알아가기 위해 힘써야 합니다. 바울은 성도들을 위해 이런 기도를 하곤 했습니다. "여러분이 하나님을 더 알게 되기를 원합니다"(엡 1:15-19; 3:14-21). 성령 충만한 바울뿐 아니라 성령의 감동을 받고 선교여행에 동참한 실라와 디모데도 선교의 주인이 될 수 없다는 말이겠지요. 이는 하나님의 일과 선교를 감당하는 모든 사람들에게 주는 교훈이 아닐 수 없습니다. 우리는 주님께 늘 감사하면서도 동시에 주님을 두려워하는 신앙의 균형 감각을 놓치지 말아야 합니다. 한편 이 사실은 성도에게 큰 위로와 담대함을 줍니다. 여기에는 하나님의 교회와 선교는 이 거룩한 사업의 주인이신 하나님께서 친히 이루어가신다는 위대한 진리가 깔려 있기 때문입니다. 하나님을 의식하지 않는 자에게는 낭패를 안겨주겠지만, 하나님의 뜻과 영광을 위해 살기 원하는 자에게는 이 사건만큼 용기와 위로를 주는 본문도 없습니다. 하나님을 신뢰하면, 하나님께 붙잡히기만 하면, 인생 여정 중 황당하고 답답한 상황을 맞게 되더라도 결국 하나님의 인도하심을 경험하게 된다는 진리가 이 속에 듬뿍 담겨 있기 때문입니다. 하나님의 선교는 사람의 뜻과 계획이 아닌 하나님의 뜻과 계획을 드러내는 것입니다. 사람과 조직을 넘어선다는 것이지요. 선교의 주인과 감독은 성령님이자 예수님이시기 때문입니다.

그렇다면 한층 더 깊은 묵상을 해보도록 하겠습니다. "바울의 선교팀이 달성하고자 한 진정한 목적은 무엇이었을까요?" 두 가지로 질문해보겠습니다. 바울 일행의 목적은 "에베소에 가서 복음을 전하는 것입니까?" 아니면 "성령님의 뜻을 따라 순종하며 사는 것입니까?" 저는 후자가 더 우선적이고도 진정한 이유라고 확신합니다. 성령님의 뜻을 잘 깨닫고 일상을 순종하며 살아가는 것이 아시아에 가서 복음 전하는 것보다 더 중요하고 우선해야 할 삶의 가치가 된다는 말입니다. 이들은 처음에는 에베소에 가서 복음을 증언하는 일이 하나님의 뜻을 따라 순종하는 것이라고 생각했습니다. 이것은 매우 귀한 결단이었습니다. 하지만 시간이 지나면서 하나님의 뜻을 점진적으로 알게 되었습니다. 그래서 아시아 지역에 있는 에베소가 아닌 마케도니아 지역의 다른 도시들로 선교지를 변경하게 되었습니다. 기도하면서 준비했던 선교 계획을 갑자기 바꾸는 것은 결코 쉬운 일이 아닙니다. 하지만 성령님의 뜻을 따라 일상의 순간순간을 살아내는 것이 어떤 특정한 일이나 사역을 절대시하는 것보다 중요하다는 사실을 깨달아야 합니다. 하나님과의 교제를 통해 그분을 더 알아가고 그분께 지속적으로 순종하는 것이 어떤 사역에 집중하는 것보다 더 중요합니다. 설령 그것이 복음을 전하는 일이라 할지라도 말입니다. 저는 이것이 "하나님의 선교"를 준비하고 감당하는 데 있어 참 중요한 점이라고 생각합니다.

여러분 중 최근 갑작스럽게 인생의 계획이나 사역의 내용이 바뀐 분이 있는지 모르겠습니다. 아니면 오랫동안 준비했던 일에 차질이 생긴 분이 있는지도 모르겠습니다. 하지만 그것 때문에 실망하지 마시길 바랍니다. 절대로 낙심하지 마십시오. 우리가 어디에서 무엇을 하고 있느냐는 중요한 문제가 아닙니다. 예수님의 제자에게 진정 중요한 것은 우리가 숨 쉬고 있는 그 자리에서 나와 내 공동체가 성령님의 뜻에 순종하고 있는지에 달려 있습니다. 성령님께서 보여주시기 원하시는 그 뜻을 우리가 삶의 현장에서 민감하게 느끼고 있느냐가 관건입니다. 지금 이 세상에서 잘 나가고 있는지는 중요한 문제가 아닙니다. 시련을 겪으면서 내 인생 계획에 차질이 생겼다고 낙심해서는 안 됩니다. 어떤 상황에 처해 있더라도 내가 주님의 뜻을 헤아리고자 몸부림치고 있으며 주님의 은혜를 사모하면서 그분을 기쁘시게 하고 있는지가 참으로 중요한 것입니다.

국내외 선교지에서 복음 사역에 힘쓰고 계신 목회자와 선교사 및 동역자 여러분, 다음세대를 위해 신학교에서 공부하고 있는 신학생 여러분, 여러분의 헌신과 결단에 존경과 위로를 전합니다. 여러분의 목양과 복음 사역 및 학업에 우리 주님의 선한 손길이 함께하기를 소망합니다. 아울러 우리의 가정과 모든 삶의 현장이 하나님의 선교 사역지라는 사실도 잊지 않기를 원합니다. 선교적 삶이란 어떤 특정한 사역을 감당하기 이전에 매일 성령님께 순종하는 삶을 살아내는 것임을 함께 기억하기를 원합니다. 왜냐하면 우리를 부르신 분은 사람이나 기관이 아닌 하나님이시기 때문입니다. 그리고 하나님이 우리를 부르신 이유는 이 땅에 속한 세상의 복음이 아닌 하늘에 속한 하나님의 복음을 전해야 하기 때문입니다. 이 땅에서 부름 받은 우리의 선교적 여정이 언제 어디서 끝날지 우린 알 수 없습니다. 하지만 우리의 인생길을 인도해오신 성령 하나님께서 지금도 우리 손을 잡고 소명과 사명의 길목마다 함께하고 계심을 신뢰하며 나아가기를 원합니다. 우리의 인생 여정 속에서 하나님과 친밀한 교제를 나누며 더욱 즐거워하기를 원합니다. 우리에게 붙여주신 복음의 친구들과 더욱 진솔한 나눔이 있길 원합니다. 이런 아름다운 교제를 통해 하나님께서 허락하신 우리 인생 가운데 신비로운 만남의 은혜가 더욱 풍성해지기를 소망합니다. 우리 나그네 인생의 길목마다 아름다운 선교의 열매가 가득 맺히기를 기원합니다.

설교자가 추천하는 주석

1. 대럴 L. 복, 전용우 역,『사도행전』, 서울: 부흥과개혁사, 2019.

2. F. F. 브루스, 김장복 역,『사도행전』, 서울: 부흥과개혁사, 2017.

3. 에크하르트 J. 슈나벨, 정현 역,『강해로 푸는 사도행전』, 서울: 도서출판디모데, 2018.

4. David G. Peterson, *The Acts of the Apostles*, Grand Rapids: Eerdmans, 2009.

5. Benjamin Witherington III, *The Acts of the Apostles: A Socio-Rhetorical Commentary*, Grand Rapids: Eerdmans, 1998.

6
로마서 설교

장해경

설교자 약력

서울대학교(B.A., M.A.)
합동신학교(M.Div.equiv.)
아세아연합신학연구원(Th.M.)
독일 Eberhard-Karls-Universität, Tübingen(Dr.theol.)
아신대학교 은퇴교수

설교자 저서

Knechtschaft und Befreiung der Schöpfung: Eine exegetische Untersuchung zu Röm 8,
19-22 (2000) 외

만사영통(萬事榮通)

로마서 8:28-30

본문의 말씀은 이 세상을 살아가는 성도들에게 하나님께서 주신 가장 위대한 약속 가운데 하나입니다. 우리는 살아가면서 어려운 일을 만날 때마다 자주 28절의 약속을 인용하면서 나 자신과 다른 교우를 이렇게 위로하곤 합니다. "지금 우리에게 이런 고통스러운 일이 닥쳤지만 조금만 참고 기다린다면 '모든 것이 합력하여 선을 이룰 것'이며 결국은 우리가 원하는 좋은 결과를 얻을 것이다"라고요. 우리가 애창하는 찬송가 384장도 동일한 위로의 메시지를 전달합니다.

나의 갈 길 다 가도록 예수 인도하시니…
무슨 일을 만나든지 만사형통하리라.

그러나 본문의 약속을 이런 방식으로 이해하는 것은 옳지 않습니다. 그런 이해와 적용은 어려운 상황에 처한 신자에게 일시적인 위안을 줄지는 몰라도 언젠가는 혼돈과 의문을 불러올 것입니다. 신약성경 그 어디

에도 "믿음으로 사는 자는 무슨 일을 만나든지 만사형통하리라"는 약속
은 없기 때문입니다.[1]

그렇다면 본문에 담긴 하나님의 약속은 무엇일까요? 사도 바울이
그 약속에 관해 우리에게 구체적으로 밝혀주고 있는 바는 무엇입니까?
이제 그 내용을 세 가지로 정리해 살펴보겠습니다.

1. 우리에게 일어나는 모든 일들은 하나님께서 우리를 그리스도의 형상을 본받도록 만들어 가시는 과정이다(28-29절)

"하나님을 사랑하는 자, 곧 그분의 뜻대로 부르심을 입은" 성도들에게
만 해당되는 이 약속의 내용은 그들에게 "모든 것이 합력하여 선을 이
룬다"("판타 쉬네르게이 에이스 아가톤", $πάντα\ συνεργεῖ\ εἰς\ ἀγαθόν$, 28절)는 것
입니다.[2] 여기서 말하는 "모든 것"($πάντα$, all things)은 살아가는 동안 일어
나는 모든 사건과 우리가 처하게 되는 모든 상황을 가리킵니다. 그 범위

---

1   "무슨 일을 만나든지 만사형통하리라"는 찬송가 384장 1절의 후렴 가사도 원문의 정확
     한 번역이 아닙니다. "만사형통하다"의 사전적 의미는 "모든 것이 내 뜻대로 잘 되다"
     인데, 해당 부분의 영어 원문은 "For I know whate'er befall me, Jesus doeth all things
     well"("어떤 일이 내게 닥치든지, 예수께서 모든 일을 잘 하실 것을 내가 알기 때문이
     다")입니다.

2   이 문장의 동사 "쉬네르게이"($συνεργεῖ$)는 보통 직접목적어를 취하지 않는 자동사로
     쓰이기 때문에(막 16:20; 고전 16:16; 고후 6:1; 약 2:22) "판타"(모든 것)를 그 목적어
     가 아닌 주어로 번역하는 것(개역, 새번역, 200주년 신약성서, 공동번역, ESV)이 자연스
     럽습니다. 반면 "하나님"(NASB, NIV) 또는 "성령"(REB)을 주어로 삼는 번역들은 동
     사 "쉬네르게이"를 타동사로 만들거나 명사 "판타"를 부사적으로 전용해야 할 뿐 아니
     라 명시되지 않은 해당 주어를 앞뒤 문맥에서 추론해야 하기 때문에 억지스럽습니다.

는 제한되지 않습니다. 좋은 일과 나쁜 일, 기쁜 일과 슬픈 일, 성공과 실패 등을 모두 포함합니다. 로마서 8장의 문맥을 보면, 바울은 특히 35-36절에서 나열한 "환난, 곤고, 박해, 굶주림, 헐벗음, 위험, 칼(순교의 죽음)" 등을 "모든 것"에 포함시킨 것으로 보입니다.

"합력하여 선을 이룬다"는 말("쉬네르게이 에이스 아가톤", συνεργεῖ εἰς ἀγαθόν)은 더 자세히 풀어 설명하면 "선을 이루는 방향으로 함께 작용한다"라는 뜻입니다. 다시 말해 우리의 삶을 구성하는 모든 사건과 상황들이 그 자체로 이미 각각의 시점에서 선을 이루는 데 기여한다는 뜻입니다.

그러면 본문에서 말하는 "선"(ἀγαθόν, good)은 무엇일까요? 우리는 그 답을 29a절에서 발견하게 됩니다. "하나님이 미리 아신 자들로 또한 그 아들의 형상을 본받게 하기 위하여 미리 정하셨으니". 여기서 "미리 아신 자들"이란 바로 28절에서 "하나님을 사랑하는 자 곧 그분의 뜻대로 부르심을 입은 자들"이라고 불렀던 성도를 가리킵니다. 하나님은 우리를 미리 아시고 선택하셨을 뿐 아니라 우리가 그분의 아들인 예수 그리스도를 닮은 모습으로 온전히 변화되도록 예정하셨습니다.

성도들이 "그 아들의 형상을 본받는" 일은 그리스도의 인격과 능력을 알고 그분의 고난과 죽음에 동참함으로써 그들의 내면에서 시작되고 진행됩니다(빌 3:10-12; 롬 15:5; 고전 11:1; 갈 4:19; 살전 1:6). 하지만 그리스도의 형상을 닮아가는 성도들의 내면적 변화는 이 땅에서 완성되지 않습니다(빌 3:12-16). 그렇다면 우리가 예수 그리스도의 형상을 완전히 입게 되는 때는 언제입니까? 예수님이 이 땅에 다시 오실 때, 그분의 능력으로 우리의 비천한 몸을 자신의 영광스런 몸과 같은 모습으로 변화시키실 때, 즉 우리의 몸이 부활을 맞을 때입니다(고전 15:49-52; 빌 3:20-21).

> 우리가 흙에 속한 자의 형상을 입은 것 같이 또한 하늘에 속한 이의 형상을 입으리라.…보라, 내가 너희에게 비밀을 말하노니 우리가 다 잠 잘 것이 아니요, 마지막 나팔에 순식간에 홀연히 다 변화되리니 나팔 소리가 나매 죽은 자들이 썩지 아니할 것으로 다시 살아나고 우리도 변화되리라(고전 15:49, 51-52).

예수님께서 재림하실 때 성도들이 부활하신 그분의 형상을 따라 이렇게 영광스럽게 변화되는 것을 "영화"(glorification)라고 합니다. 바울은 바로 이 "영화"를 하나님께서 이루실 구원의 완성으로 약속하면서 30절을 끝맺습니다. "또 미리 정하신 그들을 또한 부르시고 부르신 그들을 또한 의롭다 하시고 의롭다 하신 그들을 또한 영화롭게 하셨느니라."

그러므로 본문이 약속하고 있는 "선"의 의미는 무엇보다도 "그 아들의 형상을 본받아" 영광스럽게 변화될 우리의 최종적인 구원과 관련되어 있습니다. 하나님은 몸과 영혼이 죄로 말미암아 심히 부패하고 망가진 우리를 점도 없고 티도 없는 완전한 당신의 형상대로 재창조하시기로 작정하셨습니다. 이것이 우리를 향해 품으신 하나님의 선하신 뜻이자 우리에게 일어날 수 있는 최고의 선입니다. 여러분, 피조물인 인간이 창조주 하나님과 같은 모습으로 영화롭게 변화되는 것보다 더 좋고 복된 일을 상상할 수 있겠습니까?

그러나 우리는 자주 "선"을 현세적이고 물질적인 개념으로 바꾸어 생각하는 경향이 있습니다. 이 세상에서 사람들은 부, 건강, 성공, 안락함 등을 추구합니다. 그것들이 행복의 조건이라고 생각하기 때문입니다. 그래서 그것들은 언제나 선한 것이고 좋은 것이라고 여겨집니다. 우리 성도들도 그런 생각과 가치관의 영향을 받습니다. 그래서 "모든 것이 합력하여 선을 이루느니라"는 본문의 말씀도 마치 만사형통(萬事亨通, 모든 것이 뜻대로 잘됨)을 약속하는 말씀으로 받아들이기 쉽습니다. 이를테면 "우리가 무슨 어려운 일을 만나든지"라는 말을 들으면서 재산을 잃거나 큰 병에 걸리거나 또는 사업이나 직장의 일이 뜻대로 되지 않고 실패하더라도 "시간이 지나면 하나님은 우리가 잃었던 것들을 다 회복시켜 주시고 좋게 해주실 거야!"라고 기대하는 거죠.

　하지만 본문의 약속을 그렇게 해석하고 기대한다면 그 약속은 우리가 경험하고 있는 현실에 들어맞지 않습니다. 여러분, 예수 그리스도를 믿음으로써 거듭난 신자라면 모두 부자가 됩니까? 신자들이라고 큰 병에 걸리지 않습니까? 성도들은 실패해도 반드시 성공합니까? 결코 그렇지 않습니다. 실제로는 진실한 그리스도인도 오랫동안 궁핍할 수 있고, 난치병으로 고통 받다가 죽을 수도 있으며, 자신의 일에서 거듭 실패를 경험할 수도 있습니다.

　물론 일반적으로는 불신자였던 사람이 복음을 믿어 참된 신자로 거듭나게 되면 이전보다 건강해진 형편에서 더 많은 성취와 편안함을 누릴 가능성이 높습니다. 그것은 성령으로 거듭난 그리스도인의 속사람이 새로워진 가치관과 생활 태도에 따라 변화된 삶을 살게 된 결과입니다.

또한 하나님은 그분의 자녀들에게 필요한 온갖 좋은 선물을 아끼지 않고 주시는 분입니다(8:32; 약 1:17). 따라서 우리의 실수와 실패로 인해 잃었던 물질이나 건강 또는 명예를 되찾게 하실 뿐 아니라 과거보다 더 풍성히 주실 수도 있습니다.

그러나 "모든 것이 합력하여 선을 이룬다"는 말씀은 우리가 이 땅에 살면서 처하게 되는 모든 어려운 환경과 여건이 반드시 다 좋아질 것이라고 보장하는 약속이 아닙니다. 오히려 하나님은 성도들에게 때때로 고통과 환난을 겪게 하심으로써 그들의 믿음을 정화하시고 그들의 구원의 소망을 강화하십니다(5:3-4). 이런 방식으로 성도의 삶을 구성하는 모든 사건과 상황들은 그들을 구주 예수 그리스도께로 이끌어 그분을 믿고 본받도록 만들며 궁극적으로 영화에 이르도록 확실히 인도함으로써 선을 이루는 것입니다. 이것이 바로 본문이 약속하는 내용입니다.

2. 우리는 현재의 상황에 대해 "알지 못하나" 미래의 결과에 대해서는 확실히 "안다"(26, 28절)

본문 28절은 "우리가 알거니와"라는 선언으로 시작합니다. 무엇을 안다는 말입니까? 하나님의 뜻대로 부르심을 입은 성도들에게는 "모든 것이 합력하여 선을 이룬다"는 사실입니다. 앞서 살펴보았듯이 여기서 말하는 "선"은 일차적으로 그리스도의 재림과 함께 이루어질 우리의 영화, 즉 우리의 몸과 영혼이 부활하신 주님의 형상을 따라 완전히 변화될 그 마지막 사건과 관련되어 있습니다. 이것은 우리에게 나타나지 않은 미래의 사건입니다. 그런데 바울은 우리에게 일어나는 모든 일이 그 미래의 사건으로 귀결될 것을 "우리가 안다"고 확언합니다.

이와 반대로 바로 앞 구절에서는 바울이 현재의 일에 대해 "우리가 알지 못한다"고 말했습니다. 그는 26-27절에서 하나님께서 우리에게 보내주신 성령의 도우심에 대해 다음과 같이 이야기합니다. "이와 같이 성령도 우리의 연약함을 도우시나니 우리는 마땅히 기도할 바를 알지 못하나 오직 성령이 말할 수 없는 탄식으로 우리를 위하여 친히 간구하시느니라. 마음을 살피시는 이가 성령의 생각을 아시나니 이는 성령이 하나님의 뜻대로 성도를 위하여 간구하심이니라."

여기서 우리의 "연약함" 곧 무능함은 "마땅히 기도할 바를 알지 못하는" 무지함으로 나타납니다. 우리는 때때로 고난의 상황에 직면하게 되면 무엇을 위해 어떻게 기도해야 할지 모릅니다. 지금 우리에게 일어난 일에 대해 우리가 어떤 방향으로 무슨 결정을 내려야 할지 확신을 갖지 못합니다. 바로 그런 상황에서 우리를 도우시는 분이 성령이십니다. 우리 안에 거하시는 성령께서는 "말할 수 없는 탄식으로" "우리를 위하여" "하나님의 뜻대로" 간구해주십니다.

이처럼 바울은 우리 그리스도인이 성령을 받았음에도 불구하고 막상 어려운 일이 눈앞에 닥치면 지금 왜 이런 일이 내게 일어났으며 이 상황에서 하나님께 무엇을 구해야 할지를 "알지 못한다"고 고백했습니다. 하지만 28절에 와서는 정반대로 역설합니다. "우리가 알거니와 하나님을 사랑하는 자 곧 그 뜻대로 부르심을 입은 자들에게는 모든 것이 합력하여 선을 이루느니라."

언뜻 보기에는 바울의 말이 이상해 보입니다. "아니, 현재의 일도 모르는 사람이 어떻게 미래의 일을 안다고 말할 수 있지?"라는 의문이 듭니다. 그러나 26절과 28절은 서로 모순되지 않습니다. 성경에 따르면 우리 그리스도인은 눈앞에서 일어나고 있는 현재의 일을 미처 다 이해하지 못하지만, 그 모든 일들이 이루어 낼 미래의 결과를 분명히 알고 있는 사람들입니다. 그래서 아직 이해할 수 없는 현재의 어려운 사건과 상황들도 우리가 확신하는 그 모든 일들의 최종적인 결과에 비추어 바라보며 넉넉히 이겨낼 수 있는 것입니다.

3. 우리의 구원은 만유의 주 하나님께서 그분의 뜻대로 작정하신 일이므로 실패함 없이 완성될 것이다(29-30절)

우리의 미래에 대한 이런 확신은 어디에 근거하고 있습니까? 바로 우리의 존재를 포함한 우주 만물과 그 모든 현상이 창조주 하나님의 다스림과 통제 아래 운행되고 있다는 사실에 있습니다. 바울 사도는 로마서 11:36에서 이 요점을 다음과 같이 함축하여 표현했습니다. "만물이 주에게서 나오고 주로 말미암고 주에게로 돌아감이라. 그에게 영광이 세세에 있을지어다." 이 찬송시는 우주의 모든 존재와 현상을 하나님과 연결시킵니다. 주 하나님께서는 만유를 창조하시고("나오고"), 주관하시는("말미암고") 분이며, 만유의 최종 목적("돌아감이라")이 되시는 분이기 때문에 그분께 영원한 영광을 돌려야 마땅하다는 것입니다.

하나님 없이 살아가는 세상 사람들은 그들에게 일어나는 일을 운명이나 우연으로 돌립니다. 또는 사람이 태어난 연월일시 속에 일생의 운명이 정해졌다고 믿는 이들은 사주팔자를 봅니다. 만물이 저절로 우연히 생겼다고 믿는 이들은 인간 만사도 우연의 산물이라고 생각합니다. 그러나 우리 그리스도인에게 운명이나 우연은 없습니다. 창조주 하나님께서 지으신 세상 만물과 인류의 역사가 지금도 끊임없이 그분의 통치 아래 운행되고 있음을 확신하기 때문입니다. 우리를 향하신 하나님의 뜻은 항상 선하고 자비롭기 때문에 우리에게 일어나는 어떤 일들이 고통스러울지라도 그 결과가 궁극적으로 선하고 유익할 것을 믿습니다.

바울은 로마서 5:3-4에서 이런 확신을 다음과 같이 천명합니다. "우리가 환난 중에도 즐거워하나니 이는 환난은 인내를, 인내는 연단을, 연단은 소망을 이루는 줄 앎이로다." 하나님은 우리 안에서 그리스도의 성품을 만들어 가시기 위해, 그리고 마지막에 그분과 함께 영광을 얻도록 우리를 단련하시기 위해 환난을 사용하십니다. 또한 당신의 백성을 향한 선한 목적을 이루시기 위해 사람들의 악한 행위나 나쁜 환경을 사용하실 수도 있습니다. 성경에 기록된 요셉의 생애가 그 대표적인 예입니다. 아버지의 총애를 받았던 소년 요셉은 그가 꾼 꿈들로 인해 형들에게 시기와 미움을 받아 미디안 상인에게 노예로 팔려 갔습니다. 이후 이집트의 고관 보디발의 집에 종으로 들어가 성실히 일해 신임을 얻었으나 그의 아내의 성적 유혹을 물리치고도 오히려 몇 년간 옥살이를 하는 등 모든 상황이 다른 사람들의 악행으로 인해 계속 나쁘게 돌아갔습니다. 그러나 하나님께서는 이 모든 상황을 사용하셔서 결국 요셉과 이스라엘 백성에게 큰 유익이 되는 구원의 역사를 이루셨습니다. 훗날 이집트 총리가 된 요셉은 자신 앞에 서서 두려워하는 형들에게 무엇이라고 말했습니까? "형님들은 나를 해치려고 하였지만, 하나님은 오히려 그것을 선하게 바꾸셔서, 오늘과 같이 수많은 사람의 생명을 구원하셨습니다"(창 50:20).

자, 본문의 말씀으로 돌아갑시다. 사도 바울은 28절에서 "하나님을 사랑하는 자 곧 그분의 뜻대로 부르심을 입은" 성도들에게는 "모든 것이 합력하여 선을 이룬다"는 사실을 "우리가 안다"고 강조했습니다. 이어서 29-30절에서는 성도를 향한 하나님의 선하신 뜻이 무엇이며 그 뜻이 어떤 과정을 거쳐 이루어지는지 설명해나갑니다. "하나님이 미리 아신 자들을 또한 그 아들의 형상을 본받게 하기 위하여 미리 정하셨으니 이는 그로 많은 형제 중에서 맏아들이 되게 하려 하심이니라. 또 미리 정하신 그들을 또한 부르시고 부르신 그들을 또한 의롭다 하시고 의롭다 하신 그들을 또한 영화롭게 하셨느니라." 여기서 성도들을 향한 하나님의 선하신 뜻은 다섯 단계로 실행되고 성취됩니다. 1) "미리 아심"(예지), 2) "미리 정하심"(예정), 3) "부르심"(소명), 4) "의롭다 하심"(칭의), 5) "영화롭게 하심"(영화)입니다.

하나님은 당신의 백성을 "창세 전에" "미리 아셨습니다". 하나님께서 사람을 "미리 아신다"는 표현은 시간의 관점에서 먼저 아는 것이 아니라 "미리 관계를 맺으신다" 또는 "미리 선택하신다"라는 의미를 나타냅니다(롬 11:2; 행 2:23; 벧전 1:2, 20; 암 3:2). 즉 하나님의 "미리 아심"이란 하나님의 "선택"을 다르게 표현한 말입니다. "미리 아심"(예지)은 "미리 정하심"(예정)으로 연결됩니다. "예정"(pre-destination)이란 하나님께서 선택하신 사람의 최종 목적지를 미리 정하시는 행위입니다. 본문 29절은 성도들이 도달하게 될 목적지가 "[하나님의] 아들의 형상을 본받게 되는" 것임을 밝힙니다. 하나님께서는 선택하신 백성이 예수 그리스도의 형상을 본받은 당신의 자녀들이 되도록 "미리 정하셨습니다"(롬 8:29; 고전 2:7).

영원 전에 하나님께서 당신의 기쁘신 뜻대로 작정하신 이 구원 계획이 특정한 시간과 공간의 역사 속에서 우리에게 실행되는 단계는 셋째와 넷째, 즉 "부르심"과 "의롭다 하심"입니다. 우리가 현재 하나님의 "부르심"을 받고 예수 그리스도를 믿어 "의롭다 하심"을 얻게 된 것은 바로 영원 전에 하나님께서 우리를 그리스도 안에서 구원하기로 선택하고 예정하셨기 때문입니다.

그러므로 바울은 하나님께서 작정하시고 실행에 옮기시는 우리 구원의 전 과정을 요약하면서, 앞서 살펴본 다섯 개의 동사들을 매우 강력하고 압축된 방식으로 단숨에 연결하고 있습니다. 모든 그리스어 동사들은 처음부터 끝까지 부정 과거 시제로 쓰이고 있습니다. 이것은 문법적으로 볼 때 이상합니다. 마지막 다섯째 단계인 "영화"는 우리에게 아직 일어나지 않았으므로 미래 시제를 사용했어야 마땅합니다. 그럼에도 불구하고 바울이 "영화롭게 하셨느니라"를 마치 성취되고 끝난 사건처럼 부정 과거 시제로 표현한 이유가 있습니다. 그는 만유의 주 하나님께서 시간을 초월하여 그분의 뜻대로 작정하시고 실행하시는 구원 역사가 결코 중단되거나 실패함이 없이 완성될 것임을 확신했기 때문입니다. 우리도 이 확신 위에 굳게 서야 하겠습니다. 그렇게 되면 하나님의 주권적인 은혜 아래서 편히 쉴 수 있습니다.

❖

사랑하는 교우 여러분, 혹시 앞길이 짙은 안개로 덮여 있다고 느끼는 분이 계십니까? 삶이 뜻대로 되지 않아 지치고 힘들어하고 계십니까? 그래서 하나님께 도우심을 구했지만 별 응답이 없어 마음이 하나님으로부터 멀어지고 있습니까? 혹시 하나님께 불만과 원망을 품고 있지는 않습니까?

오늘 말씀처럼 우리가 구원의 첫 열매인 성령을 받아 하나님의 자녀가 되었더라도 현재 일어나는 일들을 다 알 수는 없습니다. 그래서 그때마다 탄식을 내뱉으면서 시편 기자처럼 "오 하나님, 내가 지금 왜 이 일을 당해야 합니까? 언제까지 입니까?"라고 부르짖게 됩니다.

그러나 오늘 우리에게 주신 약속의 말씀에 비추어 각자 처한 상황을 믿음의 눈으로 돌아보시기 바랍니다. 우리 주님의 통제 밖에서 그분의 허락 없이 내게 일어나는 일은 없습니다. 지금 내 형편과 처지가 힘들고 어려워 당장이라도 벗어나고 싶지만, 이 현재 상황이 오히려 내 영혼을 흔들어 깨움으로써 내 삶을 은혜의 자리로 이끄시는 하나님의 손길일 수도 있습니다.

"무슨 일을 만나든지 만사형통하리라"가 우리의 소원이 되어서는 안 됩니다. 사실상 우리에게 위험한 시기는 어려울 때가 아니라 만사가 형통할 때입니다. 모든 일이 잘되어가고 아무런 문제가 없을 때 우리의 영혼이 이완되고 해이해져서 마귀의 유혹과 공격에 쓰러지기 쉽습니다. 오히려 어려운 문제를 놓고 싸울 때는 영적인 긴장감과 도덕적인 건강함을 갖추게 됩니다.

그러므로 우리의 표어를 바꾸어야 합니다. "무슨 일을 만나든지 만사영통(萬事榮通)하리라"로. "만사영통"이란 우리에게 일어나는 모든 일들이 다 우리의 영화로 통한다는 뜻입니다. 그러니 현재 내가 당하고 있는 고통과 어려움이 지금 이 시점에서 나를 예수님의 형상대로 변화시켜 마침내 그분과 함께 영광을 얻도록 하나님께서 이끄시는 "선한" 도구라고 여기십시오. 바울의 모범을 따라, 현재의 고난을 장차 우리에게 나타날 영원한 영광과 비교해보십시오(8:18). 그 위대한 영광과 저울질해보면 이 일시적인 고난의 무게가 훨씬 더 가볍게 느껴질 것입니다. 현재의 고난을 절대시하지 맙시다. 그것을 상대화하며 이겨냅시다. 무슨 일을 만나든지 우리가 영광에 이를 것이라는 약속의 말씀을 믿음으로 붙들고 소망 가운데 일어서시기 바랍니다.

설교자가 추천하는 주석

1. 더글라스 J. 무, 손주철 역, 『NICNT 로마서』, 서울: 솔로몬, 2011.

2. 토머스 슈라이너, 배용덕 역, 『로마서』, 서울: 부흥과개혁사, 2012.

3. 목회와신학 편집부, 『로마서 어떻게 설교할 것인가』, 두란노 HOW 주석, 서울: 두란노아카데미, 2009.

4. 리처드 N.롱네커, 오광만 역, 『NIGTC 로마서』, 서울: 새물결플러스, 2020.

5. Frank Thielman, *Romans*, ZECNT 6, Grand Rapids: Zondervan, 2018.

7
고린도전서 설교

최승락

설교자 약력

연세대학교(B.A.)

고신대학교 신학대학원(M.Div.)

영국 Nottingham University(Ph.D.)

고려신학대학원 교수

설교자 저서

『이 텍스트에 어드레스가 있는가?』(2012) 외

"그리스도의 것" 됨으로의 회심

고린도전서 3:18-23

복음과 회심, 이 둘은 뗄 수 없는 관계입니다. 복음을 어떻게 이해하느냐에 따라 회심의 방향이 결정됩니다. 복음에 대한 이해가 바르지 못하면 회심도 비뚤어지게 됩니다. 처음에는 약간 빗나가는 것 같지만 끝에 가면 아주 다른 길을 걷는 결과가 일어납니다. 저는 대학생 시절에 소위 "실존주의적 회심"을 경험한 적이 있습니다. 대학생이 된 이후 주일학교 때부터 믿어 왔던 부활을 더 이상 믿을 수가 없었습니다. 교회에 나가는 것도 싫어졌습니다. 부활절을 맞아 평소 나가던 교회를 가지 않고 마지 못해 대학 교회에 나가게 된 날에 마침 토착화 신학으로 유명한 유동식 교수의 부활절 설교를 듣게 되었는데 그것이 "큰 은혜"(?)가 되었습니다. "그래, 부활이 역사적 사실이냐 아니냐 그런 것은 상관없어. 내 마음속에 내 삶에 대한 의미 있는 소망이 일어나게 만드는 것이면 그것이 부활 신앙이지 뭐!" 당시에는 그 생각이 그럴듯하게 여겨졌고, 덕분에 한동안은 나름대로 신앙생활을 이어갈 수 있었습니다. 그러나 이것이 오래가지는 않았습니다. 이내 이런 생각이 찾아왔습니다. "이건 결국 내 생각을 믿는 거잖아. 과연 내 속에 믿을만한 것이 있나? 근거도 확실치 않은 믿음이 내 영혼의 닻이 될 수 있을까?" 다시 신앙의 근거를 찾기 시작한 저는 성경 안에서 그 답을 찾을 수 있었습니다. 성경은 한결같이 하나님께서 예수를 죽은 자 가운데서 다시 일으키신 그 일을 우리의 믿음의 근거로 제시하고 있었습니다. 저는 다시 한번 "성경적 회심"을 경험하였습니다. 이를 통해 성경의 역사적 증언을 믿는 신앙으로 돌아오게 되었습니다.

회심은 복음이 주는 선물입니다. 그리고 그 복음의 본질은 "하나님의 복음"입니다. 복음 곧 복된 소식은 나를 중심으로 하지 않습니다. 나에게 복된 것, 내가 복 받는 것, 내가 잘되는 것을 말하지 않습니다. 복음은 하나님이 그분의 방식대로 그분의 목적을 위해 이루신 일을 직접 택하신 사람들을 통해 친히 전하시는 복된 소식입니다. 복음은 하나님의 열심입니다. 하나님 자신이 복입니다. 예수 그리스도가 가장 귀한 복입니다. 성령으로 말미암아 내가 온전히 "그리스도의 것"이 되는 것이 바로 복음적 회심입니다.

1. "만물이 다 너희 것"이라는 말씀은 어떤 의미일까요?

하나님 자신을 우리의 복으로 보지 않고 하나님을 이용해서 다른 세속적인 복을 얻으려 하는 행위가 우리의 믿음을 병들게 합니다. 이런 시각은 우리가 성경을 읽을 때도 동일하게 작용합니다. 성경이 말하는 복을 복되게 여기기보다 내가 복이라고 생각하는 것을 얻기 위한 수단으로 성경을 사용하는 경우가 많습니다. 오늘 우리가 읽은 본문이 대표적인 예입니다. 특히 "만물이 다 너희 것임이라"는 21절 말씀이 많이 오용되는데, 앞뒤 문맥을 살피지 않고 이 문구 하나만 취해서 자신에게 적용하려 하면 심각한 오해가 일어날 수 있습니다.

어떤 설교자는 이 문구를 제목으로 삼아 "예수를 믿으면 모든 것이 다 내 것이 된다. 그러므로 예수의 이름으로 모든 것이 다 내 것이라고 주장하라"는 식의 설교를 하기도 합니다. 미안한 말씀이지만 이런 설교를 듣다 보면 한때 유행했던 개그 프로의 "찜닭"이 연상됩니다. 이것도 찜, 저것도 찜, 다 찜해서 내 것으로 삼으려는 행동이지 않습니까? 실제로 이 설교자는 그런 방식을 성도들에게 권하고 있었습니다. 야곱의 예를 들면서 "야곱도 형 에서의 장자권을 자기 것이라 주장하지 않았는가? 이런 야곱을 하나님이 결국 복 주신 것이 아니냐? 그러므로 야곱처럼 믿음으로 모든 것이 내 것이라고 주장하라"는 겁니다. 이어서 일상적인 예를 들기도 합니다. "딸이 아버지 집의 그림을 가져다가 자기 집에 걸어 놓으면 아버지가 와서 보고 도둑이라고 딸을 욕하느냐? 오히려 '그것 참 보기 좋다' 이러면서 눈감아 주지 않느냐? 이처럼 하나님 것도 자기 것이라 주장하면 하나님이 져주신다"는 겁니다. 그러면서 이런 방법이 하나님의 복을 누리는 비밀이라고 가르칩니다.

한때 한국교회의 강단에서도 이런 식의 설교가 통했던 적이 있습니다. 수단 방법 가리지 않고 세상에서 잘 되는 것, 내가 물질적인 복을 누리는 것, 이런 것을 복음이라고 선포했습니다. 많은 사람들이 이런 설교에 아무 생각 없이 아멘으로 화답했습니다. 그 결과 한국교회 안에 세상적 복은 풍성한 것 같은데 복음이 사라져 버리는 이상한 현상이 일어났습니다. 하나님의 참된 복이신 그리스도로 인해 부요하고 풍성해진 참다운 회심자 대신 자기 욕심으로 배 불린 세속적 그리스도인들이 많이 생겨나게 되었습니다.

우리는 진지하게 묻지 않을 수 없습니다. "만물이 다 너희 것"이라는 말씀이 과연 그런 의미일까요? 사도 바울은 어떤 의미로 이 말을 하고 있는 것일까요? 21절을 다시 보시기 바랍니다. 21절에 이 말만 나옵니까? "그런즉 누구든지 사람을 자랑하지 말라"는 말이 먼저 나오지 않습니까? 사실은 이 말이 핵심입니다. 왜 사람을 자랑해서는 안 될까요? 다름 아니라 "만물이 다 너희 것"이기 때문입니다. 한글 번역에는 빠졌지만 "왜냐하면"이라는 접속사가 이 두 문구를 연결합니다.

"사람을 자랑하지 말라. 왜냐하면 만물이 다 너희 것이니까!" 바울은 지금 이것을 강조하고 있습니다. 그렇다면 여기서 말하는 "사람"은 누구일까요? 22절에 보면 "바울이나 아볼로나 게바나"라고 하면서 구체적인 이름을 제시합니다. 우리에게 익숙한 이름들이죠. 고린도전서 1:12을 보면 "나는 바울에게, 나는 아볼로에게, 나는 게바에게…속한 자라"고 자랑하던 바로 그 이름들입니다. 그런데 이 이름들 때문에 고린도 교회 안에 분열이 일어났습니다. 고린도 교인들이 잘못된 자랑의 대상으로 삼은 이 이름들 때문에 고린도에 자리한 그리스도의 몸이 쪼개어지는 뼈아픈 일이 일어났던 것입니다.

바울은 사람을 자랑해서는 안 된다는 가르침을 자신과 아볼로의 예를 통해 보여주었습니다. 바울은 하나님의 밭에서 씨 뿌리는 농부에 지나지 않습니다. 그리고 아볼로는 물을 주는 동역자입니다. 생명을 자라나게 하시는 분은 오직 하나님뿐이십니다. 그러므로 이 하나님을 철저히 의식하는 것, 이 하나님이 우리 인간과는 근본적으로 다른 분이심을 아는 것, 그 하나님만을 온전히 자랑하는 것, 이것이 참 지혜입니다.

사람을 자랑하는 것은 하나님을 무시하는 행위입니다. 왜 고린도에서는 사람 자랑하기를 좋아했을까요? 세상적인 가치 기준에 빠져 있는 곳이었기 때문입니다. 고린도는 그리스의 남북을 연결하는 지점에 자리한 지역으로서 동쪽과 서쪽의 두 항구를 통해 로마와 아시아를 연결하는 관문이기도 합니다. 사람과 물품의 왕래가 가장 활발한 도시 중 하나입니다. 더군다나 2년마다 이스트미아 경기 대회가 개최되어 그리스-로마 세계 전역에서 최고의 기예를 뽐내려는 사람들이 모여드는 곳입니다. 수많은 문인, 교사, 철학자들이 이 도시로 몰려들었습니다. 디오게네스 같은 유명한 철학자도 말년에 이 도시에 와서 가르치다가 죽었다고 합니다. 고린도 사람들은 세상적 가치와 지혜에 대단히 관심이 많았습니다. 그들은 세상의 자랑거리가 무엇인지를 누구보다 더 잘 알고 있었습니다.

이런 세상 문화의 영향이 교회 안에도 그대로 흘러 들어왔습니다. 교인들은 세상적 기준에 따라 교회의 지도자들을 평가하고 자랑하는 일을 즐겼습니다. 어떤 사람은 이렇게 말합니다. "나는 바울을 좋아해, 바울이 훨씬 더 깊이가 있어." 또 다른 사람은 말합니다. "난 아볼로가 훨씬 더 낫다고 생각해, 그의 박식함과 수사적인 웅변은 바울도 따라올 수 없어." 이런 방식으로 사람을 높이고 자랑하는 사이에 그들의 눈은 하나님으로부터 멀어져가고 있었습니다. 하나님의 구원의 지혜이자 능력인 십자가는 어느새 그들에게 부끄러운 것이 되고 말았습니다. 교회 안에서 복음이 사라져버린 것입니다.

우리 한국교회도 이런 전철을 밟고 있는 것일까요? 한국교회도 사람을 자랑하기 좋아하는 교회가 되어버렸습니다. "우리 교회에 유명한 인사 누가 나온다. 국회의원이 몇 명이다. 시장이 있다. 대법관이 있다. 유명한 목회자가 있다." 이렇게 자랑하는 성도들이 많습니다. 반면 "우리 교회에는 세상이 부끄러워하는 십자가의 은혜가 뜨겁게 살아 있다!"는 자랑은 듣기 어렵습니다. 내가 만나는 사람들, 내가 살아가는 삶의 자리 가운데서 그리스도의 십자가가 기피 대상이 되고 있지는 않습니까? 제가 한때 섬겼던 한 개척교회는 교인 대다수가 대학교수였습니다. 그래서 강단에 설 때마다 "나는 지금 교수들 앞에 서는 것이 아니라 죄인들 앞에 서는 것이다, 그리스도의 은혜가 아니면 정말 아무것도 아닌 사람들 앞에서 부끄러운 십자가 속에 나타난 하나님의 지혜를 선포하기 위해서 서는 것이다"라고 되뇌이며 제 자신을 단속하였습니다.

사도 바울은 "만물이 다 너희 것"이라고 말합니다만, 이는 바울의 고유한 발언이 아닙니다. 당시 철학자나 교사에게 배운 사람이라면 누구나 다 알고 있었던 격언 중 하나입니다. 당시 스토아 학파는 가장 영향력 있는 철학 학파였는데, 이들의 금언이 바로 "지혜자는 모든 것을 가진다"라는 말이었습니다. 유명한 스토아 철학자 키케로는 "지혜자는 모든 것을 소유하고 있으며, 그들만이 그 모든 것을 사용할 줄 안다"고 말했습니다. 바울과 동시대의 철학자이자 정치가인 세네카 역시 "지혜자는 모든 것을 가지고 있다"라는 말을 반복하였습니다.

그렇다면 바울이 "만물이 다 너희 것"이라고 말하는 데는 하나의 질문이 담겨 있는 셈입니다. "이 말은 지혜자가 하는 말인데, 과연 너희가 지혜자인가?" 바로 지혜의 문제가 이 단락의 핵심 주제입니다. 그래서 18절에서 지혜의 문제를 언급하고 있는 것입니다. 바울은 정말 지혜 있는 사람이 어떤 사람인지를 묻고 있습니다. 세상적으로 보면 소크라테스 만큼만 되어도 참 지혜로운 사람일 것입니다. 자신이 모른다는 것을 알면 그나마 세상에서는 지혜로운 사람입니다. 그러나 바울이 말하는 지혜는 여기에 그치지 않습니다. 하나님을 아는 지혜가 가장 놀라운 지혜입니다. 하나님을 경외하는 것이 지혜의 근본입니다. 이 하나님의 지혜를 알려면 자신의 지혜를 내려놓지 않으면 안 됩니다. 왜냐하면 하나님께서 십자가를 통해 지혜 있는 자들과 강한 것들을 부끄럽게 하셨으며 있는 것들을 폐하셨기 때문입니다(고전 1:27-28). 십자가에 나타난 하나님의 지혜는 세상의 자랑을 다 내려놓지 않으면 만날 수 없는 지혜입니다. 그런 점에서 십자가의 지혜는 만물의 본질을 더욱 선명하게 드러냅니다.

사랑하는 성도 여러분! 하나님의 지혜의 관점에서 보면 만물의 위치가 분명하게 보입니다. 사람의 위치가 무엇인지, 지금 벌어지는 사태의 정황이 무엇인지도 잘 볼 수 있습니다. 이 하나님의 지혜를 얻기 위해 우리는 하나님 앞에 나아가서 기도하는 것입니다. 아닥사스다 왕의 술 맡은 관원이 된 느헤미야는 예루살렘이 황폐해졌다는 소식을 듣고 마음이 무거웠습니다. 이를 눈치챈 왕이 "네 마음에 근심이 있구나"라고 지적한 순간 그의 목숨이 위태로워졌습니다. 그는 위기의 순간에 "하늘의 하나님께 묵도"하였습니다(느 2:4). 그 결과 왕이 느헤미야의 생명을 좌우하는 주권자가 아닌 하나님의 일을 도울 한 사람의 종이라는 것을 보게 됩니다. 우리는 기도할 때 "세상과 나는 간 곳 없고 구속한 주만 보이도다"라는 고백과 같은 깊은 경험을 하게 됩니다. 우리를 위협하던 모든 문제를 넘어 하나님이 주권자이심을 보게 되고 그분이 만물의 주인이심을 분명히 볼 수 있게 됩니다.

십자가에 나타난 하나님의 지혜를 깨달은 사람은 하나님의 관점에서 "만물이 다 너희 것"임을 보게 됩니다. "만물이 다 하나님의 것"임을 알게 된다는 뜻입니다. 하나님은 그분의 깊으신 뜻대로 우리의 유익을 위해 그분의 주관 아래 있는 모든 것들을 사용하십니다. "바울이나 아볼로나 게바나" 심지어 "세계나 생명이나 사망이나 지금 것이나 장래 것" 모두가 다 여기에 속합니다. 이 모든 것들이 하나님 앞에서 바르게 자리를 찾을 때 우리는 그것들에 예속되는 대신 그 모든 것을 주관하시는 하나님을 높이게 됩니다. 이 모든 것을 하나님의 지혜와 뜻대로 선용해야 한다는 진리를 바르게 볼 수 있게 됩니다.

그런데 고린도 교인들은 어떻게 하고 있습니까? "나는 바울의 것, 나는 아볼로의 것, 나는 게바의 것"이라고 말하면서 사람을 자랑합니다. 바울은 그들을 향해 질문을 던집니다. "이처럼 너희가 사람에게 자신을 예속시키면서 스스로 지혜 있는 사람이라고 부를 수 있는가? 지혜자가 만물을 다 가진다는 이 원리를 너희가 진정 알고 있는 것인가?" 바울은 지금 "도대체 너희 지혜가 어디 있느냐"(고전 6:5)라고 묻고 있습니다.

이런 맥락을 고려한 채로 "만물이 다 너희 것"이라는 문구를 생각해보면 우리는 이 말이 조롱을 담고 있음을 알게 됩니다. "너희가 자신을 지혜자라고 내세우면서 지혜의 원리도 모르느냐?"라고 묻고 있는 셈이지요. 이 문구는 이것도 내 것이고 저것도 내 것이라고 주장하면서 모든 것을 욕심 사납게 누리라는 뜻이 아니라, 만물의 유일한 주권자 되시는 하나님 앞으로 우리의 초점을 이동하라는 의미를 담고 있습니다. 사람이 자랑하는 그것들이 실로 아무것도 아님을 알고 철저한 파산 선고를 하라고 말하면서 사람을 사람의 자리에 세우고 하나님을 하나님 되게 하라고 요청하는 것입니다. 이것이 참 지혜입니다.

2. "너희는 그리스도의 것"이라는 말씀은 어떤 의미일까요?

바울은 "만물이 다 너희 것"이라는 선언의 마지막에 가서 "너희는 그리스도의 것"이라는 결론을 내리고 있습니다. 이 말을 바로 이해하려면 다시 한번 고린도전서 1:12을 염두에 둘 필요가 있습니다. "나는 바울(아볼로, 게바 등)에게 속한 자"라는 구절의 원어를 보면 "너희는 그리스도의 것"이라는 말과 동일한 표현 방식을 사용합니다. 다시 말해 바울은 고린도 사람들이 하는 어투를 그대로 빌려와서 그 말을 뒤집고 있는 것입니다. 곧 너희는 바울이나 아볼로나 다른 어떤 사람에게 속한 것이 아니라 그리스도 더 나아가 하나님께 속한 사람임을 밝히고 있습니다.

이것이 그리스도인 됨의 본질입니다. 이 고백에 이르는 것이 진정한 회심입니다. 그리스도인의 회심은 자기 성찰이나 자기 발견이 아닙니다. 이렇게 가르치는 사이비 종교들이 많이 있습니다. 한때 유행했던 "초월명상"의 창시자인 마하리시 마헤시 요기 같은 사람은 이렇게 가르칩니다. "예수는 '너희는 가만히 있어 내가 하나님 됨을 알지어다'라고 하셨소. 가만히 있어 당신들이 하나님이라는 사실을 알도록 하시오. 그것을 알게 되면 당신들은 하나님처럼 살기 시작할 것이고…고통을 당할 이유도 없게 되오." 이는 제임스 사이어(James W. Sire)가 쓴 『비뚤어진 성경해석』이라는 책에 소개된 예입니다. 요기는 제임스 사이어가 말하는 성경해석의 오류 중 여러 가지를 동시에 범하고 있습니다. 시편 46:10의 말씀을 예수님께서 하신 말씀인 것처럼 잘못 인용하는 오류, 예수님의 이름을 도용하는 오류, 문맥을 무시하는 오류, 세계관 혼동의 오류 등을 저지르고 있습니다. 성경은 인간 속에 있는 신성을 발견하기보다는 하나님을 하나님으로 인정하라고 가르칩니다. 우리가 하나님만을 높이고 인정할 때 그분은 우리를 자녀의 자리로 높여주십니다. 이는 철저한 자기 부정을 통해 은혜의 선물로 받는 존귀입니다. 이 모든 일이 그리스도의 십자가를 통해 이루어집니다.

그리스도인의 회심은 그리스도께로의 회심이며 그리스도와의 연합의 회심입니다. 내가 그리스도의 사람이 되고 그리스도의 것이 모두 나의 것이 되는 그런 방식의 회심입니다. 하나님은 무한하신 은혜 가운데서 우리의 모든 죄와 불순종을 그리스도에게, 이와 반대로 그리스도의 순종과 모든 의를 우리에게 옮겨 주십니다. 이 무한하신 은혜의 복음이 우리를 "그리스도의 것"으로 또한 그리스도와 연합된 사람으로 만들어 놓습니다.

바울은 이 과정을 고린도전서 1:30-31에서 이렇게 밝히고 있습니다. "너희는 하나님으로부터 나서 그리스도 예수 안에 있고 예수는 하나님으로부터 나와서 우리에게 지혜와 의로움과 거룩함과 구원함이 되셨으니 기록된 바 '자랑하는 자는 주 안에서 자랑하라' 함과 같게 하려 함이라." 우리는 하나님의 역사로 말미암아 "그리스도 예수 안에" 있는 존재로 새롭게 지어졌습니다. 이것이 거듭난 그리스도인이 나타내는 새로운 존재의 모습입니다. 모든 것이 "하나님으로부터" 곧 하나님의 역사를 통해 이루어집니다. 이는 인간의 자기 성찰이나 자기 개발을 통해 얻는 결과가 아닙니다. 전적으로 하나님의 일하심을 통해 이루어지는 결과입니다.

"예수는 하나님으로부터 나와서"라는 구절은 예수님의 발생을 말하는 것이 아닙니다. "하나님으로부터 나와서"는 "지혜"라는 단어와 연결됩니다. 즉 예수님은 하나님으로부터의 지혜라는 뜻입니다. 우리 인간이 찾아내고 만들어낸 지혜가 아닙니다. 그렇다면 십자가를 지혜라고 말하지는 않겠지요. 예수님과 그분의 십자가는 하나님의 지혜이자 능력입니다. 이 하나님으로부터의 지혜가 우리를 새롭게 합니다. 우리를 죄와 사망의 권세로부터 구원합니다. 본질적으로 진노의 자녀였던 우리를 하나님의 자녀라는 가장 고귀한 신분을 누리는 자들로 변화시킵니다. 따라서 예수 그리스도 오직 그분만이 우리가 의지하고 자랑할 유일한 지혜입니다.

그리스도 그분만이 나의 의입니다. 우리 역시 전에는 고린도 교인들처럼 음행하는 자요, 우상숭배 하는 자요, 도적이요, 탐욕자요, 술 취하고 속여 빼앗는 자들이었는데, "주 예수 그리스도의 이름과 우리 하나님의 성령 안에서 씻음과(씻어졌고) 거룩함과(거룩하게 되었고) 의롭다 하심을 받았"습니다(고전 6:11). 이제는 그리스도만이 나의 의입니다. 나의 의가 되신 그리스도를 의지할 때 우리는 로마서 8:33-34처럼 "'의롭다' 하신 이는 하나님이시니 누가 정죄하리요"라고 외칠 수 있습니다. 누가 하나님보다 더 높은 재판장입니까? 그가 우리를 의롭다고 선언하셨는데 누가 우리를 정죄할 수 있겠습니까? "죽으실 뿐 아니라 다시 살아나신 이는 그리스도 예수시니 그는 하나님 우편에 계신 자요, 우리를 위하여 간구하시는 자시니라." 누가 예수 그리스도보다 더 영원하고 확실한 변호자일 수 있을까요? 그는 자기 피로 우리를 사신 우리의 구속자이십니다. 이 예수 그리스도께서 나의 영원한 대변자이자 나의 의입니다.

우리의 거룩함이 어디에 있습니까? 예수 그리스도가 나의 거룩함입니다. 본질적으로 진노의 자녀였던 우리 안에는 불순종과 죄의 더러움이 가득합니다. 그러나 우리의 의가 되신 예수 그리스도 안에서 거룩한 새 삶을 살 수 있게 되었습니다. 우리 삶의 열매는 부끄러움과 사망뿐이었지만, 이제는 "거룩함에 이르는 열매를 맺었으니 그 마지막은 영생"입니다(롬 6:22).

우리의 "구원함"이 어디에 있습니까? 여기서 "구원함"은 구속을 가리키는 용어입니다. 예수 그리스도가 저와 여러분의 구속입니다. 예수님은 그분의 피 값으로 저와 여러분을 죄와 사망의 권세에서 구속하심으로써 하나님의 자녀된 특권을 누리도록 만들어주셨습니다. 우리를 위해 그리스도의 생명의 대가가 지불된 만큼 우리는 하나님께 소중한 존재가 되었습니다. 하나님이 소유하신 백성, 그분의 보배로운 백성이자 "세굴라" 백성이 되었습니다(출 19:5; 신 26:18). 이것이 새롭게 거듭난 그리스도인의 본질입니다.

오늘날 세상 속에는 이 복음을 필요로 하는 사람들이 많습니다. 저는 하나님의 특별한 은혜와 인도하심을 힘입어 수년 동안 파키스탄을 오가며 복음을 전한 적이 있습니다. 공식적으로 무슬림의 나라라고 일컬어지는 파키스탄에도 소수의 그리스도인들이 존재합니다. 이들은 그 사회 속에서 여러 모양으로 차별과 박해를 당하고 있습니다. 그런데 참 아이러니한 현상 하나는 이 차별받는 그리스도인 중에 실제로는 그리스도인이 아닌 사람들이 많다는 것입니다. 그들은 단지 그리스도인 가정에서 태어났다는 이유만으로 그리스도인이라고 불리는 것입니다. 저는 이들에게 복음이 무엇인지, 참 그리스도인 됨이 무엇인지를 전하는 사역을 해오고 있습니다. 이들을 위한 기도가 절실합니다.

몇 년 전 펀자브 지역의 중심 도시인 라호르 인근의 한 작은 마을에서 젊은 그리스도인 부부가 일하던 벽돌 공장의 화로에 산 채로 던져져서 죽임을 당하는 일이 일어났습니다. 이들은 코란을 태웠다는 혐의를 받고 있었지만, 아무런 증거도 없고 또 그럴만한 동기도 없었습니다. 이들이 코란을 소지하고 있었을 리도 없고, 가지고 있었다 하더라도 일부러 일터에까지 가지고 와서 태웠을 리가 없습니다. 사건의 발단은 이렇습니다. 이 가난한 부부가 벽돌 공장의 사장에게 빌린 돈 때문에 다툼이 생겼습니다. 그러자 화가 난 사장은 이들에게 코란을 불태웠다는 혐의를 뒤집어씌웠습니다. 이 일이 동네의 이맘들에게 보고되자마자 그들은 확성기로 동네 사람들을 불러 모았습니다. 수백 명의 사람들이 떼를 지어 몰려나와서 이 젊은 부부를 고문한 뒤에 산 채로 벽돌 굽는 화로 속에 던져넣었습니다. 파키스탄에서는 이런 일이 비일비재하게 일어납니다. 아무도 변호해주지 않는 사회의 가장 힘없는 약자들, 이것이 세상 속에서 그들이 처한 위치입니다.

그들이 복음을 통해 하나님 앞에 바르게 설 수 있도록 우리가 돕고 기도해야 합니다. 우리 역시 하나님으로부터의 지혜인 그리스도를 통해 새롭게 되어야 합니다. 예수 그리스도가 나의 의이며 거룩이고 구속임을 고백하는 새사람이 되어야 합니다. 이런 분명한 고백으로 살아갈 때 하나님은 우리를 세상 안에서 존귀롭게 하십니다. 사랑하는 성도 여러분! 여러분 안에서 그리스도와의 연합의 회심이 분명하게 이루어지기를 바랍니다. 그리하여 여러분 속에 그리스도를 자랑하고 하나님을 영화롭게 하는 삶의 열매가 풍성하게 결실하기를 바랍니다.

서두에서 말씀드린 것처럼 우리의 회심은 잘못된 회심에 머물거나 한 부분만의 회심으로 그칠 수도 있습니다. 머리로만 하는 지식의 회심, 마음속에만 일어나는 감정의 회심, 몸만 교회당에 들락거리는 형식적인 회심 등의 형태를 띌 수도 있습니다. 이런 일부의 회심이 아닌 그리스도와의 살아 있는 연합으로서의 회심이 성령님의 역사 가운데 우리 속에 온전히 이루어져야 합니다. 그렇게 그리스도만을 우리의 자랑으로 삼은 채로, 그리스도 안에서 하나님께서 가장 아끼시는 보배로운 백성이 되어야 합니다. 성령님의 가르침을 따라 "나는 그리스도의 것입니다"라고 분명히 고백하며 살아갈 때 그런 여러분을 하나님께서 영화롭게 하사 모든 민족들 가운데 "찬송과 명예와 영광"(신 26:19)으로 삼으시기를 기원합니다.

설교자가 추천하는 주석

1. 김지철, 『고린도전서』, 서울: 대한기독교서회, 1999.

2. 리처드 헤이스, 유승원 역, 『고린도전서』, 서울: 한국장로교출판사, 2006.

3. 앤서니 티슬턴, 권연경 역, 『고린도전서』, 서울: SFC, 2016.

4. Gordon D. Fee, *The First Epistle to the Corinthians*, NICNT, Grand Rapids: Eerdmans, 1987.

5. Anthony C. Thiselton, *The First Epistle to the Corinthians*, NIGTC, Grand Rapids: Eerdmans, 2000.

8
고린도후서 설교

문병구

설교자 약력

서울신학대학교(B.A.)

독일 Philipps Universität Marburg(Mag. theol. 과정)

독일 Friedrich Alexander Universität Erlangen Nürnberg(Dr. theol.)

서울신학대학교 교수

설교자 저서

『고린도후서 주석』(2012) 외

약한 자의 강함

고린도후서 12:1-10

고린도후서에서 사도 바울은 사역 중 경험한 고난을 여러 번 소개하면서 서슴지 않고 자신의 약함을 자랑한다고 말합니다. 그래서 주석가들은 고린도후서의 주제가 "약한 자의 강함"이라고 합니다. 이 주제는 고린도후서 11:1-12:13의 말씀에 잘 드러납니다.

오늘 설교 본문의 내용은 이렇습니다. 바울은 14년 전 안디옥에서 사역하면서 하나님으로부터 큰 계시를 받아 셋째 하늘의 환상을 체험하게 됩니다. 그 외에도 사역하는 동안 보통 사람들은 근접할 수 없는 엄청난 계시를 많이 받았습니다. 그래서 하나님께서는 바울이 자만하지 않도록 그에게 "육체의 가시"를 주셨습니다. 이는 바울의 육체를 괴롭히던 어떤 질병이었습니다.

그러나 우리는 그것이 무엇인지를 정확히 알 수 없습니다. 바울이 이것을 위해 세 번이나 하나님께 간절히 기도했다고 증언하는 것을 보면 오랫동안 통증을 유발하는 어떤 육체적 질병이었을 것으로 생각됩니다.

바울은 하나님 앞에 나가서 간절히 기도합니다. "하나님! 제가 하나님께 더 충성할 수 있도록 이 '육체의 가시'를 제 몸에서 제거해주십시오!" 그러나 하나님은 바울에게 "내 은혜가 너에게 충분하다"라고 응답하시면서 그의 간절한 기도를 들어주시지 않았습니다. 바울은 처음에는 그 뜻을 몰랐지만 결국 이 육체의 가시가 자신의 삶에서 하나님의 목적에 기여하고 있음을 깨달았습니다.

그는 "내 능력이 약한 데서 온전하여진다"고 간증하면서 내가 약할 때 비로소 "그리스도의 능력이 내게 머물기 때문에 오히려 내가 강하다"라고 증언합니다. 바울은 여기에서 그치지 않고 자신의 신체의 질병뿐만 아니라 복음 사역을 하는 동안에 당한 능욕, 박해, 궁핍, 곤고 등을 언급함으로써, 이 모든 고난의 체험도 결국 그리스도의 능력이 내게 머물게 하는 것들이기 때문에 자신은 이것들을 오히려 자랑하며 이 고난의 현실을 기쁘게 여긴다고 간증합니다. 하나님은 그가 이런 확신 속에서 교만하지 않고 영적으로 균형 잡힌 삶을 살 수 있도록 이끄셨습니다. 그 결과 바울은 계속하여 선교여행을 지속할 수 있었습니다.

사도 바울은 고린도 교회를 향해 자신의 이런 고통스러운 경험을 많이 소개하고 있습니다. 고린도 교회의 성도들이 본질에서 벗어나 왜곡된 신앙을 추구하는 모습을 보면서 그것을 바로 잡으려는 의도가 있었기 때문입니다. 고린도 교회의 성도들은 세상적 지식과 문벌뿐만 아니라 예수를 믿어 구원받고 체험하게 된 영적 은사마저도 세속적 관점에서 자랑하려고 하였습니다. 그렇게 신앙인의 삶이 세속적 가치로 평가되는 교회 안에 파벌이 형성되고 갈등이 생기는 것은 자연스러운 결과였습니다.

그러나 이보다 직접적인 문제는 밖에서 들어온 어떤 사람들이 교회 안에서 바울을 공개적으로 비판하면서 발생합니다. 성도들은 밖에서 들어온 사람들의 영향을 받지 않을 수 없었습니다. 이로 인해 고린도 교회를 설립한 바울은 약점이 많은 사람으로 보이게 됩니다. 비판자들의 시각에서 볼 때 바울은 당시 초기 교회의 권위 있는 사도들과 연관된 인맥도 없었고, 이렇다 할 업적도 없었으며, 영적 은사와 능력뿐만 아니라 언변도 허술하기 그지없는 초라한 사역자였습니다. 그들은 심지어 바울의 도덕성까지 공격했습니다. 적대자들은 그렇게 여러 각도에서 바울을 비판함으로써 그의 사도직을 위태롭게 만들었습니다.

바울은 이런 상황에서 고린도후서 11:1-12:13로 이어지는 긴 교훈을 남기면서 "자신의 어리석은 과거의 삶과 사역"을 용서하라는 간증을 합니다. 자신의 어리석은 과거의 삶과 사역은 바로 적대자들이 바울을 비판하는 내용과 궤를 같이하는 것이었습니다.

바울은 특별히 11:22-29에서 사역을 하면서 겪은 이루 말할 수 없는 모진 고난의 경험을 적나라하게 이야기합니다. 그리고 30절에서 무엇을 자랑한다면 굳이 자신의 약함을 자랑하겠다고 말합니다. 이어서 32-33절에서는 회심한 후 얼마 되지 않았을 때 발생한 일 하나를 소개합니다.

바울이 회심한 후 아라비아로 나갔다가 다메섹으로 다시 돌아왔을 때 아레다왕의 방백들이 그를 잡으러 쫓아온 적이 있습니다. 그는 그때 광주리를 타고 성벽을 내려와서 비겁하게 도망쳐야만 했던 일을 소개하면서 가장 연약해 보이고 적나라한 과거의 모습을 공개합니다. 그가 이

시점에서 고린도 교회 성도들에게 이 사실을 이토록 진솔하게 털어놓는 것을 보면, 이 사건은 쉽게 잊을 수 없는 매우 수치스러운 경험이었던 것 같습니다.

바울은 11장에서 자신의 연약함을 직설적으로 공개함으로써 "나는 바보다"라는 메시지 대신 다른 역설적인 뜻을 전달하려는 의도를 명확히 드러냅니다. 본문을 읽어보면 바울은 지금 적대자들의 공격을 받고 있지만 주눅 들지 않고 오히려 당당하게 대응하고 있습니다. 그러므로 바울이 이렇게 자신의 연약함을 공개하는 것은 다분히 의도적인 행동이며 그 배경에 문자적 의미를 넘어선 다른 뜻이 있음을 직감하게 됩니다.

이런 바울의 고백은 밖에서 들어온 적대자들의 비난에 대응하는 측면이 있습니다. 그리고 그들이 일삼는 화려한 자기 과시와 자랑을 일축하려는 의도를 지니고 있습니다. 동시에 바울은 그들의 그릇된 정체를 밝혀냅니다. 그는 하나님의 복음의 사역자라면 그런 사역의 업적을 자랑해서는 안 된다는 메시지를 교회에 전달하면서 나는 약함을 자랑하겠다며 그들의 비판에 정면으로 대응합니다.

그리고 오늘 본문인 12장으로 넘어와서는 영적 은사로 말할 것 같으면 자신도 "셋째 하늘"에 다녀왔다는 간증을 합니다. 그러나 그는 이 영적 체험에 대해 하나님께서 이 모든 것을 주도하셨으며 자신은 단지 이끌렸을 뿐이라고 증언합니다. 그래서 자기 자신을 3인칭으로 표현함으로써 간접적으로 자신을 드러내고 있습니다. 바울은 셋째 하늘과 낙원에 이끌렸던 사람이 바로 "나 바울입니다"라고 말하지 않고, 내가 알고 있는 이런 사람에 관해 자랑하겠다면서 자신의 영적 체험을 소개합니다.

그는 4절에서 "이 셋째 하늘"을 "낙원"으로 언급하며 다시 한번 자신의 신비스러운 체험을 확고하게 간증합니다. 바울이 활동할 당시 유대교에서 셋째 하늘은 가장 높은 곳으로서 하나님이 계신 천상의 세계를 의미했습니다. 당시 사람들은 이런 것을 특별한 경험으로 여기지 않았습니다. 하지만 바울은 이 경험을 일반화시켜서 모든 성도가 체험해야 할 무엇이라고 교훈하지도 않았습니다.

사도행전을 보면 많은 영적 은사에 대해 증언하는 바울의 모습이 등장합니다. 반면 서신에서는 자신의 영적 체험과 은사에 대해 매우 자제하는 말투로 증언하는 모습이 엿보입니다. 아마도 바울은 영적 은사 사역에 관해 사도로서 책임감을 갖고 있었기 때문에 사람들에게 매우 신중하게 교훈하려고 했던 것 같습니다. 바울이 영적 체험과 은사 사역에 대해 조심하는 이유는 그가 "교회에 덕을 세우는 기준"의 관점에서 그 현상을 엄격하게 통제하고 교훈하려 하기 때문입니다.

그래서 고린도전서 14:19에서 방언의 은사에 관해 교훈할 때도 방언이 교회에 덕을 세우지 못할 수 있기 때문에 예언을 하라고 권면하는 것을 보게 됩니다. 그런 이유에서 바울은 삼층천에 이끌려 올라간 자신의 신비한 영적 체험도 일반화시키지 않습니다. 이처럼 바울은 12장에서 영적 능력이 부족하다는 적대자들의 비판을 일축하면서도 자신이 삼층천과 낙원에 이끌림을 받았다는 사실을 드러내지 않은 채로 3인칭으로 표현하여 증언하고 있습니다.

그러나 바울은 엄청난 계시 체험을 증언한 후 하나님께서 이런 영적 체험 때문에 자신이 교만해질 것을 염려해서서 "사탄의 사자" 곧 "육체의 가시"를 주셨다고 고백합니다. 그는 영적 계시와 신비 체험의 극치를 맛보았지만, 사탄의 사자의 공격을 받아서 육체의 찌르는 고통을 겪기도 합니다. 바울은 이런 양극단을 체험하면서 약한 자의 강함이라는 확신을 간증합니다. 즉 사도의 수고와 고난에 대한 11장의 설교와 12:1-10의 영적 신비 체험 간증에서 그가 반복적으로 강조하는 것은 약함을 자랑하겠다는 믿음의 확신입니다.

사도 바울이 자신의 약함을 비판하는 사람들에게 오히려 자신의 약함을 자랑하며 간증할 수 있었던 이유는 선교 사역을 하면서 "약함 속에서 역사하시는 그리스도의 능력"을 반복적으로 확실히 체험했기 때문입니다. 그는 약함 가운데서 간절히 그리스도께 매달릴 수밖에 없었고, 그 때마다 "그리스도의 능력"을 강력하게 체험했습니다. 그가 선교 현장에서 반복적으로 체험한 이 "그리스도의 능력"은 너무도 확고하고 생생한 것이었습니다. 그 결과 그의 사역에 필연적으로 동반된 고난의 경험은 오히려 그를 지속적으로 그리스도 안에 머물도록 이끌었습니다.

> 그들이 "그리스도의 일꾼이냐?" 정신 없는 말을 하거니와 나는 더욱 그러하도다. 내가 수고를 넘치도록 하고 옥에 갇히기도 더 많이 하고 매도 수없이 맞고 여러 번 죽을 뻔하였으니, 유대인들에게 사십에서 하나 감한 매를 다섯 번 맞았으며 세 번 태장으로 맞고 한 번 돌로 맞고 세 번 파선하고 일 주야를 깊은 바다에서 지냈으며 여러 번 여행하면서 강의 위험과 강도의 위험과 동족의 위험과 이방인의 위험과 시내의 위험과 광야의 위험과

바다의 위험과 거짓 형제 중의 위험을 당하고, 또 수고하며 애쓰고 여러 번 자지 못하고 주리며 목마르고 여러 번 굶고 춥고 헐벗었노라. 이 외의 일은 고사하고 아직도 날마다 내 속에 눌리는 일이 있으니 곧 모든 교회를 위하여 염려하는 것이라(고후 11:23-28).

사역자로서 바울이 감내했던 이런 엄청난 고난은 마치 욥이 하나님의 시험을 받으며 "내가 모태에서 알몸으로 나왔사온즉 또한 알몸이 그리로 돌아가올지라. 주신 이도 여호와시오 거두신 이도 여호와시오니, 여호와의 이름이 찬송을 받으실지니이다"(욥 1:21)라고 고백하며 하나님의 섭리에 대한 전폭적인 신뢰를 드러낸 구절을 생각나게 합니다.

바울은 이런 고난을 경험하면서 자신보다 먼저 갈보리에서 끝까지 고통을 견디시고 모든 치욕을 감당하신 그리스도의 십자가를 생각했습니다. 그리고 그 고난의 의미를 깊이 묵상하기 시작합니다. 죄 없으신 그리스도는 십자가의 고난을 통해 세상을 구원하려는 하나님의 뜻을 이루셨습니다. 이것을 깨달은 바울은 그리스도의 제자로서 그리스도의 고난에 동참하고자 하였습니다. 그리스도께서 하나님의 구원을 이루기 위해 십자가의 고통을 감내하신 것처럼, 자신도 사역에서 당하는 고난을 감내하며 끝까지 자기 십자가를 지고 그리스도를 따르려 하였습니다. 그래서 그는 그 고난을 피하지 않고 감당함으로써 세상을 구원하시는 하나님의 뜻에 순종하려고 했습니다.

그렇기 때문에 고난을 겪으며 약한 모습을 보일 때도 그것을 부끄럽게 여기지 않았고 주님과 단절되었다고 여기지도 않았습니다. 오히려 그는 그 속에서 주님과 더욱 친밀히 연합되는 경험을 합니다. 그래서 오늘 본문 10절처럼 그리스도의 십자가 안에 담긴 비밀을 통해 자신이 겪는 고난의 의미를 교훈할 수 있게 됩니다.

여러분! 십자가는 세상적 기준으로 볼 때 약함을 상징하는 것입니다. 그러나 그 약한 십자가 안에는 세상의 죄를 사하는 능력이 있습니다. 그러므로 그리스도의 능력은 천군 천사를 동원하여 십자가에서 내려오는 능력이 아니라 십자가의 약함, 즉 능욕, 박해, 궁핍, 곤고를 견디는 데서 나옵니다.

약자로 살아가기를 원하는 사람은 없습니다. 우리는 모두 세상의 강자가 되고 싶어 합니다. 하나님도 우리가 약자로 사는 것을 원치 않으실 것입니다. 이렇게 생각하면 우리의 약함을 자랑한다는 말이 쉽게 이해되지 않습니다.

하지만 오늘 본문의 의미를 조금 더 깊이 생각해보면 우리가 세상에서 약자로 살아가는 순간은 그리스도의 능력이 나타나는 기회가 됩니다. 또한 그리스도가 우리 안에 임하도록 그분 앞으로 나아가기만 하면 우리는 그분의 능력을 힘입어 강자로 살 수 있습니다. 다른 한편으로 우리가 세상에서 사도들처럼 약함 곧 능욕, 박해, 궁핍, 곤고를 경험하며 살아갈지라도, 그리스도가 우리 안에 임재하시면 우리는 약자가 아니라 강자가 되기 때문에 그것을 기뻐할 수 있습니다. 이것이 오늘 본문 말씀이 주는 교훈입니다.

우리는 하나님의 말씀을 들어야 함을 알면서도 들으려 하지 않습니다. 하나님께 우리의 삶을 맡긴다고 하면서도 실제로는 맡기지 않고 우리 방식대로 살아갑니다. 더러는 하나님께서 우리가 그렇게 마음대로 살아갈 것을 아시고 미리 "약함"이라는 은혜를 주셔서 우리를 그리스도 앞으로 불러내십니다. 오늘 본문에 기록된 사도 바울의 간증은 이런 하나님의 깊은 뜻을 깨닫고 자신의 "약함"을 통해 그리스도의 임재와 능력을 경험하라는 교훈을 줍니다.

오늘 본문의 말씀은 약자가 강자로 살아가는 법을 알려주거나 세상의 약자가 진정한 약자가 아니라는 사실을 교훈하는 것이 아닙니다. 사도 바울은 복음 사역의 현장에서 죄 없으신 예수 그리스도께서 왜 십자가의 고난을 받으셨는지에 관해 깨달은 바를 바탕으로, 죽음에서 부활하신 후 지금은 영으로 임재하시는 그분의 실재를 역동적으로 체험함으로써 사역자와 성도가 어떻게 믿음 생활을 해야 하는지에 대한 교훈을 줍니다. 오늘 본문은 성도가 자랑해야 할 것이 무엇인가를 진지하게 성찰하게 합니다. 또한 성도가 무엇에 궁극적으로 가치를 두고 살아야 하는지를 묻습니다.

이에 대해 바울은 "내가 너희 중에서 예수 그리스도와 그가 십자가에 못 박히신 것 외에는 아무 것도 알지 아니하기로 작정하였음이라"(고전 2:2)고 말합니다. 또한 갈라디아교회의 성도들에게는 "그러나 내게는 우리 주 예수 그리스도의 십자가 외에 결코 자랑할 것이 없으니 그리스도로 말미암아 세상이 나를 대하여 십자가에 못 박히고 내가 또한 세상을 대하여 그러하니라"(갈 6:14)고 담대하게 증언합니다.

바울의 이 말씀을 바탕으로 오늘 이 시대를 살아가는 우리의 약함이 그리스도의 능력을 경험하는 기회인 것을 확신하시길 바랍니다. 그 능력을 체험할 뿐만 아니라 그 능력의 근원인 십자가의 은혜가 결국 우리가 붙들고 살아야 할 최고의 은혜인 것을 고백하면서 그리스도 앞으로 나아오는 저와 여러분이 되시길 축원합니다.

설교자가 추천하는 주석

1. 최영숙, 『고린도후서』, 부천: 서울신학대학교 출판부, 2014.

2. 프리드리히 랑, 문병구 역, 『고린도후서 주석』, 서울: 성경아카데미, 2007.

3. 콜린 G. 크루즈, 왕인성 역, 『고린도후서』, 서울: CLC, 2013.

4. Ralph P. Martin, 2 *Corinthians*, Waco: Word Books, 1986.

5. Victor Paul Furnish, *II Corinthians*, New York: Doubleday & Co. Inc, 1984.

9
갈라디아서 설교

이한수

설교자 약력

중앙대학교(B.A.)

총신대학교 신학대학원(M.Div.)

영국 Aberdeen University(M.Th., Ph.D.)

총신대학교 명예교수

전 총신대학교 신학대학원 신약학 교수

설교자 저서

Divine Grace and the Christian Life: A Study on the Tension between Divine Sovereignty and Human Responsibility in Paul's Letters (1990) 외

십자가: 세상에 대한 나의 죽음

갈라디아서 1:4, 6:14-15

저는 영국에서 유학 생활을 하는 동안 흥미로운 경험을 했습니다. 애딘
버러에서 스코틀랜드 장로교 총회가 열리는데 마거릿 대처 수상이 초청
을 받아 연설을 하러 온다는 소식을 듣고, 거주하고 있던 애버딘에서 그
곳까지 내려갔습니다. 행사장에서 총회장이 총대들을 향해 "대처 수상
에게 10분간 연설할 기회를 드릴까요?" 하고 물으니, 총대들이 전부 발
로 회의장 바닥을 쿵쿵 차면서 "허락이요"라고 소리를 쳤습니다. 그러자
앉아 있던 대처 수상이 중앙 단상 위로 올라섰습니다. 저는 대처 수상의
입에서 무슨 말이 나올지 참으로 궁금했습니다. 보통은 인사치레로 "총
대들께서 연설을 허락해주셔서 영광으로 생각합니다"라고 말하기 마
련인데, 대처 수상은 뜻밖의 말로 연설을 시작했습니다. "I am a born-
again christian." 즉 "나는 거듭난 그리스도인입니다"라고 말한 것입니
다. "born-again"이라는 말은 흔히 "거듭난", "중생한" 또는 "다시 태어
난"이라는 뜻으로서, 이 표현은 "nominal christian" 즉 "명목상의 그리
스도인"과 대조가 되는 말입니다. 이는 교회에 정기적으로 출석하더라

도 변화된 신앙의 모습 없이 습관적으로 교회에 다니는 사람들을 지칭하는 표현입니다. 유럽에는 평생 한두 번 밖에 교회에 나가지 않으면서도 자신이 기독교 신자라고 생각하는 사람들이 많습니다. 그런데 거듭난 그리스도인이라는 고백으로 연설을 시작하는 대처 수상의 모습을 보는 것은 참으로 뜻밖의 일이었습니다.

십자가: 세상에 대한 나의 죽음

대처 수상이 강조한 것처럼 우리에게는 이런 "새로운 출생"이 필요합니다. 우리가 육신적 출생을 통해 한 가정의 구성원이 되는 것처럼, 하나님의 가족이 되기 위해서도 새로운 차원의 영적 출생이 필요합니다. 예수님께서 니고데모에게 "물과 성령으로 나지 않으면 하나님 나라에 들어갈 수 없다"(요 3:5)고 말씀하신 것도 바로 이런 영적이고 초자연적인 출생 경험의 필요성을 강조하신 것입니다. 그런데 도대체 예수 그리스도를 믿을 때 어떤 변화가 생기기에 우리가 "새로 태어난 존재"같이 될까요? 오늘 본문에서 사도 바울은 이 새로운 차원의 경험을 십자가 사건에 비추어 해석합니다.

바울은 갈라디아서 6:14에서 십자가 밖에는 자랑할 것이 없다고 말합니다. 그는 유대교에 몸담고 있을 때 육신적으로 자랑할 조건을 많이 갖추고 있었습니다. 그런데 무슨 계기로 예전에 소중히 여기던 것들을 다 배설물처럼 여기고 십자가만을 자랑하게 되었을까요? 바울이 십자가만을 자랑하게 된 이유는 14b절에 나옵니다. "그리스도로 말미암아 세상이 나를 대하여 십자가에 못 박히고 내가 또한 세상에 대하여 십자가에 못 박혔느니라." 이 구절의 핵심을 요약하면 십자가는 "세상에 대한 나의 죽음"을 경험한 사건이라는 것입니다. 그러면 세상은 과연 어떤 곳이고 나는 세상과 어떤 관계에 있었을까요?

첫째, 우리는 다 세상의 초등학문 아래서 종노릇 하던 존재였습니다. 갈라디아서 4:3을 읽어봅시다. "이와 같이 우리도 어렸을 때에 이 세상의 초등학문 아래에 있어서 종노릇 하였더니." 세상의 초등학문이란 말은 세상을 지탱하고 구성하는 기본적인 요소들을 가리킵니다. 종교, 문화, 풍습, 정치, 돈, 가치관, 섹스 등을 포괄하는 표현입니다. 사도 바울은 우리가 예전에 이런 것들 아래서 종노릇 했다고 말합니다. 종노릇은 무슨 의미일까요? 이 말은 사람들을 실질적으로 지배하는 세력이 있다는 뜻입니다. 현대인들은 자신이 인생의 주인인 것처럼 여기고 살지만, 실제로는 자기 안팎에 있는 세력의 지배를 받으면서 그 아래서 종노릇을 하고 있습니다. 4:8을 다시 한번 보시기 바랍니다. "그러나 너희가 그때에는 하나님을 알지 못하여 본질상 하나님이 아닌 자들에게 종노릇 하였더니." 이 구절에서 세상의 초등학문은 "본질상 하나님이 아닌 자들"이란 말과 동일시됩니다. 이는 하나님도 아닌데 하나님처럼 사람들에게 군림하는 세력을 지칭합니다. 그렇다면 그것은 본질적으로 "귀신적인" 성격을 지닌다고 할 수 있습니다. 그것은 인간들에게 참 자유를 선사하기보다는 그들을 "종노릇" 하게 만듭니다. 그런 귀신적인 것들은 때로 문화의 힘으로, 돈으로, 정치로, 성적 쾌락으로, 세속적 이념이나 가치관으로 다가와서 우리를 지배합니다. 이런 것들 자체가 귀신적인 것은 아닙니다. 하나님은 우리를 문화적인 존재로 창조하셨습니다. 하지만 귀신들의 세력은 우리 인간을 지배하기 위해 우리의 존재 방식인 문화를 지배하고자 합니다. 그렇게 거기에다 귀신적인 영향력을 집어넣어 사람들을 전부 종노릇하게 만들었던 것입니다.

둘째, 우리는 이 악한 세대에서 살고 있던 존재들이었습니다. 갈라디아서 1:4을 보세요. 그리스도께서 십자가 죽음을 통해 우리를 "이 악한 세대"에서 건지셨다고 이야기합니다. 이 구절은 현 세대가 악하다고 말합니다. 환언하면 세상은 악이 지배하는 영역입니다. 우리는 이 악한 세상의 일부분으로서 세상의 부속품에 불과했습니다. 세상이 내 안에 있고, 내가 세상 안에 있었습니다. 내가 곧 세상적 존재였습니다. 나와 세상은 서로 뗄 수 없는 관계였습니다. 우리는 이 악한 세대에서 세상의 것들과 함께 톱니바퀴처럼 맞물려 돌아가던 존재였습니다. 우리가 느끼고 생각하며 행동하고 표현하는 것이 모두 죄악에 길들여져 있었습니다.

그런데 십자가 사건은 우리가 세상과 맺고 있는 관계에 중대한 변화를 가져왔습니다. 십자가는 세상에 대한 나의 죽음을 경험한 사건이었습니다. 세상의 부속품에 불과했던 내가 그리스도와 함께 "죽었다"는 것입니다. 이제는 예전의 내가 아닙니다. 세상의 부패한 가치관과 풍습을 좇아가던 나의 옛사람은 그리스도와 함께 십자가 밑에 묻어버렸습니다. 이제는 더 이상 예수를 믿기 전처럼 생각하지 않습니다. 예수를 믿고 새로운 영적 출생을 경험한 나는 세상과 함께 톱니바퀴처럼 움직이던 그 옛날의 내가 아닙니다.

십자가: 새로운 창조질서에 들어감

또한 십자가는 내가 세상에 대해 죽는 경험을 할 뿐만 아니라 새 창조세계로 들어가는 생명 사건입니다. 십자가 안에서 나는 세상에 대한 종말을 경험하고 새로운 피조물이 됩니다. 갈라디아서 6:15이 그것을 잘 말해줍니다. "할례나 무할례나 아무것도 아니로되 오직 새로 지으심을 받은 자뿐이니라". "새로 지으심을 받은 자"란 말은 새 피조물이 되었다는 뜻입니다. 악이 지배하는 이 세상은 아직 없어지지 않았습니다. 길을 걸어가노라면 세상은 여전히 우리 곁에 있습니다. 악한 사람은 여전히 악하고 속이는 사람은 여전히 속이며 살아갑니다. 우리 주님의 재림 때까지 이 세상은 존속할 것입니다. 그럼에도 불구하고 우리는 십자가 사건을 통해 세상에 대한 죽음을 경험하고 새 창조질서에 들어가게 됩니다. 예수를 믿는 나는 그렇게 새로운 피조물이 되었습니다. 천국이 이미 나의 삶 속에 이루어집니다. 하나님의 나라는 죽은 뒤에나 이루어지는 곳이 아닙니다. 벌써 내 안에 들어와 있습니다. 이런 놀라운 변화는 어떤 모습으로 일어날까요? 바로 "내 안에서"(in me) 일어납니다. 다른 사람이 아닌 내 안에서 그런 일이 벌어집니다. 세상은 여전히 내 곁에 남아 있지만, 세상에 대한 종말은 이미 내 안에서 경험되고 있습니다. 다른 사람들은 내 안에서 벌어지고 있는 이런 믿음의 비밀을 알 수 없습니다.

왜 십자가만을 자랑해야 하는가?

바울 사도가 왜 십자가만을 자랑하는지 아십니까? 그는 십자가에 못 박힌 예수님을 경험한 뒤에 옛사람이 변하여 새사람이 되는 경험을 했기 때문입니다. 과거에 하나님의 교회를 잔해하던 핍박자이자 폭행자였으나 이제는 이방을 누비고 다니는 복음 전도자이자 선교사로 변화되었습니다. 바울은 자신의 극적인 변화를 이런 말로 간증합니다. "내가 그리스도와 함께 십자가에 못 박혔나니 그런즉 이제는 내가 산 것이 아니요, 오직 내 안에 그리스도께서 사신 것이라. 이제 내가 육체 가운데 사는 것은 나를 사랑하사 나를 위하여 자기 몸을 버리신 하나님의 아들을 믿는 믿음 안에서 사는 것이라"(갈 2:20). 그는 십자가에 못 박힌 예수님을 경험하고 삶의 주체, 방향, 목적이 다 바뀌었습니다. 전에는 "내가 산다"고 생각했으나 이제는 "그리스도께서 내 안에 산다"는 것을 알게 되었습니다. 전에는 "자신을 위해" 사는 존재였지만 이제는 "주를 위해" 사는 존재가 되었습니다. 그가 육체 가운데 사는 동기가 있다면 그것은 예수 그리스도의 사랑이었습니다. 그리스도의 이 사랑이 바로 십자가에서 나타났습니다. 이제 바울이 육체 가운데 사는 것은 십자가 사건을 통해 그를 향한 위대한 사랑을 나타내보이신 하나님의 아들을 믿는 믿음으로 살아가는 것뿐입니다. 신약성경은 이런 삶의 변화를 경험한 사람을 가리켜 "거듭난 그리스도인" 또는 "새로 태어난" 하나님의 자녀라고 말합니다.

저는 수년 전에 동료 교수님들과 함께 사도 바울의 발자취를 따라 소아시아를 여행하게 되었습니다. 다소 지역을 지나 갈라디아로 넘어가는 곳에는 타우루스라는 험산 준령이 있습니다. 고속버스를 타고 그곳을 넘는 데만 2-3시간이 걸렸습니다. 소아시아 중앙 도시인 꼬냐에 이를 때까지 보이는 것이라고는 드넓은 벌판뿐이었습니다. 내리쬐는 태양 아래서 나무 그늘 하나 없는 끝없는 벌판을 횡단하는데 고속버스로 10시간이 넘게 걸렸습니다. 버스 안에 에어컨 시설이 있었음에도 불구하고 그 안에 계시던 분들은 모두 더위에 허덕거렸습니다. 오늘날에도 고속버스로 10시간 이상 걸리는 곳을 그 옛날에 도보로 걸어갔다고 생각해보세요. 사도 바울은 도대체 무엇으로 인해 이 드넓은 벌판을 홀로 고독하게 걸어가서 복음을 전도하게 되었을까요? 십자가에 나타난 예수 그리스도의 사랑의 포로가 되었기 때문이 아니었을까요?

저는 17년 전부터 "아마존선교회"를 설립하여 운영하고 있습니다. 지금까지 여섯 명의 선교사들을 지구의 허파라는 아마존에 파송하였는데요. 한번은 상파울로에서 한 의사 부부를 만나게 되었습니다. 그들은 저와 밤늦도록 대화한 끝에 2,400만 아마존 원주민을 복음화하자는 저의 꿈에 동참하기로 결심하고, 총신대학교 신대원에 유학을 와서 3년간 공부를 하고 아마존에 들어가 헌신적으로 선교 사역을 했습니다. 이야기를 들어보니 남편분은 중학교때 대구에 살다가 부모님을 따라서 파라과이에 불법 이민자로 들어온 이후 브라질 상파울로에 정착했다고 합니다. 가난한 부모님과 함께 낯선 땅에서 불법 이민자로 살아가면서 서러운 일을 많이 겪었습니다. 돈이 없어서 학교에 가지 못하고 봉제 공장에 들어가 아침 일찍부터 저녁 늦게까지 재봉틀을 밟았습니다. 이러다간

학교도 못 다니고 인생을 비참하게 마칠 것 같아서 이를 악물고 돈을 벌기로 했습니다. 돈을 벌기 위해서는 어떻게 해야 하나 생각을 하다가 의사가 되기로 마음을 먹고, 매일 일을 마친 후에 밤늦도록 공부를 했다고 합니다. 그리고 드디어 브라질의 명문인 상파울로 주립대학교 의과대학에 합격하게 되었습니다. 지역 신문에 크게 사진이 날 정도로 한인 사회에서 알려졌다고 합니다. 그런데 의과대학에서 독실한 기독교 신자인 일본계 3세 여성을 만나 교제하는 도중에 그녀를 통해 복음을 알고 하나님의 자녀로 거듭나는 경험을 하게 되었습니다. 두 사람은 결혼하여 상파울로에 있는 빈민가에 교회를 개척하고 의료 선교를 시작했습니다. 저를 만난 이후에는 아마존의 빈민촌으로 들어가 의료 선교와 교회 개척 선교를 하고 있습니다. 한번은 SBS의 기아 체험 촬영팀이 아마존 인디언 지역에 들어갔다가 그곳 주정부 경찰로부터 촬영 장비 일체를 압수당하는 사건이 있었는데, 하나님의 섭리로 우리 선교사님 부부를 만나게 되었습니다. 그분의 통역과 중재 덕분에 모든 방송 장비를 되찾을 수 있었습니다. 촬영팀은 그 후로 선교사님 부부를 따라다니면서 그분들이 하는 빈민촌 사역과 의료 선교 사역을 촬영하게 되었습니다. 마침 촬영된 내용이 프로그램에 방영되었는데 당시 강릉에서 교수 세미나를 하던 신대원 총장과 몇몇 교수님들이 이 방송을 보게 되었습니다. 10분 정도 되는 짧은 방영분이었지만, 선교사님 부부의 사역 현장을 보고 모두 진한 감동을 경험했습니다. 방송 끝 무렵 자막에 "아마존의 부자"라는 제목으로 선교사님의 간증이 공개되었습니다. "비록 허름한 집과 열악한 환경 속에서 별로 가진 것도 없이 살고 있지만, 저는 아마존에서 제일 큰 부자입니다. 매일 예수님을 모시고 살면서 그분의 사랑을 가난하고 병든 이웃들에게 나누어주고 복음을 전할 수 있으니, 저는 아마존에서 제일 행복한 사람입니다."

한때 독기를 품고 이를 악물고 돈을 벌면서, 더 큰 돈을 벌기 위해 의사가 되어야겠다고 생각하던 사람이 어떻게 자신의 온 생애를 생면부지인 아마존 사람들을 위해 던질 수 있었을까요? 필경 십자가에 나타난 하나님의 사랑을 경험했기 때문이 아닐까요? 십자가에 못 박히신 예수님을 만난 뒤 세상에 대한 자신의 죽음을 경험하고 새로운 피조물로 거듭난 경험을 했기 때문이 아닐까요? 우리가 한순간에 천사처럼 변화되는 것은 아니지만, 처음 예수님을 믿을 때 이런 새로운 영적 출생 경험이 있어야 합니다. 사랑하는 여러분, 우리는 더 이상 명목상의 그리스도인으로 머물러서는 안 됩니다. 대처 수상의 표현대로 "거듭난 그리스도인"이라는 분명한 정체성을 가져야 악한 이 세대를 극복할 수 있지 않겠습니까?

설교자가 추천하는 주석

1. 이한수, 『복음의 정수: 그리스도의 십자가』, 서울: 솔로몬, 2013.

2. 리차드 롱네커, 이덕신 역, 『갈라디아서』, WBC 성경주석 41, 서울: 솔로몬, 2003.

3. 최갑종, 『갈라디아서』, 고양: 이레서원, 2016.

4. H. D. Betz, *Galatians: A Commentary on Paul's Letter to the Churches in Galatia*, Hermeneia, Philadelphia: Fortress, 1979.

5. F. F. Bruce, *The Epistle to the Galatians: A Commentary on the Greek Text*, NIGTC, Exeter, The Paternoster Press, 1982.

10
에베소서 설교

배종열

설교자 약력

전남대학교(B.A.)

개혁신학연구원

남아공 University of Stellenbosch(M.Th.)

남아공 Potchefstroom University for Christian Higher Education(Ph.D.)

개신대학원대학교 교수

설교자 저서

『문맥에 따라 읽는 에베소서』(2005) 외

그리스도인의 성장

에베소서 4:17-24

1. 서론

하나님은 한 가지 소망을 갖고 우리를 부르십니다. 그 소망은 바로 그리
스도인이 성장하는 것입니다. "오직 사랑 안에서 참된 것을 하여 범사에
그에게까지 자랄지라. 그는 머리니 곧 그리스도라"(엡 4:15). 이는 그리스
도인은 모든 것에서 그리스도에게까지 성장해야 한다는 권면입니다.

우리는 그리스도인의 성장을 위해 경건 훈련, 제자 훈련, 제직 훈
련, 청지기 훈련 등 다양하고 구체적인 훈련을 개발했습니다. 이런 훈련
은 상당한 효과를 거두었지만, 훈련이라는 프로그램을 실행하기에 앞서
근본적인 질문이 필요합니다. 바로 그리스도인의 성장의 상태와 방법에
관해 질문해야 합니다. 구체적으로 성장할 수 없는 상태는 무엇이며, 성
장할 수 있는 상태는 무엇일까요? 그리고 성장의 방법에는 어떤 것들이
있을까요?

2. 성장할 수 없는 상태: 마음의 허망한 것으로 행함

성장할 수 없는 상태는 무엇입니까? 그것은 이방인의 상태에 대한 말씀을 통해 알 수 있습니다. 이방인들의 상태는 한마디로 말하면 마음의 허망함으로 행하는 것(4:17)입니다. 여기 언급된 마음(누스, voῦς)은 논리적으로 생각하며 따지고 이해하는 기능을 하는데, 마음의 허망함은 이런 기능이 허망해져서 헛된 것을 추구하는 상태를 말합니다.

"마음의 허망함으로 행한다"는 것은 한편으로 총명이 어두워져서 결국 하나님의 생명에서 떠나 있는 상태입니다(4:18). 총명이 어두워져 있어서 헛된 것을 추구하고 선택하며 따르기 때문에 결국 하나님의 생명을 누리지 못하는 것입니다. 이런 사람은 허망한 자입니다. 다른 한편으로 모든 더러운 것을 욕심으로 행하여 감각이 없는 상태를 말합니다(4:19). 이런 자는 욕심이 행동의 동기가 되어 자신을 방탕에 내어 맡기고 결국에 감각이 없는 사람이 됩니다. 이 또한 허망한 자입니다. 허망한 자는 총명이 어두워진 상태임에도 불구하고 욕심으로 더러운 것을 행합니다. 또한 하나님의 생명에서 떠나 있기 때문에 감각이 없는 상태가 됩니다. 이런 상태에서는 성장을 기대할 수 없습니다.

우리는 자유의지를 근거로 들면서 인간에게 온전한 자유가 있는 것처럼 이야기합니다. 그러나 인간의 자유의지는 루터의 말처럼 노예 의지에 불과합니다. 운동에 빠진 사람에게 휴일에 무엇을 할 것인지 선택하라고 하면 운동을 선택할 것입니다. 그 사람은 운동에 빠져 있기 때문입니다. 등산을 좋아하는 사람은 역시 등산을 선택할 것입니다. 의지가 무언가를 선택하는 것은 공백 상태에서 선택하는 것이 아니라 의지에 앞서서 이미 빠져 있는 것을 의지적으로 선택한 결과입니다. 이를 가리켜 총명은 없으면서 욕심이 있는 허망한 상태라고 합니다.

마음이 허망해진 사람들은 총명이 어두워진 결과 헛된 것을 추구합니다. 자신의 명예나 주도권, 자기 뜻, 자기 유익이 최고인 줄 알지만 이런 것은 하나님의 생명을 누리기 위해서는 별로 도움이 되지 않습니다. 이런 상태로는 뻔한 결과를 얻게 됩니다. 허무함만 남은 상태가 되어 신앙의 성장을 목도할 수 없습니다.

3. 성장할 수 있는 상태: 예수 안에 있는 진리를 받아들임

그렇다면 성장할 수 있는 상태는 무엇입니까? 바로 예수 안에 있는 진리를 받아들이는 상태인데 구체적으로는 이렇습니다. "진리가 예수 안에 있는 것 같이 너희가 참으로 그에게서 듣고 또한 그 안에서 가르침을 받았을진대 너희는 유혹의 욕심을 따라 썩어져 가는 구습을 따르는 옛 사람을 벗어 버리고 오직 너희의 심령이 새롭게 되어"(엡 4:21-23). 이처럼 우리말 번역 성경에는 명령형으로 기록되어 있지만, 그리스어 원문의 부정사를 살려서 번역하면 이런 뜻이 됩니다. "예수 안에 있는 진리는 옛사람을 버리는 것, 심령이 새로워지는 것, 그리고 새 사람을 입는 것입니다."

이 부정사를 명령의 의미로 볼 것이냐, 아니면 직설의 의미로 볼 것이냐 하는 문제가 남습니다. 한글 성경은 이를 명령의 의미로 보고 번역했습니다. 하지만 직설의 의미가 더 좋아 보입니다. 그 이유는 성장할 수 없는 상태를 보여주는 이방인의 모습이 직설이기 때문입니다. 그렇다면 이에 대응하는 말인 성장할 수 있는 상태를 보여주는, 예수 안에 있는 진리도 직설이어야 합니다. 또 다른 이유는 4:25의 "그런즉"에 있습니다. 이 표현은 대체로 사실에 근거하여 뭔가를 언급할 때 주로 쓰입니다. 그렇다면 예수 안에 있는 진리(4:22-24)인 직설에 근거하여 4:25부터 명령이 전개된다고 보아야 합니다. 따라서 예수 안에 있는 진리를 직설로 받아들이면 "옛사람을 벗어버렸다. 심령이 새로워졌다. 새사람을 입었다"가 됩니다.

1) 그리스도인은 옛사람을 벗어 버렸습니다

"유혹의 욕심을 따라 썩어져 가는 구습을 따르는 옛사람을 벗어버리고"(엡 4:22)를 본문의 수식 관계를 살려 번역하면 다음과 같이됩니다.

> 유혹의 욕심을 따라 썩어져 가는 구습을 따르는 옛사람을 벗어버리고
> → 구습을 좇았던 너희는 유혹의 욕심을 따라 썩어져 가는 옛사람을 버리고

옛사람의 가장 큰 특징은 유혹의 욕심을 가졌다는 것입니다. 그런데 이 유혹의 욕심은 이방인으로 있을 때 삶의 핵심 동기였습니다. 당시에는 "더러운 것을 욕심으로 행했습니다"(4:19). 하지만 이제 그리스도 안에서 이 유혹의 욕심을 따라서 썩어져 가는 옛사람을 버렸습니다.

2) 그리스도인은 심령이 새로워졌습니다

"심령이 새롭게 되어"(4:23). 심령이라는 말은 교회에서 많이 쓰이는 말입니다. "심령대부흥회"처럼 부흥회의 다른 표현으로 사용되기도 하고, "우리의 심령 주의 것이니"라는 찬송도 있습니다. 이처럼 심령이라는 말은 우리에게 익숙하지만, 본문에 나온 심령의 뜻은 이와는 조금 다릅니다. 심령으로 번역된 본문을 직역하면 "정신의 영"입니다. 이것은 영의 역할 가운데 정신을 가리킵니다. 정신은 앞에서 말한 누스로서 논리적으로 생각하여 가치관을 구성하는 기능을 합니다. 이 정신이 새로워졌습니다.

3) 그리스도인은 새 사람을 입었습니다

"하나님을 따라 의와 진리의 거룩함으로 지으심을 받은 새 사람을 입으라"(4:24). 새사람은 하나님을 따른 성품이 가졌습니다. 그것은 바로 의와 거룩함입니다. 그리스도인은 이런 특징을 가진 새 사람을 이미 입었습니다.

결국 그리스도인은 (1) 옛사람을 벗어버렸고, (2) 심령이 새로워졌으며, (3) 새사람을 입은 사람입니다. 이렇게 성장을 위한 상태가 갖추어졌습니다. 그리스도인은 근본적으로 방향을 바꾼 자들입니다. 성장을 위한 가능성이 있습니다. 이방인으로 있을 때는 죄를 안 지을 수 없는 상태(*non posse non peccare*)였다면, 이제는 죄를 안 지을 수 있는 상태(*posse non peccare*)가 되었습니다. 그렇다고 죄를 지을 수 없는 상태(*non posse peccare*)는 아닙니다. 이렇게 인간의 상태가 바뀌었으니 성장이 가능합니다. 그리스도인은 더 이상 죄의 종이 아니라 하나님의 종입니다. 그리스도인의 주인은 죄가 아닌 하나님입니다. 이런 가르침이 바로 그리스도 안에 있는 진리입니다.

그리스도인은 지금 최종적으로 완성된 구원을 얻었습니까? 아닙니다. 그리스도인은 결정적으로 구원을 받았으나 최종적으로는 받지 않았습니다. 그리스도인은 결정적 시점과 최종적 시점의 중간인 점진적 단계에 있습니다.

4. 성장의 방법

그렇다면 그리스도인이 성장하는 방법은 무엇입니까? 성장할 수 있는 상태의 세 가지 특징에 따라 세 가지 방법이 있습니다. 에베소서 4:25-6:20은 이 방법을 자세하게 설명하고 있습니다. "옛사람을 벗었다"(4:22)는 말은 "거짓을 벗고"(4:25)로 연결됩니다. "벗는다"는 동사가 같습니다. "심령이 새로워졌다"(4:23)는 말은 "지혜 있는 자같이" 곧 "누스"(νοῦς)로 "주의 뜻이 무엇인지 이해하는 것"(5:15-17)과 연결됩니다. 심령에 나오는 누스의 역할과 "지혜 있는 자"(5:15)의 역할이 같습니다. 또한 "새사람을 입었다"(4:24)는 말은 "하나님의 전신 갑주를 입으라"(6:11)는 말로 이어집니다. 여기서는 "입는다"는 동사가 같습니다.

"옛사람을 벗었다"(4:22)는 말은 "거짓을 버리고"(4:25)로 시작하는 4:25-5:5에서 설명하고 있습니다. "심령이 새롭게 된다"(4:23)는 말은 "헛된 말로 너희를 속이지 못하게 하라"로 시작하는 5:6-6:9에서 풀이

하고 있습니다. 마지막으로 "새사람을 입었다"(4:24)의 말은 "하나님의 전신갑주를 입으라"로 시작하는 6:11-6:20에서 설명하고 있습니다.

1) 거짓을 버리라

옛사람을 벗었으니(4:22) 이제는 "거짓을 벗어버려야"(4:25, 분사) 합니다. 신약성경에는 거짓을 버리라는 말과 유사한 표현이 나옵니다. 첫째, "벗으라"입니다. "어둠의 일을 벗고"(롬 13:12), "모든 악독과 모든 기만과 외식과 시기와 모든 비방하는 말을 버리고"(벧전 2:1). 둘째, "제어하라"입니다. "육체의 정욕을 제어하라"(벧전 2:11). 셋째, 그리스어 단어는 다르지만 "죽이라"입니다. "몸의 행실을 죽이라"(롬 8:13). "땅에 있는 지체를 죽이라"(골 3:5). 죽이라는 표현이 너무 과도한 것 같지만 그렇지 않습니다. 환자의 몸에 세균이나 암세포가 있는데 그것들을 죽이는 것이 너무 무자비하다고 그대로 두면 어떻게 되겠습니까? 그 세균이나 암세포 때문에 환자가 죽게됩니다. 환자가 살기 위해서는 세균이나 암세포를 죽여야 합니다. 또한 오염된 옷을 입었을 경우에는 아무리 그 옷이 좋아 보여도 벗어야 할 것입니다. 이처럼 옛사람을 벗어버린 그리스도인은 거짓을 벗어버려야 합니다.

"거짓을 버리고…참된 것을 말하라"(4:25)고 합니다. 달리 말하면 "더러운 말"이 아니라 "덕을 세우는 선한 말"을 하라는 뜻입니다 (4:29). 더러운 말은 "모든 악독과 노함과 분냄과 떠드는 것과 비방하는 것"(4:31a)을 말합니다. 또한 "그 악의도 함께 버려야"(4:31b) 합니다. 버리지 않고 억누르면 폭발하게 됩니다. 성경이 제시한 방법은 벗어버리는 것입니다. 이것을 버리지 않으면 성령님이 근심하게 되어서(4:30) 신앙의 큰 손해를 봅니다.

선한 말을 위해서는 서로 친절하게 하며 불쌍히 여기며(4:32), 하나님이 용서하심 같이 용서하고(4:32), 그리스도께서 사랑하신 것 같이 사랑할 필요가 있습니다(5:1-2). 더 나아가 "음행과 온갖 더러운 것과 탐욕"에 관한 이름(5:3)과 "누추함과 어리석은 말이나 희롱의 말"(5:4)이 아닌 "감사하는 말"(5:4)을 해야 합니다.

말은 의사소통의 도구 이상의 역할을 합니다. 신앙에도 중요한 영향을 줍니다. 잘못하면 상대방에게 상처를 주고 성령을 근심하게 합니다. 말은 나와 상대뿐만 아니라 하나님과도 관련된 도구입니다. 따라서 더러운 말은 버려야 할 것입니다.

2) 하나님의 뜻을 이해하라

심령이 새로워졌으니(4:23) 이제는 그리스도인을 혼탁하게 하는 "헛된 말로 속이지 못하게"(5:6) 해야 합니다. 이런 상황에서 "하나님을 기쁘시게 할 것이 무엇인지 시험해보라"(5:10)고 합니다. 또한 지혜 있는 자같이 하여 "오직 주의 뜻이 무엇인지 이해하라"(5:17)고 합니다. 술에 취하면 주의 뜻을 이해하기보다는 방탕하게 됩니다(5:18). 이럴때 주의 뜻은 "서로 화답하며 찬양하고 감사하며 피차 복종하라"(5:19)고 우리를 가르칩니다.

복종은 특히 아내와 남편, 자녀와 부모, 부하와 상사 관계에서 중요합니다. 복종의 중심은 그리스도입니다. 아내들은 "자기 남편에게 복종하기를 주께 하듯 하라"(5:22)고 하시며, 남편들 역시 "아내 사랑하기를 그리스도께서 교회를 사랑하시고 위하여 자신을 주심 같이 하라"(5:25)고 명령하십니다. 또한 자녀들에게도 "너희 부모를 주 안에서 순종하라"고 하시며, 아버지들을 향해서는 "오직 주의 교양과 훈계로 양육하라"고 말씀하십니다. 종들에게는 "육체의 상전에게 순종하기를 그리스도께 하듯하라"(6:5)고 가르치시며, 상전들에게는 "그들과 너희의 상전이 하늘에 계심을"(6:9) 명심하라고 하십니다. 이는 속아 넘어가기 쉬운 이 세대에 살면서 따라야 할 하나님의 뜻입니다.

3) 하나님의 전신갑주를 입으라

또한 새사람을 입었으니(4:24) "하나님의 전신 갑주를 입으라"(6:11)고 합니다. 우리가 신앙생활을 하다 보면 곳곳에 마귀의 올무(6:11)가 놓여 있습니다. 마귀는 비진리, 정죄, 불안, 불신, 보호받지 못함, 인간의 생각 등을 이용하여 우리를 넘어뜨리려 합니다. 하지만 그리스도인은 이것들을 피하려고 애쓰기 보다는 대적해야 합니다(6:11). 그런데 이 마귀의 궤계는 내 힘만으로 이길 수 없습니다. 마귀와 대결하기 위해서는 하나님의 전신갑주(6:13)가 필요합니다. 이 전신갑주는 우리의 전신갑주가 아니라 하나님의 전신갑주입니다. 우리의 진리가 아니라 하나님의 진리입니다. 우리의 의가 아니라 하나님의 의입니다. 우리의 평안이 아니라 하나님의 복음이 주는 평안입니다. 우리의 믿음이 아니라 하나님의 믿음입니다. 우리의 구원이 아니라 하나님의 구원입니다. 우리의 말이 아니라 하나님의 말씀입니다(6:14-17). 이처럼 우리는 하나님의 전신갑주를 취해야 합니다(6:13). 이는 악한 날에 대적하고 서기 위함입니다(6:13).

5. 결론

오늘 본문을 통해 우리는 그리스도인으로서 성장하는 과정에서 만나는 적들이 무엇인지를 분명히 알 수 있었습니다. 옛사람과 거짓은 욕심 또는 정욕, 심령이 새로워짐과 헛된 말로 속는 것은 세상 가치관, 새 사람과 하나님의 전신갑주는 마귀와 관련이 있습니다. 요약하면 우리의 적들은 욕심, 세상, 마귀입니다.

이밖에도 우리 그리스도인의 적이 여전히 남아 있습니다. "그리스도 예수의 사람들은 육체와 함께 그 정과 욕심을 십자가에 못 박았다"고 말하지만(갈 5:24), 그리스도인은 여전히 "육체의 정욕을 제어해야 합니다"(벧전 2:11). 그리스도인은 "그리스도로 말미암아 세상이 나를 대하여 십자가에 못 박히고 내가 또한 세상을 대하여 그러하니라"(갈 6:14)고 말하지만, 여전히 "이 세상이나 세상에 있는 것들을 사랑치 말라"(요일 2:15)는 경고를 받습니다. 우리의 머리이신 그리스도께서는 "정사와 권세를 벗어버려 밝히 드러내시고 십자가로 승리하셨지만"(골 2:15), 우리는 여전히 "마귀를 대적해야" 한다는 권면을 받습니다(엡 6:10-11).

그리스도인은 이미 구원받았으나 아직 다 구원을 받지 못했으며 여전히 구원을 받고 있는 존재입니다. 또한 이미 옛사람을 벗고 심령이 새로워져 새사람을 입었기 때문에, 거짓을 벗고 하나님의 뜻을 이해함으로써 그분의 전신갑주를 입어야 하는 사람들입니다.

설교자가 추천하는 주석

1. 길성남, 『에베소서 어떻게 읽을 것인가: 만물의 통일과 하나님의 새 인류』, 서울: 성서유니온선교회, 2005.

2. 배종열, 『문맥에 따라 읽는 에베소서』, 서울: CLC, 2005.

3. 클린턴 E. 아놀드, 정옥배 역, 『강해로 푸는 에베소서』, 존더반 신약주석, 서울: 디모데, 2017.

4. 앤드루 T. 링컨, 배용덕 역, 『에베소서』, WBC 42, 서울: 솔로몬, 2006.

5. 클다인 스노드그라스, 채천석 역, 『에베소서』, NIV 적용주석, 서울: 솔로몬, 2014.

11
빌립보서 설교

최순봉

설교자 약력

아세아연합신학대학교(B.th.)

총신대학교 신학대학원(M.Div.equiv.)

독일 Eberhard-Karls-Universität, Tübingen(Mag. theol. 과정)

독일 Eberhard-Karls-Universität, Tübingen(Dr. theol.)

서울성경신학대학원대학교 신약학 교수

설교자 저서

Die Wahrheit des Evangeliums: eine traditonsgeschichtliche Untersuchung von Gal. 1 und 2 (2001) 외

사도 바울의 바람

빌립보서 3:17-21

하나님의 종인 사도 바울이 빌립보 교회에 보내는 이 서신은 1세기 당시 빌립보 교회의 성도뿐만 아니라 많은 그리스도인에게 큰 위로를 주었습니다. 당시 그리스도인들은 문화-종교적으로 그리스-로마의 영역에 속해 있었기 때문에 신앙을 지키기 쉽지 않았고 경제적으로도 그리 풍요롭지 못했습니다(고후 8:1-5). 이런 환경에서 신앙생활을 하는 빌립보 성도에게 사도 바울이 전하는 복음의 기쁨은 그곳 성도뿐만 아니라 지금을 사는 하나님의 백성인 우리에게도 삶의 희망을 보여줌으로써 당면한 여러 어려움을 넘어서도록 도와줍니다. 그런 의미에서 이 빌립보서는 사도 바울이 견지하는 복음을 통한 구원의 삶과 그가 생명처럼 소중히 여긴 성도를 향한 사랑을 시대를 초월하여 전해줍니다. 특별히 오늘의 본문에는 성도를 향한 바울의 바람이 깊이 서려 있습니다.

빌립보서는 바울이 로마나 고린도에 보낸 다른 서신에 비하면 비교적 짧은 서신이며, 우리가 익히 아는 것처럼 골로새서, 빌레몬서, 에베소서와 더불어 사도 바울이 로마 감옥에서 기록한 옥중 서신 중 하나로 분류됩니다. 바울이 옥에 갇힌 상황에서 자신에게 많은 사랑과 기도의 지원을 아끼지 않은 빌립보 성도에게 보내는 이 편지는 우리에게도 특별한 의미를 갖습니다. 이제 그 특별한 바울의 메시지를 살펴보고자 합니다.

빌립보서는 특별한 기쁨의 편지입니다. 사도 바울은 이 편지에서 "기쁨"이란 단어를 16회에 걸쳐 반복적으로 사용합니다. 다른 편지에 비하면 훨씬 많은 횟수입니다. 그래서 빌립보서는 기쁨을 강조하는 서신으로 알려져 있습니다. 물론 마음 깊이 사랑하는 빌립보 성도에게 보낼 글을 쓰면서 "기쁨"을 단순히 반복적으로 사용했다고 생각할 수도 있지만, 사도 바울이 그들에게 "기쁨"을 반복적으로 권유한 데는 또 다른 의도가 있음을 알 수 있습니다. 편지의 내용은 기쁨을 강조하고 있지만 이것을 수신하는 빌립보 성도들이 처한 상황을 살펴보면 그들에게는 기뻐할 일이 그리 많지 않았던 것 같습니다. 빌립보 성도들은 경제적으로 부유하지 못했고 그 지역의 지배층도 아니었습니다. 빌립보서의 내용을 보면 성도들은 오히려 여러 가지 불편한 상황을 겪고 있었습니다. 당시 바울의 처지도 그리 녹록하지 않았습니다. 어쩌면 이때 바울은 죽음을 생각하고 있었을지도 모릅니다(빌 2:17). 그런 상황에서 바울이 강조하는 "기쁨"은 이 땅의 것에 대한 소망이 아닌 예수 그리스도의 복음으로부터 오는 구원의 기쁨을 의미합니다. 그리고 이 어려운 시기에 구원받은 성도를 향한 바울의 바람은 우리를 돌아보게 합니다.

바울이 빌립보를 방문하게 된 배경은 누가가 집필한 사도행전 16장에 잘 나타납니다. 바울의 일행은 2차 선교여행을 진행하던 중 지난 1차 선교여행의 결과를 점검하고자 했던 원래 계획을 변경합니다. 바울이 본 환상 때문입니다. 그는 본래 소아시아를 돌아보는 것이 목적이었던 선교여행의 여정을 밟던 중 환상 가운데 자신을 부르는 마케도니아의 청년을 보았습니다. 그리고 그 환상을 하나님의 명령으로 받은 바울은 드로아를 거쳐서 유럽으로 갑니다.

유럽의 첫 성 빌립보. 사도 바울이 방문한 유럽의 첫 성인 빌립보는 당시 군사 도시로서, 마케도니아의 영웅인 알렉산드로스의 아버지 필리포스 2세가 야만족이 거주하던 트라키아의 일부 지역을 정복하고 자신의 이름을 따서 도시명을 빌립보라고 정한 곳입니다. 성의 크기가 지름약 4킬로미터 정도니 그리 큰 성은 아닙니다. 기원전 365년에 성이 세워졌고, 기원전 168년에 로마 제국이 점령한 후 제국의 도시로 재건됐지만 이름은 그대로 빌립보로 남았습니다. 그러나 성의 지배층이 바뀌면서 군사 지역이 됩니다. 기원전 42년에 일어난 로마의 내전과 악티움해전(기원전 31년) 이후 퇴역한 군인들이 로마의 시민권을 갖고 지배층의 주류가 되어 그곳에 거주하였으며, 지역의 공식 명칭은 율리아 아우구스타 필립의 식민지(Colonia Iulia Augusta Philippensis)였습니다. 그곳의 지배층은 모두 라틴어를 사용했습니다. 실제로 소아시아를 여행하던 바울 일행은 유럽의 첫 성으로 들어가면서 그곳의 이정표가 그리스어뿐만 아니라 라틴어로도 표기된 것을 눈여겨보았을 것입니다. 빌립보 사람들은 로마 본토인 이탈리아 시민이 누리는 것과 동일한 특혜를 누렸습니다. 기록에 의하면 당시 이 지역에 살았던 사람들은 로마에 특별한 충성심을 가지고 있었습니다. 그래서 바울 일행이 로마 시민권을 가지고 있다고 밝혔을 때 특별한 대우를 받았던 것입니다.

유럽으로 선교여행의 행로를 바꾸어 방문한 첫 도시인 빌립보에서 바울 일행은 늘 하듯이 기도처를 찾아서 움직였는데, 유대인의 회당을 찾지 못했습니다. 아마도 로마군이 주둔하는 지역이었던 탓에 유대인 남자가 거주하기 쉽지 않아 그랬는지 모르지만, 어쨌든 회당이 없었습니다. 그래서 바울 일행은 안식일에 성 밖으로 나가 냇가에 있는 여인들을 만납니다. 그들은 하나님을 경외하는 이방인 여자들로, 안식일에 강가에서 기도 모임을 갖고 있었습니다. 이들은 그 지역의 사람들과 결혼을 하면서 빌립보 외부 지역에서 이주한 사람이었던 것으로 보입니다. 바울 일행과 이 경건한 여인들과의 만남으로 인해 빌립보라는 생소한 도시에 하나님의 교회가 세워집니다. 그 사람들 가운데 자색 옷감 장사를 하는 루디아라는 여성이 있었습니다. 당시 최고급 옷감 염색용 염료는 바다 달팽이였는데, 루디아는 나무에서 채취한 염료로 염색한 옷감을 파는 사람이었습니다. 따라서 루디아는 최상류층을 상대하지는 않았어도, 이 옷감을 필요로 하는 사람은 많이 알고 있었을 것입니다.

바울의 빌립보 행적. 빌립보는 바울에게 여러 가지로 의미가 깊은 지역입니다. 바울은 그곳에서 점치는 귀신 들린 여종을 치료해주었지만, 도리어 그 고침 받은 여종의 주인이 로마인이 받으면 안 되는 풍습을 전한다는 이유로 그를 고소하는 바람에 실라와 같이 투옥이 되었고, 결국 기도와 찬양을 통해 기적적인 방법으로 풀려난 적이 있습니다(행 16:17-26). 또한 그곳에서 교회 설립의 좋은 동역자인 루디아를 만납니다. 빌립보는 경제적으로 풍요롭거나 지위가 높은 사람들이 많지는 않았으나 열정적으로 예수님을 받아들인 곳입니다. 거기에서 힘을 얻은 바울 일행은 용기를 가지고 그리스의 다른 도시들을 방문합니다. 이런 기억을 갖고 바울은 빌립보 성도들에게 편지를 씁니다.

그렇다면 바울은 왜 빌립보 성도들에게 편지를 쓸까요? 바울이 이 편지를 쓰는 이유는 여러 가지가 있는데, 우선 1:12에 보면 로마의 옥에 갇혀 있는 자신을 걱정하는 빌립보 성도에게 위로와 감사를 전하고자 한다고 쓰여 있습니다. 또한 4:10을 보면 에바브로디도를 통해 옥에 있는 자신에게 지원을 보내줘서 감사하다고 밝힙니다. 이것은 특별한 경우였습니다. 일반적으로 바울은 데살로니가에서 그랬던 것처럼 스스로 자신의 필요를 해결하면서 사역을 했습니다. 그렇지만 빌립보 성도들이 보내는 지원을 거절하지는 못했습니다. 아마도 그들이 어려움 가운데서도 지원을 보냈다는 사실을 알았기 때문에 그 마음을 쉽게 거절하지 못한 것으로 보입니다.

이와 더불어 바울은 오늘 본문에서 언급된 것과 같이, 유대인들의 사악한 유혹에 대한 경계를 알리기 위해 편지를 씁니다. 그리고 마지막으로 교회의 내분이 일어난 것을 경계하면서 하나가 되라고 권면합니다. 이 네 가지가 일반적으로 빌립보서를 쓴 이유로 알려져 있습니다. 여기에 바울이 이 편지를 쓰는 이유를 하나 더 추가한다면, 자신이 현재 감옥에 있는 상태에서 자기를 위해 빌립보 교회에서 파견한 에바브로디도의 신변에 무슨 일이 생겨서 이를 해명하고자 하는 의도가 있었던 것으로 보입니다(2:25-30). 사도 바울은 이런 다양한 목적을 갖고 빌립보서를 쓰면서, 그 안에 자신의 이력을 기술합니다. 놀랍게도 이런 바울의 과거 이력은 그를 이해하는 데 중요한 자료가 됩니다.

사도 바울의 과거 이력. 우리가 읽은 빌립보서 3장의 본문에는 바울이 자신의 과거를 설명하는 중요한 부분이 포함되어 있습니다. 물론 바울의 자기소개는 사도행전(22장)이나 다른 서신에도 기록되어 있습니다. 하지만 그는 빌립보서에서 작정하고 자신을 소개합니다. 바울은 자신의 배경을 두 가지로 나누어 말합니다. 첫째, 아브라함부터 이어지는 유대인의 혈통임을 강조합니다. 이를 위해 1) 자신이 출생 8일 만에 아브라함의 자손으로서 하나님의 언약백성임을 증명하는 수단인 할례를 받은 점, 2) 이방인과 관련을 갖지 않은 이스라엘 백성인 점, 3) 사울 왕을 배출한 가문인 베냐민 지파인 점, 4) 히브리인 부모 밑에서 났으며 비록 디아스포라 유대인으로 태어났으나 히브리어를 잊지 않고 사용하는 히브리인 중의 히브리인이라는 점을 기술합니다. 둘째, 바울 자신이 가진 배경을 통해 유대인으로서 이룬 성과를 언급하면서 1) 하나님께서 주신 율법을 따라서는 바리새인이 되며 이로써 율법을 연구하고 민족의 순수함과 거룩함을 지키고 있음, 2) 하나님의 열심을 기억하며 이스라엘의 순결을 지키는 비느하스와 엘리야의 열심을 따라서 교회를 핍박함, 3) 빌립보에서 스스로 모세의 율법을 지킨다고 자랑하는 유대인보다 더 율법의 의를 따라서는 흠이 없음 등을 밝힙니다. 이 소개 내용을 보면 바울이 그곳에서 물의를 일으킨 유대인들이 자랑하는 것 이상의 근거를 가지고 있음을 알 수 있습니다. 실로 위에 언급된 바울의 자랑은 유대인으로부터도 인정받을 만한 내용입니다.

예수님을 아는 고상함. 하지만 오늘 본문에서 바울은 과거에 자신이 누린 특별한 가치들이 배설물이라고 말하면서 그렇게 가치를 전도시킨 것이 다메섹 도상에서 만난 예수님을 아는 지식의 고상함이라고 증언합니다. 여기서 그는 예수님을 아는 것의 가치를 강조합니다. 예수님을 그리스도로 만난 순간 자신이 과거 유대인으로서 행한 가치의 내용이 오히려 하나님의 구원 앞에서 유익이 되지 못했다고 고백합니다.

바울이 강조하는 예수님을 "안다"와 "모른다"의 차이는 무엇일까요? 안다고 말하며 모르는 사람처럼 사는 사람이 있고, 모르는 줄 알았는데 아는 사람처럼 사는 사람이 있습니다. 예수님을 만나고 자신의 삶을 그리스도인으로 헌신한 바울은 예수님을 잘 알았습니다. 그에 따라 예수님을 닮아가는 합당한 삶을 살았던 바울은 편지에서 종종 "나를 본받으라!"고 권면합니다(고전 11:1; 살전 1:6). 그리고 자신을 따르는 눈으로 다른 성도를 주목해서 보라고 함께 요청합니다.

십자가의 원수. 오늘 본문에서 바울은 많은 사람들이 그리스도의 십자가의 원수가 되어 산다고 말합니다. 바울은 십자가를 기독교 중심에 놓은 사람입니다. 그는 저주의 상징이었던 십자가를 구원의 상징으로 바꾸었습니다. 바울은 십자가가 전하는 구원의 의미를 누누이 강조합니다. 따라서 십자가를 반대하는 원수는 단순히 하나님의 원수로서 삶을 마치는 것이 아닙니다. 그들의 최후는 구원을 받지 못하는 멸망이며, 그들에게 영향을 받는 사람들 또한 그 길에서 벗어나지 못합니다. 이는 예수님이 말씀하신 것처럼 소경이 다른 소경을 인도하는 것보다 더 심각한 경우입니다. 이를 분명히 아는 바울은 마음으로부터 나오는 안타까움과 슬픔을 갖고 있습니다. 그래서 바울은 자신이 이 사실을 여러

번 강조한 바 있다고 빌립보 성도에게 말합니다. 즉 그들은 알면서도 교
정을 하지 않은 것입니다.

오늘 본문에는 눈여겨볼 내용이 있습니다. 바울은 그리스도의 십자
가를 거스른 원수가 행하는 일과 그 결과가 무엇인지를 알려줍니다. 그
리스도의 십자가를 거스른 원수들은 자신의 배를 섬깁니다. 그들은 부
끄러움을 영광으로 여깁니다. 무엇보다도 그들은 이 땅의 일이 전부라
고 생각합니다. 그들은 구원의 가치를 잊은 채 오직 이 땅의 이익을 얻
기 위해 자신을 모두 소진합니다. 그리고 종국에 구원을 얻지 못하고 멸
망으로 인생을 마감합니다. 이를 경계하는 바울은 우리에게 오늘 본문
을 통해 중요한 메시지를 전달합니다.

오늘 본문은 다음과 같이 번역을 하면 좀 다르게 다가옵니다.

18 내가 여러 번 여러분에게 말했고, 지금도 눈물을 흘리면서 말합니다. 많
은 사람이 그리스도의 십자가(의 은혜)를 대항하는 원수로서 지금도 행동
합니다. 19 그러나 그들의 마지막은 멸망입니다. 그들의 신(神)은 배입니다.
그들은 부끄러움을 영광으로 알고 자랑합니다. 그들은 이 땅에 속한 것만
을 생각합니다. 20 하지만 우리의 나라는 하늘들 가운데 정말로 실재합니
다. 우리는 그 하늘에서 오실 구원의 주이신 예수 그리스도를 기다리고 있
습니다. 21 그분은 세상의 모든 만물을 자신의 아래로 복종시키는 (주인의)
능력을 행사하시고, 비천하게 되어버린 우리의 몸을 자기의 영광의 몸과
같은 모양으로 변하게 하실 것입니다.

기독교 신앙의 본질. 바울은 복음을 위한 삶을 살았습니다. 그는 최후를 맞을지도 모르는 상황에서 다시 한번 성도들을 향해 기독교 신앙의 본질에 관해 당부를 남깁니다. 바울은 이 신앙의 본질을 품은 사람을 성도라고 지칭하며, 그들은 바울을 사랑하는 형제라고 부릅니다. 이들이 하나님의 백성이자 바울 자신의 기쁨이며 월계관이라고 이야기합니다. 왜냐하면 그들은 이미 예수님, 곧 그리스도 주님 안에 서 있는 성도이기 때문입니다. 실제로 바울의 이 권면은 1:27의 내용을 반복합니다. 바울의 선포를 예수님을 그리스도로 고백하며 살아가는 지금의 우리에게 적용하면, 우리 역시 하나님 나라의 시민입니다. 우리는 오늘도 다시 오실 예수님을 기다리면서 삽니다. 그 믿음이 종국에 우리를 진정한 영광의 모습으로 변화시킬 것입니다.

그러면 바울이 빌립보 성도들에게 경계하라고 요청하는, 십자가를 대항하는 원수들(ἐχθροί)은 누구일까요? 왜 바울은 그들이 기독교 신앙에 위험한 존재라고 여길까요? 이 본문을 보다 직접적으로 번역하면 그들은 "그리스도 십자가의 적들"이 됩니다. 바울이 생각한 그리스도를 대적하는 자들은, 모두 일관되게 그리스도께서 행하신 구원을 왜곡하는 사람들입니다.

그들은 예수님께서 십자가에서 보이신 구원의 역사를 정면으로 모독하는 행위를 하면서도 전혀 부끄러움을 모릅니다. 지식으로는 예수님께서 주신 희생과 사랑을 알면서도 그것을 행하지 않고, 자기의 주장과 원칙에 따라 모든 일을 행하는 사람입니다. 반면 구원받은 하나님의 사람은 그분의 구원을 이루는 십자가의 도를 따릅니다. 이와 다른 생각을 하는 사람들은 하나님의 은혜를 믿음으로 받는 성도가 아닙니다. 그들은 하나님의 진리에 무지하기 때문에 자기 원칙을 중심으로 하나님의 진리를 악하게 이용합니다.

바울은 당시 하나님께서 예수님을 통해 베푸신 구원을 받아들이지 않는 유대인들을 염두에 두고 안타까워합니다. 로마서 9:1-5에서 바울은 자신의 동족인 유대인들의 신앙 없음을 슬퍼합니다. "눈물을 흘리며"라는 표현에는 그들을 향한 바울의 안타까움이 묻어납니다. 바울은 하나님을 안다는 자들이 예수님을 그리스도로 믿지 않음으로써 멸망에 이르는 길을 가는 모습을 보면서 비통해합니다.

그들은 삶의 목적과 가치 기준을 근본적으로 복음을 통한 구원에 두지 않습니다. 바울은 그들을 지칭하여 자신들의 배를 하나님으로 섬기는 자들이라고 냉소적으로 말합니다. 즉 그들은 자기 뱃속에 들어가는 것에 몰두하는 사람들입니다. 무엇을 먹는가를 중요하게 생각하다 보니, 삶의 가치를 그리스도를 통한 진정한 구원에 두지 않는 것입니다. 바울은 이처럼 이 땅의 것을 가지고 오직 자신들의 가치를 만드는 데 골몰하는 것을 경계합니다.

또한 부끄러운 것을 자랑한다는 말은 일차적으로 할례를 뜻합니다. 당시 그리스-로마에서는 운동을 할 때 옷을 벗었는데, 그때 드러나는 할례의 증표가 사람들에게 놀림거리가 되었습니다. 그런데 그들은 이것을 하나님의 백성의 표라고 자랑했습니다. 이토록 무가치한 것을 뽐내고 정결법 등을 자신의 거룩함이라고 여겼으나, 하나님께서 예수님을 통해 만드신 진정한 구원을 받지 못하고 멸망에 이르게 됩니다. 그 과정에서 그들이 소중히 여기던 것들은 어떤 도움도 주지 못합니다.

부끄러운 행위를 부끄러워할 줄 모르고 오히려 그것을 자랑해서는 안 됩니다. 이는 예수님을 그리스도로 고백하는 성도라면 철저히 경계해야 하는 삶의 자세입니다. 골로새서 3:1-2에서 바울은 우리 그리스도인들은 하늘의 것을 사모한다고 고백합니다. 이 고백은 성도에게 이 땅의 것 위에 존재하는 또 다른 가치가 있음을 알려줍니다. 성도는 하나님의 특별한 은혜인 예수 그리스도를 믿음으로써 영생에 이릅니다. 우리가 종국에 다다를 곳은 하나님 나라입니다. 우리는 하늘에 시민권을 둔 하나님의 백성입니다. 우리는 로마 식민지에서 로마 시민권으로 권리를 행사하는 것과는 근본적으로 다른 시민권을 가졌습니다. 로마 시민권을 얻기 위해서는 조상으로부터 물려받든지, 아니면 돈을 주고 사야 했습니다. 그러나 하나님의 백성이 소유한 하늘의 시민권은 예수 그리스도를 구주로 고백하면 선물로 받을 수 있는 것입니다.

그리스도인들은 역사적으로 오랫동안 많은 시련을 겪었습니다. 오늘날에도 여전히 많은 그리스도인들이 교회 외부를 비롯한 내부에서 발생한 시련을 맞닥뜨리고 있습니다. 우리는 이 어려움의 터널을 어떻게 지나야 할까요? 바울은 오늘 본문을 통해 이 어려운 시기를 지나는 성도에게 자신의 바람을 전합니다.

이제 말씀을 맺겠습니다. 그리스도인은 하나님의 백성인 성도이며 구원의 진리를 품은 사람들입니다. 그렇다면 우리 그리스도인이 지켜야 하는 표지는 무엇이며, 잃지 말아야 진리는 무엇일까요? 우리는 예수님을 그리스도로 믿지 않는 사람들이 구원의 진리를 외면하고 자기의 배로 대표되는 삶의 목적을 따라 멸망으로 향하는 모습을 보면서 스스로 겸비하고 예수님의 십자가를 통한 구원을 매 순간 기억해야 합니다. 그리고 예수님께서 십자가에서 이루신 구원의 선포인 하나님의 말씀을 통해 항상 우리 자신을 먼저 돌아보아야 합니다.

비록 자신의 배를 섬기는 사람들이 하나님이 없는 것처럼 행동하며 함부로 삶을 살지라도, 우리는 중심을 잃지 말고 이 땅의 소금과 빛이 되는 하나님의 백성으로서 살아야 합니다. 많은 사람이 자신의 욕심을 따라 기독교를 버린다고 할지라도, 우리는 신앙의 선배들이 붙잡았던 주님이신 예수님을 올곧게 따릅시다. 우리의 선배인 사도 바울이 복음의 진리를 따른 것과 같이, 우리도 바울을 본받아 주님의 가르침을 합당하게 실천합시다.

많은 사람들이 욕심과 탐욕으로 무장한 채 이 땅 위의 재화와 명예와 같은 것에만 집중하면서 시간을 허비할 때, 우리는 진정한 가치를 주는 하늘의 것, 즉 하나님께서 우리에게 허락하신 구원만을 기억합시다. 이것이 바로 하나님의 구원을 깨달은 바울이 빌립보 성도들과 우리에게 전하는 사랑이자 바람입니다. 그리고 하나님의 종으로 부름 받은 사도 바울이 21세기를 사는 우리에게 전해주는 진리의 말씀입니다.

설교자가 추천하는 주석

1. 제랄드 호돈, 채천석 역, 『빌립보서』, WBC 42, 서울: 솔로몬, 1982.

2. 캠벨 외 3인, 정민영 외 역, 『갈라디아서, 에베소서, 빌립보서, 골로새서』, Bible Knowledge Commentary 26, 서울: 두란노, 1983.

3. 목회와신학 편집부, 『빌립보서 빌레몬서 어떻게 설교할 것인가』, 두란노 HOW 주석 44, 서울: 두란노아카데미, 2012.

4. R. P. Martin, *Philippians*, NCBC, Grand Rapids: Eerdmans, 1982.

5. G. D. Fee, *Paul's Letter to the Philippians*, NICNT, Grand Rapids: Eerdmans, 1995.

12
골로새서 설교

오성종

설교자 약력

서울대학교(B.A.)

총신대학교 신학연구원(M.Div.equiv.)

독일 Eberhard-Karls-Universität, Tübingen(Dr.theol.)

전 칼빈대학교 교수

설교자 저서

『젠더 이데올로기 심층연구』(공저, 2020) 외

그리스도를 통한 신자의 삶의 변화와 성품의 성화

골로새서 1:24-29(3:1-17)

"그리스도를 통한 신자의 삶의 변화와 성품의 성화"라는 제목으로 본문을 살펴보고 하나님의 말씀을 전하겠습니다. 저는 다음 세 가지 진리를 증언하고자 합니다.

1. 신자는 죄 사함을 받아 구원받았으나 구원의 목표는 삶의 변화와 성품의 성화다.
2. 신자의 삶의 변화와 성품의 성화는 구약의 경건한 성도들의 신앙과 삶을 본받음으로써 이뤄지는 것이 아니다.
3. 신자의 삶의 변화와 성품의 성화는 주 예수 그리스도를 통해 이뤄진다.

본문을 자세히 살펴보기 전에 두 가지 이야기를 말씀드리겠습니다.

30년쯤 전에 기장 총회장 및 한신대 학장을 역임하셨고 초동교회 담임목사로 사역하기도 하셨던 조향록 목사님이 고백적으로 남기신 회한의 말씀이 있는데, 그 말씀은 지금도 저에게 깊은 울림과 도전을 줍니다. 그분은 목사와 장로들이 모인 자리에서 이렇게 말씀하셨습니다. "초동교회에서 은퇴하는 날 저는 교인들에게 깊은 자괴감을 느끼면서 이런 찌르는 말을 했습니다. '제가 30년 전 이 교회 담임목사로 부임했을 때나 목회를 마치는 지금이나 여러분들이 전혀 변화되지 않은 것 같습니다.'"

이와 별개로 오래전 은퇴하신 목사님이 그분의 후임 목사에게 하신 말씀이 있습니다. 은퇴 목사님은 고신 교단 소속이고 후임 목사님은 그분의 아들이었습니다. 아버지 목사님은 존경받는 분이었습니다. 후임 목사님은 아버지보다 목회를 더 잘 할 수 있다는 신념으로 10년 동안 열심히 목회를 했습니다. 그러다가 좌절감을 느끼고 어느 날 아버지와 고민을 나누면서 이런 이야기를 했다고 합니다. "아버지, 교인들에게 열심히 설교하고 성경을 가르쳤는데 그들의 삶에 왜 변화가 없을까요?" "교인들이 믿음으로 구원을 받는 건 맞지만, 그들의 삶이 변화되고 성화되는 것은 기대를 안 하는 편이 나을 것이다."

교인들의 삶과 성품이 변화되고 성화되는 것이 참으로 어렵다는 사실을 깨달은 많은 목회자들은 지금도 말 못 할 고민을 하고 있을 것입니다. 심지어 제자훈련에 목숨을 걸고 미친 듯이 설교하며 성경을 가르쳤던 고 옥한흠 목사님도 동일한 회한을 남기셨다고 하지 않습니까? 옥 목사님은 돌아가시기 전 조용기 목사님을 찾아가 "제자훈련만으로는 안 된다는 것을 느꼈습니다. 저희 교회에 오셔서 집회를 인도해주십시오"라고 부탁을 하셨고, 그 일을 계기로 조 목사님이 사랑의교회에 와서 며칠간 특별집회를 인도하신 적이 있었습니다. 또 조용기 목사님도 옥 목사님께 "성령 운동만 가지고는 안 된다는 것을 알았습니다. 저희 교회에 오셔서 집회를 인도해주시지요"라고 부탁하여 옥 목사님이 여의도 순복음교회에 가서 설교를 하시기도 했습니다.

여러분은 어떻게 생각하십니까? 특히 목회자들께서는 이 문제를 어떻게 생각하십니까? 한국교회는 1980년대까지 엄청난 양적 성장을 경험했지만 지금은 사회로부터 강한 비판을 받고 있으며 신뢰도도 낮습니다. 왜 그렇게 된 걸까요? 이 문제의 원인이 어디에 있는지를 두고 그동안 이곳저곳에서 진지한 반성의 시간을 많이 가졌는데, 그렇게 해서 얻어진 결론은 무엇입니까? 그렇지요. "믿음과 삶/행동/인격이 일치되지 않아서"라는 대답이 주가 아니었습니까? 그렇다면 어떻게 해야 믿음과 삶/행동/인격이 일치되는 변화가 이뤄질 수 있을까요? 회개해야 한다고요? 욕심을 버려야 된다고요? 성령을 받아야 된다고요? 내세의 심판을 강조해야 한다고요? 전부 문제 해결에 필요한 일이지만, 저는 무엇보다도 신자의 삶과 성품의 성화에 대한 신약의 교훈을 따르는 것이 해결의 열쇠라고 믿습니다.

저는 12년 반 동안 두 교회에서 담임목사로 목회하면서 나름대로 실존적 고민을 품은 채 열심히 설교하고 성경을 가르쳤습니다. 제자훈련, 기도, 성령 충만을 모두 강조했습니다. 강해 설교도 열심히 했습니다. 신구약 성경을 빠짐없이 전부 연속으로 강해하는 방식으로 설교했습니다. 무엇보다도 "오직 예수!"와 "오직 은혜!"를 강조하면서요. 하지만 지금에 와서 생각해보면 성경을 전부 연속 강해식으로 설교하는 방식은 결코 최선이 아니었다는 점과, 제가 "오직 예수!"와 "오직 은혜!"를 충분히 강조하여 가르치지 않았다는 것이 큰 후회로 남습니다. 구약을 설교하면서 가능한 한 그리스도 중심의 해석과 적용을 시도했으나 한계가 있었고, 그 결과 그리스도의 십자가와 부활의 복음을 집중하여 전하지 못했다는 점에 대한 후회가 큽니다.

1. 구원받은 모든 신자는 삶의 변화와 성품의 성화가 삶의 목표임을 알아야 합니다

예수 그리스도의 대속의 죽으심을 믿으며 부활하신 그리스도를 주님으로 고백한 후 영접한 사람은 죄 사함을 받고(눅 24:45-47; 엡 1:7; 2:1; 골 1:14; 히 10:17-18; 계 7:9-14), 의롭다 칭함을 받은 자가 되며(롬 3:21-26; 5:1, 9; 갈 2:16), 하나님의 자녀가 되어 성령께서 그의 안에 내주하십니다(요 1:12; 갈 4:5-6; 롬 8:16; 요일 3:1-2). 이제는 세상에 속한 자가 아니라 하나님과 그리스도께 속하고 "흑암의 권세에서 건짐을 받아 그리스도의 통치권에로 옮김을 받은" 자가 되었습니다(요 15:19; 고전 1:30; 골 1:13; 요일 4:4-6). 그런 점에서 신자는 은혜로 구원받은 자라고 말할 수 있습니다(눅 7:48-50; 행 15:11; 엡 2:8; 딛 3:5-7). 이 구원의 진리는 아무리 강조해도 지나치지 않을 것입니다.

"오직 믿음으로!"(*sola fide*) "오직 은혜로!"(*sola gratia*) 종교개혁가들이 외쳤던 이 구호들은 오늘날에도 여전히 유효하며 타협할 수 없는 불변의 진리입니다. 그러나 종교개혁 당시 상황과는 전혀 다른 오늘날 그런 구호만 붙들고 있다가는 결과적으로 "구원파식" 구원론에 치우치는 잘못을 범할 수 있습니다. 왜냐하면 제자로서의 헌신과 선한 행실이 따르지 않아도, 즉 성화의 열매가 없어도 신자라는 이유 하나로 심판 때 구원을 "떼어 놓은 당상"처럼 얻을 수 있는 것은 결코 아니기 때문입니다. 신약성경은 모름지기 신자라면 예수 그리스도의 제자로서 목숨을 바쳐 그리스도를 따르며 그분이 가르치신 제자도에 합당한 삶을 살아야 한다고 가르칩니다(마 28:18-20; 막 8:34-37; 눅 14:26-27). 또한 제자라고 해도 하나님의 뜻대로 산 의의 열매가 없고, 깨어 재림하실 주님을 기다리지 않으며, 충성을 다하지 않고 긍휼을 베풀지 않는 삶을 산 사람은 주님의 재림 때 버림받게 될 것이라고 말합니다(마 7:21-23; 25장). 사도 바울도 음란과 탐욕의 사람, 우상숭배자, 도둑, 동성애자, 알코올 중독자, 원수 맺는 자, 다툼과 시기, 분노, 이기심, 분열, 질투의 사람은 하나님 나라의 상속자가 되지 못할 것이라고 경고하였습니다(고전 6:9-10; 갈 5:19-21; 엡 5:5). 바울은 또 육신을 따라 산 사람은 영생을 얻지 못하며 "썩을 것"을 거두게 될 것이라고 말했습니다(갈 6:8). 사도 요한도 형제를 사랑하지 않고 미워하는 자는 영생이 없고 죽음 가운데 머물러 있을 것이라고 합니다(요일 3:14-15). 야고보 역시 긍휼을 행하지 않은 사람에게는 긍휼 없는 심판이 있을 것이며 이들은 구원을 받지 못할 것이라고 경고합니다(약 2:12-18).

신약을 보면 이처럼 성도들을 향해 심판 때 버림받을 수 있다고 경고하는 말씀들이 적지 않습니다. 그러나 신약에는 두려움과 불안을 느끼게 하는 부정적인 경고의 말씀보다 오히려 하나님의 사랑과 구원의 확신과 위로와 소망을 느끼게 하는 말씀이 훨씬 많습니다. 성도들이 힘써 제자도를 행하며 거룩하고 선하게 살기를 추구하는 동기가 심판에 대한 두려움 때문이라면 그것은 결코 복음적이라 할 수 없습니다. 신약에 나오는 그런 경고가 향하는 대상은 정상적인 신자들이라기보다는 "양의 탈을 쓴 거짓 선지자들"(마 7:15-20)과 "불의한 자들"(고전 6:9) 및 "육체를 따라 사는 자들"(갈 5:19; 6:8)입니다. 그러나 안타깝게도 오늘날 교회 안에는 "불의한 자들"과 "육체를 따라 사는 자들"이 초기 교회 때보다 훨씬 많은 것 같습니다.

한편 성도들과 목회자들 중에도 이렇게 생각하는 사람들이 있습니다. "무려 사도 바울도 로마서 7장에서 '원하는 선을 행치 않고 원치 않는 악을 행한다'고 자신의 패배하는 삶에 대해 솔직하게 고백하지 않았나? 디모데전서 1장에서 '나는 죄인 중의 괴수'라고 하지 않았나? 그러니 우리들은 말할 것도 없지. 다 죄인으로 살다가 예수님 공로로 천당 가는 거지." 바울이 이런 말을 들으면 뭐라고 대답하겠습니까? "아니다. 그것은 오해다!"라고 단호하게 반응할 것입니다. (로마서 7장에 등장하는 고민하는 "나"는 바울 자신을 가리키지 않는 것이 분명합니다. 우리는 로마서 7장처럼 살지 말고 8장의 교훈처럼 성령을 따라 살라는 것이 그의 말의 요지임을 유의해야 할 것입니다. 또 디모데전서 1:15에서 바울이 쓴 "죄인 중의 괴수"라는 표현은 믿기 전의 자신의 모습을 회상하면서 고백한 말입니다.)

단순히 예수 믿고 공짜로 구원받아 죽은 후 천당에 들어가는 것이 구원의 목표라고 가르치는 말씀은 신약 어디에도 없습니다. 불교에서는 서방정토 극락세계의 주인인 아미타불을 향해 죽은 후 극락에 가서 태어나게 해달라는 간구의 염불을 하지요. "나무아미타불 왕생극락(往生極

樂, '갈 왕, 날 생, 다할 극, 즐거울 낙')"이라는 말이 그런 불교적 구원관을 표현하고 있는데, 놀랍게도 한국교회 안에는 이런 구원관을 가지고 신앙생활을 하는 성도들이 많습니다. 그들은 이렇게 얘기합니다. "예수 믿고 구원받아 천당 가게 됐으니, 죽음 후의 큰 문제가 해결된 거야." 그분들은 세상에서 축복을 받고 형통하게 잘 살다 죽어 천당 가는 것을 목표로 삼고 있습니다. "성화?" 그런 건 안중에도 없습니다. 그들은 생각합니다. "내가 예수님 공로로 구원받긴 했지만 이 죄악된 세상에서 거룩하게 사는 것은 어려운 일이지. 나는 연약하고 세상은 악하잖아. 그러니 적당히 타협하면서 육신의 정욕을 따라 살아도 어쩔 수 없지. 그래서 예수님의 보혈 공로를 믿는 것이고 주일마다 교회 가서 회개할 필요가 있는 것이 아니겠어!" 천만에요. 그런 육적이고 패배주의적인 사고방식은 전혀 성경적이지도 않고 복음적이지도 않습니다.

오늘날 성도들은 무엇보다도 하나님의 구원, 즉 신자를 택하시고 그리스도의 대속의 죽으심을 통해 믿음과 은혜로 건지신 그 경륜의 목표가 "하나님의 자녀가 된 신자의 성화"라는 사실을 명심해야 합니다. 거듭나서 성령이 내주하시는 하나님의 자녀가 되어(요 1:12-13; 고전 6:19; 갈 4:5-6) 예수 그리스도를 "주"라고 고백하는 신약 시대의 그리스도인이라면 반드시 세상의 소금과 빛으로서 성령을 따르는 성화의 삶을 살아야 합니다. 주님의 재림 때 심판대 앞에 선 모든 신자들은 선악 간의 모든 행위와(마 7:21; 고후 5:5; 약 2:12-13; 계 20:12; 22:12) 성화의 생활 여부에 대해(갈 6:7-10; 살전 3:13; 벧전 1:14-17) 심판을 받게 될 것입니다. 우리는 신약 도처에서 내세의 심판을 바라보며 거룩하게 살라는 경고의 말씀을 만나게 됩니다. 그럼에도 불구하고 오늘날 강단에 선 목사들은 그런 주제의 설교를 거의 하지 않습니다. 직무유기를 하고 있는 셈입니다.

　신약의 모든 서신들은 예수를 믿고 은혜로 구원받는 교리에 대해 가르치고 있으며, 동시에 신자의 윤리적인 생활과 성화의 생활에 관해 진지하게 권면합니다. 더 나아가 하나님의 구원 계획을 언급하면서 구원의 궁극적 목표가 신자의 성화라는 사실을 강조합니다. 이를 나타내는 구절 몇 개를 직접 확인해보겠습니다.

　그러므로 하늘에 계신 너희 아버지의 온전하심과 같이 너희도 온전하라(마 5:48).

　하나님이 미리 아신 자들을 또한 그 아들의 형상을 본받게 하기 위하여 미리 정하셨으니(롬 8:29).

　창세 전에 그리스도 안에서 우리를 택하사 우리로 사랑 안에서 그 앞에 거룩하고 흠이 없게 하시려고, 그 기쁘신 뜻대로 우리를 예정하사 예수 그리스도로 말미암아 자기의 아들들이 되게 하셨으니(엡 1:4-5).

　전에 악한 행실로 멀리 떠나 마음으로 원수가 되었던 너희를 이제는 그의 육체의 죽음으로 말미암아 화목하게 하사 너희를 거룩하고 흠 없고 책망할 것이 없는 자로 그 앞에 세우고자 하셨으니(골 1:21-22).

우리 주 예수께서 그의 모든 성도와 함께 강림하실 때에 하나님 우리 아버지 앞에서 거룩함에 흠이 없게 하시기를 원하노라(살전 3:13).

평강의 하나님이 친히 너희를 온전히 거룩하게 하시고 너희의 온 영과 혼과 몸이 우리 주 예수 그리스도께서 강림하실 때에 흠 없게 보전되기를 원하노라(살전 5:23).

그의 신기한 능력으로 생명과 경건에 속한 모든 것을 우리에게 주셨으니 이는 자기의 영광과 덕으로써 우리를 부르신 이를 앎으로 말미암음이라. 이로써 그 보배롭고 지극히 큰 약속을 우리에게 주사 이 약속으로 말미암아 너희가 정욕 때문에 세상에서 썩어질 것을 피하여 신성한 성품에 참여하는 자가 되게 하려 하셨느니라(벧후 1:3-4).

주를 향하여 이 소망을 가진 자마다 그의 깨끗하심과 같이 자기를 깨끗하게 하느니라(요일 3:3).

오늘 설교의 본문인 골로새서 1:24-29에서 바울은 자기 목회의 목표와 사명이 성도 "각 사람을 그리스도 안에서 완전한 자로 세우는" 것이라고 천명합니다. "그리스도 안에서의 완전"이라는 말은 다르게 표현하면 "그리스도를 통한 성화"를 뜻합니다. (존 웨슬리는 "성화"라는 말보다 "완전"이라는 말을 선호했습니다.) 이 목표를 위해 바울은 고난을 감수하며 힘을 다하여 수고한다고 합니다. 그는 본문에서 다음 네 가지 진리를 교훈합니다.

(1) 신자들 안에 "영광의 소망"이신 그리스도가 계시기 때문에 성도들의 모임인 교회는 "그리스도의 몸"입니다(24-27절). "너희 안에 계신 그리스도 곧 영광의 소망"인 그는 "비밀"이십니다. "신자 안에 계신 그리스도"라는 말은 "신자와 그리스도 간의 연합"이라는 관계를 전제합니다. 골로새서 2:12, 3:1-4과 로마서 6:3-5에서 가르치고 있는 "신자와 그리스도 간의 연합" 교리 말입니다. 바울이 갈라디아서 2:20에서 자신의 실존적 고백을 말할 때 언급한 그 연합의 사실을 신자들에게도 적용함으로써 신자와 그리스도 역시 같은 "연합" 관계에 있음을 강조하고 있는 것입니다.

(2) 그리스도의 사도이자 "교회의 일꾼"(25절; 골로새 교회의 직접적인 목회자는 에바브라임, 1:7)인 바울의 목회적 사명은 성도 "각 사람을 그리스도 안에서 완전한 자로 세우는" 것입니다(28b절). 신자와 그리스도 간의 연합은 신자의 새로운 실존 방식을 뜻하지만, 그 연합이 실제로 추구하는 목표는 신자가 이뤄가야 할 "그리스도 안에서의 완전"입니다. 단순히 "예수 믿고 천당 가는 것"이 신자의 삶의 목표가 아니라, 신자가 그리스도와 연합된 새로운 삶 속에서 완전하게 되는 것, 즉 신자의 삶의 변화와 성화가 그리스도와의 연합의 궁극적인 목표라는 말입니다. 왜 하나님의 아들이 죽으셨다가 부활, 승천하신 뒤에 성령을 통해 믿는 자 속에서 거하시는 걸까요? 바로 성도의 삶을 변화시키고 성품을 성화시키려는 성부 하나님의 뜻을 이루시기 위해서입니다.

(3) 각 신자의 완전과 성화를 이루는 것은 목회자가 **"그를 전파하**

여 각 사람을 권하고 모든 지혜로 각 사람을 가르치는" 일을 통해 이뤄집니다(28a절). "그를 전파한다/모든 지혜로 가르친다"는 말은 구체적으로 무엇을 한다는 것입니까? 목회자가 "신자 속에 계신 영광의 소망이신 그리스도"의 비밀을 가르치는 것입니다. 달리 말해 비밀이며 영광의 소망이신 그리스도와의 교제의 삶이 무엇이며, 신자와 주/그리스도 간의 관계는 무엇인지, 또한 그리스도와의 연합의 삶 속에서 어떻게 완전한 자가 되어가는지에 대해 전파하고 가르친다는 뜻이 됩니다.

(4) 이 목회적 사명을 힘써 수행하는 바울의 힘의 원천은 "내 속에서 능력으로 역사하시는 이의 역사"입니다(29절). 이 일은 그리스도의 몸된 교회를 위한 그리스도의 남은 고난인데, 바울은 그리스도의 종이자 **"교회의 일꾼"**으로서 그 고통스러운 수고를 자기의 육체에 채운다고 했습니다(1:24). 이 거룩한 목양의 수고가 모든 목회자들에게 사명으로 주어졌습니다.

그러므로 구원받은 신자가 그리스도 안에서 완전하게 되는 것 곧 성화를 이루는 것이 구원의 궁극적인 목표인지도 모르고, 그 목표를 달성하기 위한 노력을 등한히 하며 살았다면 그의 삶은 실패한 생애가 될 것입니다. 또 그런 영적 무지의 원인이 목회자가 신자에게 성화의 진리를 강조하지 않고 구체적인 실천 원리와 방법을 가르치지 않은 데 있다면, 그 목회자는 하나님 앞에서 크게 책망받을 것입니다. 교회의 물리적인 성장에 힘쓰다 보니 그렇게 되었다는 변명을 대면서 성도 각 사람의 성화에 대한 책임을 대체할 수는 없습니다. 오늘날 한국교회는 성화는 커녕 세상 사람들보다 얄팍한 윤리 의식을 드러내면서 세상의 경멸과 비웃음의 대상이 됨으로써 현실의 심판을 이미 받지 않았습니까?

2. 신자의 삶의 변화와 성품의 성화는 구약의 경건한 성도들의 신앙과 삶을 본받아 이뤄지는 것이 아닙니다

그런데 너무나도 많은 목회자들이 구약에 등장하는 인물이나 이스라엘의 역사 이야기를 풀어놓는 식의 설교를 선호합니다. 참으로 안타깝고 답답한 노릇입니다. 어느 유명한 목회자가 일 년 내내 요셉과 다윗을 주제로 방송 설교를 하는 모습을 보았습니다. 물론 요셉과 다윗의 신앙 및 영성을 본받아야 한다는 의도였겠지요. 이런 설교 외에도 아브라함, 이삭, 야곱, 다니엘의 신앙과 영성을 본받자는 인물 중심의 설교가 자주 행해지고 있습니다.

그런 설교도 성도들에게 도움이 되는 면이 있습니다. 그러나 그런 설교는 복음이 아닙니다. 그런 설교를 통해 성도들의 삶이 변화되고 성품이 성화되는 데는 한계가 있을 것입니다. 신약을 보면 그런 식의 가르침과 권면이 매우 적은 편입니다. 야고보서 5장에서 욥과 엘리야를 예로 들면서 그들의 인내와 끈질긴 기도를 배우라고 권면하는 부분 외에는, 그런 접근을 찾아보기 힘듭니다.

이런 이야기를 하면 히브리서 11장에 수많은 믿음의 선진들에 대한 예화가 나오는 것을 지적하면서 이것 역시 인물 설교의 좋은 예가 아니냐고 반문하실 분도 있을 겁니다. 그러나 실제로 히브리서 11장에 나오는 믿음의 선진들에 대한 예화는 그 구조를 자세히 보면 그런 예에 해당하지 않음을 쉽게 알 수 있습니다. 11장은 10:32-39에서 그리스도인으로서 "인내하는 믿음"을 가지고 재림하실 그리스도를 믿는 굳센 믿음을 품으라고 권유한 후, 십자가의 고난을 인내하시고 부활, 승천하신 예수 그리스도를 바라보라고 권면하는 12:1-3로 가는 중간 단계로서 구약의 인물들에 대한 예화를 길게 말한 것입니다. 즉 하나님의 약속을 의지함으로써 인내하는 믿음을 가졌던 구약의 믿음의 영웅들이 하나님께서 하신 약속이 이뤄지는 경험을 했다는 점을 누적적인 강조를 통해 교훈하면서 믿음은 본래 보이지 않는 것은 믿는 것이라는 메시지를 전달하는 것입니다. 12:1에 나오는 "이러므로 우리에게 구름같이 둘러싼 허다한 증인들이 있으니"라는 말이 이 같은 내용 간의 연결을 보여줍니다. 히브리서의 저자는 이어서 "인내로써 우리 앞에 당한 경주를 하며 믿음의 주요 또 온전하게 하시는 이인 예수를 바라보자"고 결론을 말합니다. 그러면서 "십자가를 참으신" 예수님을 바라보라고 합니다. 이런 전체 맥락과 구조를 함께 살펴보면 11장에 등장하는 믿음의 선진들이 어떤 예화의 수단으로 사용된 것인지가 드러납니다.

신약에는 구약의 신앙 인물들을 모범으로 삼고 본받으라는 권면이 매우 드물게 나타난다는 사실을 잊지 맙시다. 신약을 자세히 읽다 보면 구약의 저명하고 위대한 인물들의 삶의 모습, 그들이 하나님께 받은 말씀과 언약에 관해 언급하면서, 예수 그리스도의 삶과 사역 및 복음을 신약 시대를 사는 신자의 삶과 연관지으며 그 관계를 모형론적으로 해석·적용하는 예를 수없이 만날 수 있습니다. 아담(롬 5:14; 고전 15:22, 44-46, 딤전 2:13-14)과 하와(고후 11:3; 딤전 2:13)에 대한 것이 그렇고, 가인(요일 3:12)과 아벨(마 23:25; 히 12:24)에 관한 내용이 그렇습니다.

또한 멜기세덱 제사장(히 7장), 아브라함의 언약(마 1:1; 눅 1:72; 행 3:25; 갈 3:14), 아브라함이 만민의 축복의 근원이 될 것이라는 약속을 받은 것, 믿음으로 의로움을 얻은 일(갈 3:6-9; 롬 4장), 사라와 하갈 및 이스마엘과 이삭의 가정사(갈 4:21-31), 야곱이 벧엘에서 꾼 꿈(요 1:51)이 그렇습니다. 모세가 이스라엘 백성을 인도하여 홍해를 가르고 구원한 일(고전 10:1-2)과 그가 광야에서 백성에게 만나를 먹게 하고 반석에서 물을 내어 마시게 한 사건(요 6:26-58; 고전 10:3-4)이 그렇습니다. 모세가 바로의 살해 위협을 피하려고 미디안으로 도망쳤다가 돌아온 사건과 시내산에서 율법을 받아 선포한 일은 마태복음에서 그리스도께서 탄생하셨을 때 헤롯의 살해 위협을 피해 애굽에 피신하신 일(마 2:13-23), 팔복산에서 제자도를 가르치신 일(마 5:1-2; 28:16-20), 새 언약 시대의 신자들의 은혜의 영광(히 12:18-24)에 대한 모형으로 그려지고 있습니다.

히브리서는 광야에서의 이스라엘의 불신앙과 가나안 입성의 실패 사건(히 3:7-4:11), 여호수아가 이스라엘을 가나안 땅으로 인도하여 안식을 준 일(4:8-10), 여호수아를 떠나지 않겠다는 하나님의 약속(히 13:5)을 모형론적으로 해석·적용하고 있습니다. 시편에 나오는 다윗의 탄식시와 회개시 및 신앙 고백들을 그리스도(막 15:24, 34; 눅 23:46; 요 15:25; 19:36; 행 2:25-28; 13:35; 히 10:5-10 등)와 신약 시대 성도들(롬 4:7-8; 벧전 2:3; 3:10-12; 5:8 등)에 적용시키는 신약 구절도 수십 개에 이릅니다. 또한 솔로몬과 요나(마 6:29; 12:40-42), 엘리야와 엘리사(눅 4:25-27), 이사야(요 12:37-42; 히 2:13-18) 등에 대해 말할 때도 그리스도 중심적인 해석과 적용을 통해 신약 시대의 성도들이 그리스도에 대해 어떤 믿음을 가져야 하는지를 전달합니다.

또한 히브리서(2:17-18; 4:14-16; 6:20; 7-10장)는 구약 율법에 나타나는 속죄제물의 피와 대제사장의 사역을 그리스도의 속죄제물 되심과 하늘 대제사장으로서의 사역에 대한 모형으로 해석·적용하고 있습니다. 구약에서 속죄제사와 제사장 제도를 장황하게 묘사하고 있는 레위기는 일반적으로 성도들뿐 아니라 목회자들 사이에서도 지루하고 이해하기 어려운 성경으로 여겨지고 있는 것이 사실입니다. 그러나 늘 연속 강해 설교를 하셨던 홍정길 목사님은 남서울교회에서 레위기 강해 설교를 할 때 성도들이 가장 은혜를 많이 받았다고 증언하셨습니다.

신약성경의 저자들이 구약의 인물과 사건, 성막 제도와 제사 및 제사장 제도를 다뤘던 것처럼, 오늘날의 목회자들도 과감히 그리스도 중심적인 해석을 시도하고 그 내용을 신약 시대를 사는 성도들에게 적용하는 설교를 하고 있나요? 그 결과 성도들이 구약을 읽으면서 그 내용을 그리스도 중심으로 또는 영적으로 해석·적용하는 법에 익숙해져 있나요? 거의 그렇지 못한 것이 솔직한 현실 아닙니까?

그렇기 때문에 성도들의 삶과 인격이 변화되고 성화되는 일이 일어나지 않는 것입니다. 왜냐하면 족장들, 모세, 다윗, 다니엘의 삶과 인격이 성도들을 변화시키는 데는 한계가 있기 때문입니다. 물론 저 위대한 신앙을 지닌 구약 시대의 인물들은 놀라운 간증을 가진 경건한 사람들이었지만, 그럼에도 우리를 사랑해서 우리의 구원을 위해 죽은 하나님의 어린양 메시아는 아니었습니다. 그들은 우리가 외롭고 힘들고 연약할 때 우리 옆에서 도움을 줄 수 있는 존재가 아닙니다. 그들은 복음을 전하고 선교한 자들도 아니었고, 그리스도의 이름과 복음을 위해 박해를 받은 경험이 있는 사람들도 아닙니다. 그들은 제자도를 알지 못했고 십자가의 도에 대해서도 들어본 적이 없습니다. 그들은 중생과 이신칭의의 교리, 복음 전도와 세계 복음화의 비전, 성령 세례와 성령 충만, 성령의 은사, 내세의 심판과 영광에 관해 아는 바가 없었던 사람들입니다.

그러므로 성도들이 구약의 인물과 이스라엘 역사에 관한 설교를 통해 어느 정도 유익을 얻고 감동을 받을 수 있겠지만, 근본적인 회개를 함으로써 삶이 변하고 성품의 성화가 이뤄지는 데는 한계가 있음을 유념해야 하겠습니다. 한편 구약의 인물을 중심으로 설교할 때는 은연중에 "기복 설교"와 "성공주의 설교"의 요소들이 드러나기 쉽다는 치명적인 위험성이 있는데, 이는 구약의 위대한 인물들이 대부분 성공하고 출세한 복을 받은 사람들이기 때문입니다.

저는 대학생 때 아주 은혜로운 설교를 하시는 담임 목사님이 목회하시는 교회에 다녔습니다. 목사님은 전형적인 인물 설교의 대가셨습니다. 그분이 하신 다윗에 대한 설교는 참 감동적이었습니다. 하지만 지금 생각해보면 그리스도 중심으로 신약의 복음을 더 많이 설교해주셨더라면 하는 아쉬움이 남습니다. 목사님은 매주 구약과 신약에서 번갈아 본문을 골라 설교하셨는데, 성도들이 구약이나 신약 어느 한쪽에 편향되어 성경을 읽지 않도록 하는 목적이라고 설명하신 적이 있습니다. 나중에 그 교회는 여러 가지로 어려움을 겪으면서 아들을 후임자로 앉혔는데 결국 교회가 더욱 침체되고 말았습니다.

저는 국내에서 나오는 QT용 매일 묵상 서적 대부분이 신구약 전체를 가능한 한 빠짐없이 본문으로 채택하는 관례를 따르는 것에 매우 비판적인 시각을 가지고 있습니다. 물론 저는 성도들이 매일 성경을 읽고 성경 통독을 함으로써 경건 생활에 유익을 얻을 수 있다고 믿습니다. 하지만 매일 묵상 서적에서 성경 전체를 빠짐없이 해설하는 방식은 적절치 못하다고 생각합니다. 왜냐하면 구약의 수많은 본문에서 복음과 그리스도 안에서의 삶과 성화 생활의 비결에 대한 은혜의 말씀을 찾는 일은 사실상 어렵기 때문입니다. 성도들이 구약에 대한 광범위한 지식을 아는 것은, 모르는 것보다 나을 수는 있겠지만, 신앙생활에 큰 도움이 되지는 않기 때문입니다.

전 세계에서 가장 많은 사랑을 받아온 은혜로운 매일 묵상 서적은 아마도 오스월드 챔버스(Oswald Chambers, 1874-1917)가 쓴 『주님은 나의 최고봉』일 것입니다. 그 책의 본문을 살펴보면 전체적으로 구약 15%(54구절), 신약 85%(311구절)의 비율로 구성되어 있습니다. 또 현대의 위대한 청교도 신학자로 불리는 제임스 패커(James I. Packer)가 저술한 『날마다 예수님과 함께』 역시 구약 30%(110구절), 신약 70%(255구절)의 비율로 본문이 구성되었습니다. 저는 개인적으로 이 두 서적이 제시하는 구약과 신약 간 안배가 매우 적절한 비율이라고 봅니다.

저는 여기서 또 하나의 독특하고 가치 있는 매일 묵상 자료를 소개하고 싶습니다. 논란이 있을 수도 있지만, 배울 점이 많은 자료입니다. 나이지리아에 있는 초대형교회 Christ Embassy의 담임목사인 크리스 오야킬로메(Chris Oyachilome)가 발행하는 『말씀의 실재』(Rhapsody of

Realities)라는 월간지인데요. 현재 3,700여 개 언어로 번역되어 242개 나라에 배포되고 있습니다. 그는 "그리스도 안에서의 새로운 삶/승리의 삶"과 "말씀과 성령의 창조적 능력"을 강조합니다. 또한 매일 성경을 읽으며 말씀을 믿고 삶에 적용할 것을 권유하면서, 그 구체적인 방법으로 만유의 주가 되시는 그리스도와 연합된 삶, 전도, 사랑, 방언 말하기 등을 강조합니다. 그는 2018년 4월호에 실린 묵상에서 골로새서 1:27을 본문으로 이런 말씀을 전합니다. "어떤 그리스도인들은 부지불식간에 구약이 보여준 계시를 기초로 삶을 살아갑니다. 그것은 새로운 피조물을 향한 하나님의 계획이 아닙니다. 그런 그리스도인들은 사고방식을 바꾸지 않는 한 자기도 모르는 사이에 하나님의 영광 밖에서 계속 걷게 될 것입니다." 매일 묵상을 위한 본문을 선택하는 데 그의 이런 생각이 반영되어 있는 것으로 보입니다. 제가 가지고 있는 월간 『말씀의 실재』 70권에 실린 매일 묵상 본문을 모두 살펴보니 구약 16%(337구절) 신약 84%(1793구절)로 나타났습니다. 같은 구절이 반복적으로 선택된 경우도 있었습니다. 이것은 매우 바람직한 현상입니다. 바울도 기본적인 중요한 복음의 주제들을 반복해서 언급하였습니다. 그는 아예 "십자가에 못 박히신 그리스도"만을 전하기로 작정했다(고전 2:2)고 말한 바가 있지요.

그리스도께서 보혈을 흘리시면서 십자가에서 죽으신 후 부활하셨으며, 승천하셔서 주와 그리스도가 되셨고, 신자가 그분의 이런 죽으심 및 부활과 연합되었다는 이런 복음의 진리가 모든 메시지의 중심이 되어야 합니다. 바로 그 메시지에서 거듭남이 일어나고 삶의 변화와 승리와 성품의 변화가 일어나기 때문입니다. 요한복음과 요한1서의 표현대로 말하자면, "생명 되신 그리스도 안에서 풍성한 열매를 맺는 삶"이 나타날 수 있기 때문입니다. 예수님은 구약성경이 영생 얻는 진리를 가르쳐준다(요 5:39)고 하셨고, 사도 바울도 구약성경에서 구원 얻는 지혜를 얻을 수 있으며(딤후 3:15) 예수 그리스도에 대한 하나님의 복음의 약속을 찾을 수 있다(롬 1:1-2)고 했으니, 구약을 본문으로 삼아 그리스도와 생명과 구원의 복음을 설교한다면 매우 좋은 일이 될 것입니다. 하지만 그저 역사적·문자적 해석과 적용을 하는 데서 끝난다면 부족한 상태로 머물게 됩니다.

3. 신자의 삶의 변화와 성품의 성화는 주 예수 그리스도를 통해 이뤄집니다

앞서 밝힌 대로 신자의 목표와 목회자의 목양 목표는 궁극적으로 이것이어야 합니다. 십자가 짊어지고 **예수님을 따르는 예수님을 닮은 제자가 되고, 예수님을 닮은 성화를 이루는 것!**

그런데 말씀을 시작하면서 언급했던 것처럼 성도 각 사람을 온전하게 만들어서 성화로 이끌고자 하는 이 목표는 실현 불가능한 것일까요? 그렇다면 아예 처음부터 적당히 믿고 적당히 사역하는 방법을 차선으로 택해야 할까요? 날마다 같은 죄에 눌려 패배의 삶을 일상적으로 살아가더라도 이미 은혜로 구원받았음에 만족한 채 늘상 로마서 7장의 자책과 회개의 기도를 드리는 수준에서 만족하는 수밖에 없을까요? 복음의 능력이 본래 거기까지밖에 안 되는 건가요? 칭의와 성화는 본래 연결되는 것이 아닌 건가요? 아니지요! 이런 질문에 대해 예수님은 노하신 음성으로 부정하실 겁니다. 신약성경을 쓴 사도들과 동역자들도 입을 모아 "그건 아니다! 결코 아니다!"라고 외칠 것입니다.

가톨릭 신학의 구원론은 칭의와 성화를 같은 주제로 봅니다. (오늘날 "바울에 관한 새 관점"을 취하는 신약학자들 중 가톨릭 신학에 가까운 주장을 하는 사람들이 있는 것 같습니다.) 가톨릭의 구원론은 성화를 통해 칭의가 완전히 이뤄지는 것이라고 가르치다 보니 자연스럽게 "연옥설" 신앙으로 이어집니다. 교황청의 재가를 받은 교리 설명서는 이렇게 가르칩니다. "연옥은 영적 정화(淨化)의 장소다. 하나님의 은혜 속에 죽으나 세상에서 지은 죄들에 대한 모든 형벌에서 면제되지 않은 사람들은 누구도 바로 천당으로 갈 수 없다. 자기가 지은 죄들에 대해 아직 참회해야 할 사람들은 먼저 연옥으로 간다.…연옥에서 이루어지는 정화는 영혼을 깨끗하게 하여 초자연적인 생명의 온전한 완성을 위해 준비하는 단계다. 영혼은 지상에서 하나님께 대한 신실함과 그분께 영광 돌림에 있어서 부족했던 것을 완전하게 하여야 한다. 영혼이 최종적으로 하나님께 돌아서는 것은 고난을 통해 이뤄진다." 그래서인지 가톨릭 교회의 역사에서는 "성인들"이 많이 나왔고 "성인 숭배"의 풍속도 있습니다.

그러나 성경의 교훈을 따르면 환난과 연단 및 징계는 이 세상에서 행해집니다(롬 5:3-4; 고전 11:30-32; 히 12:4-13). 선악, 충성/불충성, 육적인 삶/성령을 따른 삶에 대한 행위 심판은 연옥이 아닌 주님의 재림 때 최후 심판대에서 이뤄집니다(마 16:27, 25장; 고전 3:6-15, 4:1-5; 고후 5:10; 갈 6:7-9; 계 20:12, 22:12). 죄 사함과 칭의를 은혜로 받은 신자는 이런 확신과 소망을 고백할 수 있습니다. "우리가 믿음으로 의롭다 하심을 받았으니…하나님의 영광을 바라고 즐거워하느니라"(롬 5:1-2), "이제 우리가 그의 피로 말미암아 의롭다 하심을 받았으니, 더욱 그로 말미암아 진노하심에서 구원을 받을 것이니"(5:9).

하지만 개신교 안에도 이와 살짝 다른 가르침을 전하는 사람들이 있습니다. 그들은 예수님 공로로 죄 사함을 받아 우리의 구원이 이미 이뤄졌기 때문에 우리가 장차 천당에 가는 것은 당연한 일이며, 어떻게 살든지 심판이 통과될 것은 확실하니 "회개"나 "성화" 같은 것에 신경 쓰지 말고 구원의 확신을 품은 채 안심하며 살아가라고 합니다. 구원파식 신앙이 이렇습니다. 칭의와 성화를 구별하지 못하는 가톨릭의 오류와는 다르게, 그들은 칭의와 성화를 분리시키는 오류를 범하고 있습니다.

칭의와 성화를 철저히 구별하면서도 양자를 분리하기보다 연결해야 한다고 강조한 사람이 종교개혁자 칼뱅입니다. 그의 논거를 압축해서 설명하면 이렇습니다. 바울은 로마서 1-8장에서 복음을 설명하는데, 1-5장에서는 "이신칭의"라는 은혜의 교리를, 6-8장에서는 성화의 교리를 다룹니다. 그런데 성화의 교리에 대한 설명을 시작하는 6:1("그런즉 우리가 무슨 말을 하리요. 은혜를 더하게 하려고 죄에 거하겠느냐?")을 주석하면서 칼뱅은 강한 표현을 사용합니다. "이 장(章)을 통하여 사도가 강조하는 바는, 그리스도께서 삶의 새로움을 나눠주심 없이 우리에게 칭의를 부여하신다고 생각하는 자들은, 부끄럽게도, 그리스도를 산산조각으로 찢어놓는 자들이라는 사실이다."

그리스도의 십자가 죽음과 부활은 서로 다른 사건이지만 분리될 수 없는 하나의 구원 사건입니다. 마찬가지로 바울에게 칭의와 성화는 구별되면서도 분리될 수 없는 하나님의 은혜입니다.

칭의는 하나님께서 그리스도의 대속에 근거하여 죄인에게 허락하시는 은혜의 선언입니다. 하지만 이것은 미래의 모든 죄까지 다 용서받았으므로 죄를 짓거나 마음대로 살더라도 칭의와 구원을 보장해주는 면허증이 아닙니다. 사도 바울은 이렇게 설명합니다. "만일 우리가 그의 죽으심과 같은 모양으로 연합한 자가 되었으면 또한 그의 부활과 같은 모양으로 연합한 자도 되리라. 우리가 알거니와 우리의 옛사람이 예수와 함께 십자가에 못 박힌 것은 죄의 몸이 죽어 다시는 우리가 죄에게 종노릇 하지 아니하려 함이라"(롬 6:5-6). 이어서 바울은 그리스도와 함께 연합되어 새로운 삶을 살게 된 신자의 새로운 실존을 이렇게 묘사합니다. "이와 같이 너희도 너희 자신을 죄에 대하여는 죽은 자요, 그리스도 예수 안에서 하나님께 대하여는 살아 있는 자로 여길지어다. 전에 너희가 너희 지체를 부정과 불법에 내주어 불법에 이른 것 같이 이제는 너희 지체를 의에게 종으로 내주어 **거룩함에 이르라**"(6:11, 19). 이는 칭의의 은혜 및 그리스도와의 연합을 통해 새 생명을 주신 목적이 바로 성화라는 뜻입니다.

온전한 예수님의 제자가 되고 성화를 이루는 것은 어려운 목표이긴 하지만 그렇다고 쉽게 포기하면 안 되는 것입니다. 어떤 면에서 보면 절대로 불가능한 목표도 아닙니다. 오히려 "사람으로는 할 수 없으나 하나님으로서는 다 하실 수 있느니라"(마 19:26)고 하신 주님의 말씀처럼, 그리스도와의 연합의 삶과 성령의 도우심으로 인해 이뤄질 수 있는 목표입니다. 성화라는 무거운 짐, 각 성도를 온전케 하는 목양의 무거운 짐을 우리 주님께 가져오면 주님의 도우심을 입어 그 짐이 쉽고 가벼워지는 역사를 경험할 수 있을 것입니다.

가톨릭에서는 구체적인 성화 방식을 제시합니다. "7 성사"에 참여함, 피정(避靜, retreat), 렉시오 디비나(*Lectio Divina*, 거룩한 독서: 성경 말씀을 자신의 마음에 모셔 말씀에 의해 자신의 삶이 변화되고 하나님과의 사귐을 가짐), 관상 기도(믿음과 사랑과 신뢰의 마음을 갖고 침묵 기도를 하면서 하나님의 임재를 경험함), 수도원적인 금욕 수련 등이 그 예입니다. 이에 대해 인위적이고 복잡한 형식이나 신학적인 문제를 제기할 수도 있겠지만 성화를 위해 다각도로 진지한 노력을 하는 점만큼은 우리 개신교도들이 부끄러워해야 합니다. 개신교에서는 성화를 위해 어떤 노력을 하면서 대안적 방식을 추구하고 있습니까?

물론 초기 교회에도 바울과 디모데 등을 비롯해 결혼하지 않고 복음을 전하는 헌신자들이 적지 않았습니다. 하지만 수도원 또는 광야 같은 곳에서 독신으로 "수도자나 수녀"가 되어 일평생 성결을 이루기 위해 정진하는 방식은 성경에서 근거를 찾을 수 없는 비복음적인 방법이라고 보아야 할 것입니다. 성경은 신약 시대를 사는 신자들이 모두 "왕 같은 제사장"(벧전 2:9; 계 1:6)이라고 가르칩니다. 그러므로 우리가 성화를 이루기 위해 인간이 만든 특별한 수단과 방식에 의존하거나 거기에 전적으로 매달리는 종교적 전통들을 의지하는 것은 최선이 아닙니다.

우리는 무엇보다 성경이 가르치는 성화를 위한 본질적인 교훈에 유의해야 합니다. 그것은 바로 그리스도와의 연합과 내주하시는 성령의 역사에 의한 성화의 길인데, 이 길은 신자 안에서 하나님께서 역사하시는 신적인 방식이자 은혜의 방식입니다. 이는 바울 사도가 갈라디아서와 로마서 및 골로새서에서 명백하게 제시하고 있는 방식입니다. 곧 죄의 종이 되어 살았던 (아담 안에 있는) 우리의 "옛사람"(또는 "옛 자아")이 그리스도와 함께 십자가에 못 박혔으며, 우리는 그리스도의 부활과 연합되어 그리스도 안에 있는 "새 사람"으로서 살아가게 되었다는 것입니다(롬 6:3-9; 골 1:13, 2:12, 3:10-11). 신분과 지위가 변화되고 존재론적 관계가 변화한 것입니다. 성화를 위해 하나님께서 하신 일은 바로 이것입니다. "우리가 알거니와 우리의 옛사람이 예수와 함께 십자가에 못 박힌 것은 죄의 몸이 죽어 다시는 우리가 죄에게 종 노릇 하지 아니하려 함이니"(6:6). "죄가 너희를 주장하지 못하리니 이는 너희가 법 아래에 있지 아니하고 은혜 아래에 있음이라"(6:13). 이 엄청난 변화의 은혜를 먼저 진리의 성령이 주시는 감동을 통해 알아야 합니다. 그런데 이 영광스런 진리를 깨닫지 못하는 성도들이 너무나도 많습니다. 모르기 때문에 죄와 마귀에게 속아온 것입니다. 그렇게 된 까닭은 목회자들이 제대로 가르쳐주고 강조하지 않았기 때문입니다.

성경에서 가르치는 대로 영적 진리에 대한 깨달음을 구하는 기도(참조. 마 16:17; 고전 1:10-12; 엡 1:17)를 계속하다 보면 조만간 반드시 응답을 받을 것입니다.

『나는 죽고 예수로 사는 복음』이라는 로마서 강해를 쓴 유기성 목사님은 서문에서 이렇게 고백합니다. "'무릇 그리스도 예수와 합하여 세례를 받은 우리는 그의 죽으심과 합하여 세례를 받은 줄을 알지 못하느냐? 그러므로 우리가 그의 죽으심과 합하여 세례를 받음으로 그와 함께 장사되었나니 이는 아버지의 영광으로 말미암아 그리스도를 죽은 자 가운데서 살리심과 같이 우리로 또한 새 생명 가운데서 행하게 하려 함이라(롬 6:3-4).' '세례를 받은 자는 예수님과 함께 연합하여 십자가에서 죽었다!' 이것이 예수님을 믿는 것이라는 놀라운 사실 앞에서 저는 말할 수 없는 충격과 함께 두려움마저 느꼈습니다. 이전에 이런 말을 들어본 적이 있었던 것 같기는 했지만 제가 이 부분을 설교해야 한다는 것은 전혀 다른 문제였습니다. 우선 제가 정말 십자가 복음을 바로 깨달았는지 의심스럽기도 했습니다.…분명히 그리스도인들은 주 예수님과 십자가에서 함께 죽었으며, 부활하신 주님과 함께 새 생명으로 사는 자들이라는 것입니다. 이것이 세례받는 믿음입니다. 이 말씀은 저의 영적인 눈을 완전히 새롭게 열어주었습니다. 그동안 제가 믿었던 복음에 부족함이 있었음을 알게 되었고, **어려서부터 보아온 교회와 교인들의 변화되지 않는 삶의 문제가 어디서부터 잘못된 것인지 깨달아졌습니다.** 그리고 이어서 택한 갈라디아서 강해 중 갈라디아서 2:2을 통하여 이 복음이 자신의 복음으로 고백되어야 함이 깨달아졌습니다. 로마서 6:3-4에서는 '우리'라고 했지만 갈라디아서 2:20에서는 '내가'라고 했습니다."

마틴 로이드-존스도 『로마서 강해』에서 이 진리에 대해 다음과 같이 확언합니다. "여기 본문 가운데에 우리와 그리스도 사이의 연합의 교리가 있습니다. 우리는 다시 한번 그 교리가 기독교의 진리 가운데서 가장 영광스럽고, 가장 심오하고, 가장 극적이고, 가장 위안을 주는 것 중하나임을 말하지 않을 수 없습니다.…우리는 그리스도와 우리의 연합이라는 이 놀라운 교리로 인해 가슴떨림을 느끼고 있습니까?…구원에 있어서 우리가 단순히 용서나 의롭다 함을 받은 것이 전부가 아니라는 이 진리를 나타내지 않으면 진정한 복음 전도를 하고 있지 않은 것입니다. 구원의 교리는 우리가 전에 아담 안에 있었으나 이제는 그리스도 안에 있다는 것과 이 신분에서 다른 신분으로 옮겨졌다는 기본적인 진리를 포함하고 있습니다. 그것이 바로 원초적인 복음 전도이자 복음을 나타내는 기본 요소 중 하나입니다."

성령의 감동으로 그리스도와 연합됨으로써 그리스도 안에 있는 "새 사람"이 되었다는 깨달음을 얻었다면, 그다음 단계의 삶을 살아야 합니다. 로마서 6:11의 말씀("이와 같이 너희도 너희 자신을 죄에 대하여는 죽은 자요, 그리스도 예수 안에서 하나님께 대하여는 살아 있는 자로 **여길지어다**")처럼, 마음으로부터 나오는 믿음의 말을 자신과 하나님과 마귀를 향해 선언한 후 그렇게 여기며 살아야 합니다. 또한 바울이 갈라디아서 2:20("내가 그리스도와 함께 십자가에 못 박혔나니 그런즉 이제는 내가 사는 것이 아니요, 오직 내 안에 그리스도께서 사시는 것이라. 이제 내가 육체 가운데 사는 것은 나를 사랑하사 나를 위하여 자기 자신을 버리신 하나님의 아들을 믿는 믿음 안에서 사는 것이라")에서 고백한 것처럼 살아야 합니다. 찬송가 407장처럼 이렇게 고백하며 살아야 합니다. "구주와 함께 나 죽었으니 구주와 함께 나 살았도다. 영광의 그날에 이르도록 언제나 주만 바라봅니다." 우리는 갈라디아서 2:20에 나오는 바울의 고백과 골로새서 3:1-4에 기록된 바울의 권면이 우리 자신의 고백이 되도록 해야 합니다.

제가 신학대학원 학생들에게 독후감 과제를 내줬을 때의 일입니다. 한 학생이 유기성 목사님의 『나는 죽고 예수로 사는 사람』이라는 설교

집을 읽고 이런 내용을 적어 제출했습니다. "나도 유 목사님처럼 나 자신을 십자가에 못 박아야 할 텐데 아직 그렇게 하지 못하고 있어서 안타깝다." 설교집의 내용을 엉뚱하게 읽은 겁니다. 유 목사님은 자신이 이미 (과거 수동태로) "그리스도와 함께 십자가에 못 박혔다"는 사실을 깨달았다고 간증하신 것인데, 그 학생은 (현재 능동태로) 자기를 십자가에 못 박아야 함에 대해 말한 것으로 이해했습니다. 성령님의 감화가 없으면 아무도 그 진리를 알지 못하고 고백하지 못할 것입니다.

영국에서 영국인들을 비롯해 무슬림을 상대로 전도하는 송기호 목사님이 계십니다. 그분은 사역을 하면서 죽을 뻔한 일을 열세 번이나 겪으시는 등 말 그대로 목숨을 걸고 전도를 해오시는 가운데 놀라운 열매를 맺고 계십니다. 그분은 늘 주님과 동행하며 확신과 소망 중에 사역을 하고 있다고 합니다. 온라인 화상 프로그램을 통해 설교를 마치고 대담을 하면서 제가 물었습니다. "선교사님은 주님과 깊은 교제를 하고 계시는데, 그 비결이 무엇인가요?" 선교사님의 대답이 큰 감동을 주었습니다. "저는 일어나자마자 갈라디아서 2:20과 빌립보서 1:21을 영어로 암송하며 선언합니다. 하루에도 수백 번씩 그렇게 합니다." 믿음의 고백과 선언에 위대한 능력이 있음을 확증해주는 한 예가 되겠습니다.

어느 날에는 제 아내가 전과 다르게 많이 성화가 되어가는 것 같아 물어보았습니다. 어떻게 변화되었느냐고요. 아내는 자신이 주님과 함께 십자가에 못 박혔고 그 결과 새사람이 되었음을 확실하게 믿고 난 뒤에 변화되었다는 답을 하였습니다. 그런 고백을 하게 해주신 하나님께 감사드립니다.

그리스도와의 연합은 성화 생활의 근거이며 출발점이자 능력의 원천이 됩니다.

골로새서 2:6-7도 늘 암송하면서 생활 속에 적용해야 할 생명과 능력의 말씀입니다. "그러므로 너희가 그리스도 예수를 주로 받았으니 그 안에서 행하되, 그 안에 뿌리를 박으며 세움을 받아 교훈을 받은 대로 믿음에 굳게 서서 감사함을 넘치게 하라." 예수 그리스도께서 내 삶의 주인이 되시고 만유의 주님이 되십니다. 그러므로 이 사실을 선언하면서 주님과 연합된 삶을 살아가야 합니다. "그 안에 뿌리를 박으며 세움을 받아"라는 말씀은 주님과의 연합을 삶과 환경에 의식적으로 적용시키는 행동을 뜻합니다. "교훈을 받은 대로"는 주님과의 연합에 대한 진리의 교훈을 의지하라는 것입니다. 그런데 눈에 보이는 환경과 현실은 또 다른 차원이므로, 우리는 "믿음에 굳게 서서 감사함을 넘치게 하는" 일을 해야 합니다. 쉼 없는 기도와 성령 충만한 상태가 뒷받침되지 않으면 담대한 믿음의 고백과 감사가 나올 수 없습니다. 이럴 때 말씀을 암송하고 선포하면 큰 도움이 됩니다.

골로새서 3:1-17은 성화 생활에 대한 권면의 말씀입니다. 바울은 로마서에서 했던 것처럼 먼저 3:1-4에서 그리스도와의 연합이라는 영적 사실을 환기시키고 그 사실에 합당한 삶의 태도로 살 것을 권면합니다. 참으로 신비스러운 영적인 관계를 말하고 있습니다. "위의 것을 생각하고 땅의 것을 생각하지 말라. 이는 너희가 죽었고 너희 생명이 그리스도와 함께 하나님 안에 감추어졌음이라." 우리는 그리스도 안에 있고 또 하나님 안에 있습니다. 그러니 두려워하고 염려할 것이 전혀 없습니다.

3:5-9은 부정적인 것을 멀리하라는 권면의 말씀입니다. 신분과 존재로서의 옛사람이 죽었으나 그 성품과 습관이 아직 남아 있으니 "땅에 있는 지체를 죽이라. 곧 음란과 부정과 사욕과 악한 정욕과 탐심이니 탐심은 우상 숭배니라"고 권면합니다. 육신의 정욕은 오직 성령으로만 대적하여 통제하고 제압할 수 있습니다. "너희는 성령을 따라 행하라. 그리하면 육체의 욕심을 이루지 아니하리라. 육체의 소욕은 성령을 거스르고 성령은 육체를 거스르나니 이 둘이 서로 대적함으로 너희가 원하는 것을 하지 못하게 하려 함이니라"(갈 5:16-17). 그리고 3:8에서는 "이제는 너희가 이 모든 것을 벗어 버리라. 곧 분함과 노여움과 악의와 비방과 너희 입의 부끄러운 말이라"고 말합니다. "옛사람"의 성품의 옷을 벗어 버리라는 뜻입니다.

3:12-14은 성도가 사모해야 할 "위의 것"은 "새사람"의 성품이자 예수님의 마음(빌 2:5-11; 마 11:28-30)이라고 말하면서 "새 옷을 입는다"는 은유를 사용합니다. 이는 긍휼과 자비, 겸손, 온유, 오래 참음, 용서, 용납, 사랑의 옷을 입으라는 것입니다. 우리는 신분에 맞는 새 옷을 입어야 합니다. 그리스도와 연합했으니 그리스도의 성품의 옷을 입어야 합니다. 그렇게 그리스도와 연합된 신자는 변화되고 성화되어 "그리스도의 편지"(고후 3:3)이자 "그리스도의 향기"(2:15)로 나타나는 것입니다. 아우구스티누스를 회심케 하고 성화의 삶을 시작하도록 만든 성경 구절이 있습니다. "낮에와 같이 단정히 행하고 방탕하거나 술 취하지 말며 음란하거나 호색하지 말며 다투거나 시기하지 말고, 오직 주 예수 그리스도로 옷 입고 정욕을 위하여 육신의 일을 도모하지 말라"(롬 13:13-14).

성화가 이뤄지는 과정에서 성품의 변화와 성숙이 드러납니다.

3:15-17은 교회 공동체의 성화를 위한 권면입니다. "그리스도의 평강이 너희 마음을 주장하게 하라. 너희는 평강을 위하여 한 몸으로 부르심을 받았나니 너희는 또한 감사하는 자가 되라. 그리스도의 말씀이 너희 속에 풍성히 거하여 모든 지혜로 피차 가르치며 권면하고 시와 찬송과 신령한 노래를 부르며 감사하는 마음으로 하나님을 찬양하고, 또 무엇을 하든지 말에나 일에나 다 주 예수의 이름으로 하고 그를 힘입어 하나님 아버지께 감사하라." 성화의 길의 마지막 단계로서 그리스도와 연합된 성도는 "그리스도의 평강"이 마음을 지배하여 "감사하는 자"가 되어야 할 것입니다. 주님은 다락방에서 최후의 만찬을 나누신 후 근심하는 제자들을 이렇게 위로하십니다. "평안을 너희에게 끼치노니 곧 나의 평안을 너희에게 주노라. 내가 너희에게 주는 것은 세상이 주는 것 같지 아니하니라. 너희는 마음에 근심하지도 말고 두려워하지도 말라"(요 14:27). 찬송가 412장의 가사처럼 그리스도의 평안은 "하늘 위에서부터 내려오는" 평안이자 "내 영혼의 그윽히 깊은 데서" 울려나는 평안입니다. 이 평안을 누리게 되면 마음속에 감사가 넘칩니다. 반면 마음에 주님의 평안이 없는 사람들이 교회에 모여 있으면 원망, 불평, 파당, 분열이 생기기 쉽습니다. 평안은 성령의 열매이기도 합니다(갈 5:22).

또한 3:16에서는 그리스도의 몸 된 교회 지체들 속에는 그리스도와 복음의 말씀이 풍성히 거하여 서로 가르치고 권면할 수 있을 정도까지 되어야 한다고 가르칩니다. 새신자나 세상적이고 육적인 신자들이 많고 말씀이 빈곤한 교회는 미성숙한 교회입니다. 반대로 성령 충만하고 말씀 충만한 교회의 성도들은 감사하는 마음으로 하나님을 즐겨 찬양합니다. 이처럼 말씀과 찬양이 풍성한 교회가 은혜로운 교회입니다.

성화의 길에 대해 마지막으로 주어진 권면은 모든 언행을 "다 주 예수의 이름으로 하고 그를 힘입어 하나님 아버지께 감사하라"(17절)는 것입니다. 우리는 예수님이 개인과 공동체의 "주"가 되시므로 모든 언행을 "주 예수의 이름으로" 합니다. 옛 자아가 죽고 예수님이 주인이 되셨기 때문에 "주 예수의 이름으로" 말하고 행동합니다. 또한 하나님 아버지께 감사함으로써 성화의 표증을 드러낼 수 있습니다.

복음과 관련해서 우리 한국교회가 참으로 감사해야 할 일이 하나 있습니다. 처음 우리나라에 와서 복음을 전해주었던 선교사들은 무디의 부흥 운동과 대학생 자원 선교 운동(SVM, Student Volunteer Movement)이 한창일 때 은혜를 받았던 복음주의 청년들이었습니다. 그들은 자신들이 배운 순수한 복음을 우리에게 전달해주었습니다. 당시 그들이 만들어 보급했던 "복음성가"는 구세대의 한국 성도들 사이에서 애창되었고, 대부분이 오늘날의 찬송가에 그대로 들어와 있습니다. 그 찬송가에는 예수님의 십자가와 보혈과 구원 및 성도와 동행하시는 그리스도를 찬송하는 복음적인 내용이 많이 포함되어 있었습니다. 그 선교사들이 떠난 후 한국교회는 순수 복음에서 많이 이탈하였습니다. 참으로 복음의 본질로 돌아가야 할 때입니다.

요즘 목사님들이 설교를 시작하면서 이렇게 말하는 모습을 종종 보게 됩니다. "여러분, 코로나 상황이 장기간 지속되고 있어서 다들 힘드시죠?" 그러면 대부분의 교인들은 고개를 끄덕입니다. 목사가 비성경적이고 비복음적인 세계관을 암시적으로 주입시키는 위험한 말을 하는 셈입니다. 환난과 곤고의 상황인 것은 맞습니다. 그러나 그런 환경이 지속되고 있다고 해서 믿는 사람들이 "힘들다"고 느끼고 입으로도 그런 하는 것은 성화의 도상에 있는 성도가 가져야 할 복음적인 세계관과 삶의 태도가 아닙니다. 만일 그리스도인 자영업자라면 어떻게 대답해야겠습니까? "궁핍과 곤고한 상황에 있지만, 그래도 저는 주 예수님 안에서 승리를 누리면서 감사하고 있습니다." 이렇게 대답하는 것이 복음과 믿음을 기초로 한 삶의 모습이 아니겠습니까? "그리스도의 복음에 합당하게 생활하라!"(빌 1:27)

데살로니가전서 5:18을 다들 암송하고 계시지요? "범사에 감사하라. 이것이 그리스도 예수 안에서 너희를 향하신 하나님의 뜻이니라." 영어 성경(NIV, NRSV)에서는 이 구절의 앞부분을 다음과 같이 번역합니다. "Give thanks in all circumstances." "모든 환경에서 감사하라"는 뜻이지요. 모든 환경에서 감사하는 성화된 성도들이 가득한 교회에는 만유의 주님이 임재하셔서 그분의 능력과 권세를 나타내실 것입니다. 성도들 역시 주 안에서 항상 이기는 삶을 살아갈 것입니다.

부활하신 예수님을 삶의 주인으로 모시고 주님과 연합된 새로운 삶을 살게 됨으로써 놀라운 변화와 치유와 승리를 경험한 춘천한마음교회 성도 세 분의 간증을 소개합니다.

"어렸을 때 나는 소심하고 내성적인 아이였다. 마음이 여리고 성격이 우유부단했으며 자신감도 전혀 없었다. 싫어도 싫다는 표현을 못하다 보니 평소 말을 거의 하지 않고 우울하게 지냈다.…드디어 나는 예수님을 믿지 않고 나를 주인으로 삼았던 악한 중심을 버리게 되었다. 그리고 예수님을 주인으로 믿지 않았던 죄를 회개한 후 부활하신 예수님을 나의 주인으로 영접하였다. 부활하신 예수님을 믿는 순간 마가복음 9장에 기록된 것처럼 벙어리가 되게 하는 귀신이 떠나가는 역사가 함께 일어났다. 놀랍게도 말더듬증과 막힘증이 사라져서 말문이 열렸다. 소심함도 사라지고 자신감이 생겼다.…소문난 망나니였던 남동생이 나의 이런 변화를 보고 예수님을 믿게되었으며, 열정적인 불교 신자였던 엄마를 포함한 가족 모두가 예수님을 믿게 되는 놀라운 역사가 일어났다. '진리가 너희를 자유케 하리라'는 말씀처럼 부활하신 예수님을 믿고 나서 소심함과 말더듬증으로부터 완전히 자유해지고 날마다 복음을 전하게 되니 정말 꿈만 같다. 오늘도 예수님과 동행하는 나는 부활의 증인으로서 기쁘게 영혼을 만나러 나간다"(임정미 성도).

"나는 어려서부터 사람을 좋아하고 남에게 퍼주는 걸 잘했다. 주변 사람들이 필요하다고 하면 돌려받지 못할 걸 알면서도 현금서비스까지 받아 돈을 빌려주었다. 거절을 잘하지 못하는 성격 탓에 계속 사람들에게 이용당하다 보니 막상 나는 감정 조절을 할 수 없는 상태가 되었다. 잠도 안 자고 온종일 떠들며 돌아다녔고 밥도 먹지 않았다. 그러다가 나를 제지하려는 엄마에게 욕설을 하는 지경에 이르렀고, 결국 가족들에 의해 정신병원에 입원하게 되었다. 그때 나는 25세였고 조울증이라는 판정을 받았다.…예수님을 믿지 않았던 내가 주인 되신 예수님 앞에 서니 그동안의 모든 아픔과 고통이 눈 녹듯 사라졌고, 예수님이 지금 내 앞에 계신 것 같아 너무 행복했다. 드디어 나는 예수님 한 분만으로 만족할 수 있었고 그 결과 참된 자유를 누리게 되었다. 예수님을 나의 주인으로 믿고 난 뒤 그렇게 좋아하던 술도 즉시 끊었다. 병원에서 완치 판정을 받았고 약도 끊었다. 그 후로 조울증이 재발할 것 같다는 의심은 0.001%도 들지 않았고, 실제로 10년 동안 잘살고 있다. 막혔던 인간관계가 모두 뚫렸으며 그동안 나를 옭아매던 정신병에서 완전히 해방되어 항상 기쁘게 사는 자가 되었다"(유현미 성도).

"어려서부터 아버지는 나를 철저히 아들처럼 키웠다. 항상 남자들이 하는 말을 들으며 남자들과 어울려 지내게 되었고, 어느새 '나는 남자다'라는 생각이 내 안에 자리를 잡았다. 아무 죄책감 없이 '나는 남자니까 여자를 사랑하는 것이 당연하다'고 생각하면서 동성애의 쾌락을 즐겼다. 대학교에 다닐 때는 별다른 노력을 하지 않아도 여자들이 자석처럼 달라붙었다. 원하는 여자를 놓쳐본 적도 거의 없었다. 이들과 함께 레즈비언 클럽과 가라오케를 드나들면서 쾌락을 즐기다 보니 점점 더 깊은 동성애 늪에 빠지게 되었다.…기도하면서 '하나님! 왜 나를 이렇게 만들었어요? 왜 남자를 좋아할 수 없게 하신 거예요?'라고 외쳤는데, 이 모든 것이 결국 내가 나의 주인이 되어 원하는 것을 하려고 한 결과였음을 깨달았다. 내가 예수님을 십자가에 못 박았던 것이다. 예수님이 하나님이라고 하신 말을 유대인들이 믿지 못하고 결국 예수님을 십자가에 못 박은 것처럼, 나 또한 동성애가 옳은 것이라고 주장하면서 예수님을 못 박고 있는 장면이 내 앞에 펼쳐졌다.

나는 그 자리에서 '내가 하나님을 십자가에 못 박았다고! 이 일을 어찌하면 좋으냐고! 다시는 내가 예수님을 십자가에 못 박지 않겠다고!' 목 놓아 엉엉 울고 말았다. 나를 끝까지 참아주신 그 사랑에 통곡할 수밖에 없었다. 그렇게 부활하신 주님을 나의 주인으로 모셨다. 예수님이 나의 주인이 되시니 동성애의 쾌락을 끊을 수 있었다. 너무나 기쁘고 행복했다. 예수님 생각만 하면 가슴이 벅차고 감사한 마음을 주체할 수 없다. 나를 다시 살려주신 예수님! 사랑합니다"(강태림 성도).

바울은 고린도 교회 성도들에게 편지하면서 그들을 "우리의 주 곧 그들과 우리의 주 되신 예수 그리스도의 이름을 부르는 모든 자들"이라고 불렀습니다(고전 1:2). 죽으셨다가 부활하신 후 승천하신 예수님을 믿음과 사랑의 마음으로 우리 "주"라고 부르고 마음에 모실 때, 하나님 아버지께서 영광을 받으실 것입니다(빌 2:11). 또한 주 예수님이 우리의 삶에서 주인 되시어 우리와 사귐을 가지심으로써(고전 1:9; 요 14:20-23) 우리 마음속에 거하시며 우리의 삶을 바꾸시고 주님의 성품의 옷을 입혀주실 것입니다(골 1:27-28, 2:6-7; 엡 3:17).

　　로마서는 이 송영의 말씀으로 끝납니다. "나의 복음과 예수 그리스도를 전파함은 영세 전부터 감추어졌다가 이제는 나타내신 바 되었으며 영원하신 하나님의 명을 따라 선지자들의 글로 말미암아 모든 민족이 믿어 순종하게 하시려고 알게 하신 바 그 신비의 계시를 따라 된 것이니, 이 복음으로 너희를 능히 견고하게 하실 지혜로우신 하나님께 예수 그리스도로 말미암아 영광이 세세무궁하도록 있을지어다. 아멘"(롬

16:25-27). 성도 각 사람의 믿음을 견고하게 하고 삶의 변화와 성품의 성화를 이루는 것은 오직 우리 주 예수 그리스도와 그의 복음뿐입니다. 바울이 3년간 심혈을 기울여 목회했던 에베소 교회의 목회자들 앞에서 유언처럼 남긴 말은 이것이었습니다. "여러분이 일깨어 내가 삼 년이나 밤낮 쉬지 않고 눈물로 각 사람을 훈계하던 것을 기억하라. 지금 내가 여러분을 주와 및 그 은혜의 말씀에 부탁하노니 그 말씀이 여러분을 능히 든든히 세우사 거룩하게 하심을 입은 모든 자 가운데 기업이 있게 하시리라"(행 20:31-32).

오늘 성경 본문 마지막 부분을 읽으며 말씀을 마치겠습니다. "이 비밀은 너희 안에 계신 그리스도시니 곧 영광의 소망이니라. 우리가 그를 전파하여 각 사람을 권하고 모든 지혜로 각 사람을 가르침은 각 사람을 그리스도 안에서 완전한 자로 세우려 함이니"(골 1:27-28).

설교자가 추천하는 주석

1. 마틴 로이드-존스, 강철성 역, 『마틴 로이드 존스의 골로새서 강해』, 서울: CLC, 2006.

2. 박수암, 『신약주석 옥중서신』, 서울: 대한기독교서회, 2006.

3. 피터 오브라이언, 정일오 역, 『골로새서, 빌레몬서』, WBC 44, 서울: 솔로몬, 2008.

4. 이상근, 『신약성서주해 옥중서신』, 성등사, 2000.

5. Handley C. G. Moule, *Colossian and Philemon Studies: Lessons in Faith and Holiness*. Fort Washington: Christian Literature Crusade, 1932.

13
데살로니가전서 설교

홍인규

설교자 약력

전남대학교(B.A.)
미국 Reformed Theological Seminary(M.Div.)
남아공 University of Stellenbosch(M.Th., D.Th.)
백석대학교 신학대학원 은퇴교수

설교자 저서

The Law in Galatians (1993) 외

우리 주여, 어서 오시옵소서

데살로니가전서 4:13-18

오늘은 12월 두 번째 주일입니다. 이제 달력 마지막 한 장이 마지막 낙엽처럼 달려 있습니다. 올해도 다 지나가고 있습니다. 세월이 참 빨리 지나갑니다.

우리는 시간이 빨리 지나간다는 것을 느끼면서 아쉬워하거나 우울해하기도 합니다. 아직도 하고 싶은 일이 많은데 세월의 흐름에 따라 몸이 약해져 간다고 생각하면 유독 그런 마음이 듭니다.

저는 어린 시절 시골에서 뛰어놀며 자라서 그런지 자연 속에서 거니는 것을 참 좋아합니다. 시간이 되면 제 아내와 함께 꼭 해보고 싶은 일이 몇 가지 있습니다. 먼저 제주도 올레길과 지리산 둘레길을 천천히 다 걸어보고 싶습니다. 스페인에 있는 산티아고 순례길 800킬로미터도 천천히 다 걸어보고 싶습니다. 그런데 갈수록 다리와 무릎이 약해져서 자신이 없습니다. 아내도 약해져 갑니다. 참 아쉽습니다. 이것 말고도 하고 싶은 일이 많습니다. 주님의 종들을 더 많이 섬겨보고 싶습니다. 그런데 시간이 갈수록 저는 더 약해질 것입니다.

그러나 세월이 화살같이 빨리 날아가는 것을 꼭 슬퍼할 필요는 없습니다. 시간이 지날수록 우리의 소망은 더 커지니까요. 사도 바울은 로마서 13:11에서 이렇게 말합니다. "이제 우리의 구원이 처음 믿을 때보다 가까웠음이라." 나날이 시간이 흐를수록 우리 주님의 재림이 가까워지고 있습니다. 저는 그 찬란한 영광의 날을 기다립니다. 간절히 기다립니다.

오늘 제가 설교할 데살로니가전서 본문은 우리 주 예수님의 재림과 더불어 그때 있을 우리 몸의 부활과 우리가 누릴 최고의 복을 장엄하게 묘사하고 있습니다. 저는 오늘 본문을 그리스어로 읽고 해석하면서 많은 은혜를 받았습니다. 여러분과 함께 그 은혜를 나누고자 합니다.

1. 주님의 재림과 몸의 부활

첫 번째로 살펴볼 것은 주님의 재림과 몸의 부활에 관한 내용입니다. 오늘 본문 16절을 봅시다. "주께서 호령과 천사장의 소리와 하나님의 나팔 소리로 친히 하늘로부터 강림하시리니 그리스도 안에서 죽은 자들이 먼저 일어나고." "주께서…친히 하늘로부터 강림하시리니"라고 말하고 있는데, 여기서 주목할 것은 우리 주님이 "친히" 오신다는 겁니다. 우리 주님은 천사나 다른 대리인을 보내지 않고 친히 오실 것입니다. 사도행전 1:11에는 "이 예수는 하늘로 가심을 본 그대로 오시리라"고 기록되어 있습니다. 이처럼 예수님이 "친히" 오실 것입니다. 하나님은 우리를 죄의 세력으로부터 구원하시기 위해 인간의 몸을 입고 직접 오셨습니다.

마찬가지로 우리 주님은 모든 악의 세력들로부터 우리를 구원하시기 위해 친히 하늘로부터 내려오실 것입니다. 이사야 64:1의 말씀처럼 우리 주님은 "하늘을 가르고 강림하실 것"입니다.

주님께서 재림하실 때 세 가지 놀라운 현상이 동반될 것입니다. 그 현상은 곧 주님의 호령, 천사장의 소리, 하나님의 나팔입니다.

1) 먼저 우리 주님이 하늘에서부터 오실 때 큰 "호령"이 있을 것입니다. 우리 주님께서는 하늘에서 내려오시면서 큰 소리로 명령하실 것입니다.

그런데 뭐라고 명령하실까요? 명령의 내용은 무엇일까요? 16b절을 보세요. "그리스도 안에서 죽은 자들이 먼저 일어나고." 이 말씀과 연결시켜보면 주님의 명령은 죽은 자를 살리는 명령일 것입니다. 예수님은 나사로가 죽어 무덤에 묻혔을 때 무덤 밖에 서서 큰 소리로 "나사로야, 나오라"고 명령하셨습니다(요 11:43). 또한 죽은 소녀를 향해 "소녀야, 일어나라"고 지시하셨습니다(막 5:41). 이처럼 예수님은 우리 이름을 부르며 명령하실 것입니다. "아무개야, 일어나라." 우리는 이 명령을 듣고 벌떡 일어날 것입니다.

요한복음 5:25를 보면 예수님은 이렇게 말씀하십니다. "진실로 진실로 너희에게 이르노니 죽은 자들이 하나님의 아들의 음성을 들을 때가 오나니 곧 이때라. 듣는 자는 살아나리라." 우리는 영원히 무덤에 누워 있지 않을 것입니다. 언젠가 "무덤에서 나오라"는 주님의 음성을 들으면 영광스런 몸을 가지고 일어나게 될 것입니다.

2) 주님의 호령 다음에는 "천사장의 소리"가 뒤따릅니다. 천사장은

크게 소리칠 것입니다. 무엇이라고 소리칠까요? 천사장은 틀림없이 주님의 명령을 반복할 것입니다. 우리 주님이 "일어나라"고 하시면, 천사장은 "주님의 명령이다. 일어나라"고 소리칠 것입니다. 그리고 천사들은 땅끝까지 다니며 택함 받은 자들을 사방에서 모을 것입니다.

3) 우리 주님이 다시 오실 때 "하나님의 나팔"이 천지를 진동할 것입니다. 이 소리는 죽은 자들을 불러일으킬 것입니다. 군대에서 기상나팔 소리를 듣고 모두 잠에서 깨어나듯이, 우리는 하나님의 나팔 소리를 듣고 죽음에서 일어나게 될 것입니다. 고린도전서 15:51-52은 이렇게 말합니다. "보라, 내가 너희에게 비밀을 말하노니 우리가 다 잠 잘 것이 아니요, 마지막 나팔에 순식간에 홀연히 다 변화되리니, 나팔 소리가 나매 죽은 자들이 썩지 아니할 것으로 다시 살아나고 우리도 변화되리라." 마태복음 24:31도 비슷한 말을 합니다. "그가 큰 나팔 소리와 함께 천사들을 보내리니 그들이 그의 택하신 자들을 하늘 이 끝에서 저 끝까지 사방에서 모으리라."

이처럼 우리 주님이 천둥과 같은 목소리로 호령하시면 천사장이 크게 소리를 지르고 하나님의 나팔이 천지를 진동하며 울려 퍼질 것이며, 이때 죽은 자들이 무덤에서 벌떡 일어날 것입니다.

그러나 모든 죽은 자들이 다 일어나는 것은 아닙니다. 오직 "그리스도 안에서" 죽은 자들만 일어나게 됩니다. 데살로니가전서 4:16이 그것을 증거합니다. 뒷부분을 보세요. "그리스도 안에서 죽은 자들이 먼저 일어나고."

2. 몸의 부활 후에 있을 사건들

두 번째로 몸의 부활 후에 있을 사건을 살펴보겠습니다. 17절을 봅시다. "그 후에 우리 살아남은 자들도 그들과 함께 구름 속으로 끌어 올려 공중에서 주를 영접하게 하시리니 그리하여 우리가 항상 주와 함께 있으리라." 여기에는 죽은 자들의 부활 다음에 일어날 세 가지 사건이 간략하게 묘사되어 있습니다.

1) "그 후에 우리 살아남은 자들도 그들과 함께 구름 속으로 끌어올려." 우리 주님이 재림하실 때 두 부류의 믿는 사람들이 있을 것입니다. 한 부류는 이미 죽은 자들이고, 다른 한 부류는 죽지 않고 이 땅에 살아남아 있는 자들입니다. 우리 주님이 다시 오실 때 이미 죽은 자들이 먼저 무덤에서 일어납니다. 그다음 이 땅에 살아남아 있는 그리스도인들이 부활한 자들과 함께 "구름 속으로 끌어 올려질" 것입니다. 아마도 그때 이 땅에 살아남아 있는 자들도 부활의 몸으로 변화될 것입니다. 여기서 우리는 두 가지 표현에 주목해야 합니다. 하나는 "구름 속으로", 다른 하나는 "끌어 올려진다"라는 말입니다.

먼저 "끌어 올려진다"라는 말은 그리스어로 "하르파조"(ἁρπάζω)로서 아주 격렬한 행동을 묘사하는 단어입니다. 여러분, TV에서 독수리가 물 위를 날다가 수면 아래에 있는 물고기를 발견하고는 번개처럼 내려와 물고기를 두 발로 낚아채 하늘로 솟구쳐 오르는 모습을 보신 적이 있나요? 하르파조는 바로 그런 모습을 묘사하는 말입니다. 고린도후서 12:2에서 바울은 자신이 "셋째 하늘에 이끌려 갔다"고 이야기합니다. 그

때도 "하르파조"라는 동사가 사용되었습니다. 바울은 낚아챔을 당하듯이 하늘로 끌려 올라갔습니다. 이처럼 우리도 초자연적이고 강력한 힘에 의해 하늘로 끌려 올라갈 것입니다.

그렇다면 살아남은 자들은 부활한 자들과 함께 어디로 끌려 올라갈까요? "구름 속으로." 성경에서 구름은 아주 특별한 의미를 가지고 있습니다. 구름은 하나님의 임재를 상징합니다. 출애굽기 19:16을 보면 하나님께서 시내산에 나타나실 때 어마어마한 현상이 일어납니다. "셋째 날 아침에 우레와 번개와 빽빽한 구름이 산 위에 있고 나팔 소리가 매우 크게 들리니 진중에 있는 모든 백성이 다 떨더라." 또 성막이 다 만들어져서 세워졌을 때도 하나님의 구름이 나타났습니다. 출애굽기 40:34을 보면 그 후에 "구름이 회막에 덮이고 여호와의 영광이 성막에 충만했다"고 기록되어 있습니다. 그리고 솔로몬의 성전이 완공되었을 때도 하나님의 영광의 구름이 성전에 가득 찼습니다(왕상 8:10).

이런 현상은 신약에서도 나타납니다. 예수님이 높은 산(변화산)에 올라가서 변형되셨을 때 구름이 와서 덮었습니다(막 9:7). 예수님이 승천하실 때도 구름이 나타났습니다. 사도행전 1:9을 보면 "이 말씀을 마치시고 그들이 보는데 올려져 가시니 구름이 그를 가리워 보이지 않게 하더라." 또 우리 주님이 다시 오실 때 구름을 타고 오신다고 했습니다. 마태복음 24:30을 보세요. "인자가 구름을 타고 능력과 큰 영광으로 오는 것을 보리라."

이처럼 성경에서 구름은 하나님의 영광스러운 임재를 상징합니다. 하나님께서 하늘에서 지상으로 내려오실 때 영광의 구름이 나타났습니다. 마찬가지로 우리 주님이 다시 오실 때도 영광의 구름이 나타날 것이고, 우리 성도들은 모두 하나님의 구름 속으로 끌려 올라갈 것입니다.

2) 그런 일이 있은 후에 우리는 공중에서 "주를 영접하게 될 것입니다." 여기서 "영접하는 것"은 그리스어로 "아판테시스"(ἀπάντησις)입니다. 고대 그리스-로마 시대에는 어떤 고위 인사가 한 성읍을 공식적으로 방문할 때면 성의 유지들이 나가서 그를 영접했는데, 그 행위를 "아판테시스"라고 불렀습니다. 요즘 사람들도 똑같은 일을 합니다. 다른 나라의 대통령이 방문하면 우리나라의 고위 관리들이 비행기 앞까지 나가서 영접하기도 합니다. 그것이 "아판테시스"입니다. 우리 주님이 영광스럽게 다시 오시는데 건방지게 앉아서 주님을 맞이할 수는 없습니다. 맨발로 뛰어나가서 맞이해야 합니다. 이처럼 우리는 하늘로 끌려 올라가서 "공중에서 주님을 영접할 것입니다."

그런 후에 주님은 우리와 함께 이 땅으로 내려오실 것입니다. 바로 영광스런 재림입니다! 다시 오시겠다는 약속의 성취입니다! 그다음에는 무슨 일이 있을까요?

3. 하나님의 영광스러운 임재 회복

이제 마지막으로 하나님의 영광스러운 임재의 회복을 살펴봅니다. 이는 재림 이후에 일어날 일입니다.

3) 주님이 이 땅에 다시 오신 다음, 우리는 항상 주님과 함께 있을 것입니다. "그리하여 우리가 항상 주와 함께 있으리라." 항상 주님과 함

께 있다는 것은 모든 복의 절정(climax)입니다.

요한계시록 21장을 보면 거룩한 성 새 예루살렘이 하나님께로부터 하늘에서 내려옵니다. 하나님은 이제 그분의 자녀들과 함께 거하실 것입니다(계 21:3). 그리고 "모든 눈물을 그 눈에서 닦아 주시니 다시는 사망이 없고 애통하는 것이나 곡하는 것이나 아픈 것이 다시 있지 아니할 것"입니다(계 21:4). 하나님 아버지께서 우리의 눈물을 닦아 주시는 모습은, 마치 부모가 울고 있는 어린 자녀의 눈물을 손으로 닦아주는 모습을 연상시킵니다. 우리는 어린아이가 부모의 품에 안기듯이 하나님의 품에 안기게 될 것입니다.

인류의 조상 아담이 "하나님처럼 되고자" 하는 마음을 품고 금지된 선악과를 따먹은 이래, 인간은 에덴동산에서 추방당했습니다. 하나님의 임재를 상실한 겁니다. 그렇게 인간은 고아가 되었습니다. 하나님 없이 살게 된 것입니다. 하나님의 부재가 모든 비극의 시작입니다. 하나님이 없는 자리에 사탄의 세력이 침입해 들어와서 인간을 지배하게 되었습니다. 인간은 악의 노예가 되어버렸습니다. 그 결과 이 세상에는 탐욕, 이기주의, 자기중심성, 힘의 지배, 갈등, 대결, 폭력, 전쟁이 난무하게 되었습니다.

우리 주님은 자신이 창조하신 이 세상이 이렇게까지 망가지는 것을 그냥 두고 보시지만은 않습니다. 우리 주님은 반드시 다시 오셔서 모든 것을 회복하셔야만 합니다. 최종적으로 사탄을 완전히 정복하고 모든 악의 세력들을 완전히 제거하셔야만 합니다. 그럴 때 비로소 이 세상 나라가 다시 우리 주님의 나라가 될 것입니다. 다시 하나님의 임재가 온전히 회복될 것입니다. 온 세상이 하나님의 영광으로 가득 찬 성전이 될 것입니다. 온 세상이 하나님의 임재로 가득 차게 될 것입니다.

요한계시록 21:22-23을 보세요. "성 안에서 내가 성전을 보지 못하였으니 이는 주 하나님 곧 전능하신 이와 및 어린양이 그 성전이심이라. 그 성은 해와 달의 비침이 쓸 데 없으니 이는 하나님의 영광이 비치고 어린양이 그 등불이 되심이라."

하나님의 임재가 충만한 곳에 하나님의 생명이 충만하게 될 것입니다. 요한계시록 22장에는 "수정같이 맑은 생명수의 강"이 등장합니다. 생명수의 강 좌우에 생명나무가 있고 거기에 달마다 12가지 생명나무 열매가 열립니다. 보세요! 처음 에덴동산에 있었던 생명나무와 그 나무의 열매가 다시 등장합니다!

영광스러운 에덴동산이 회복되는 것입니다. 이제 온 땅은 에덴동산처럼 될 것입니다. 창세기 2-3장을 보면 에덴동산은 땅의 한 구석이었습니다. 그런데 이제는 온 땅이 에덴동산과 같이 변화될 것입니다. 황량한 사막에 강이 흐르고, 사막은 꽃으로 가득 덮일 것입니다(사 35장). 사자와 어린 양이 함께 살고 어린아이가 독사의 굴에서 뛰노는, 더 이상 해함과 상함이 없는 세상이 올 것입니다(사 11장). "물이 바다를 덮음 같이 여호와를 아는 지식이 세상에 충만할 것"입니다(사 11:9). 그때는 우리가 날마다 하나님의 얼굴을 직접 보게 될 것입니다.

그때는 더 이상 증오, 대결, 폭력, 전쟁이 없을 것입니다. 저주도 어두운 밤도 다시는 없을 것입니다. 주 하나님은 우리의 영원한 빛이 되실 것입니다. 우리는 하나님을 섬기며 주님과 함께 영원무궁토록 왕 노릇

하게 될 것입니다. 이게 바로 요한계시록 22:1-5의 비전입니다. 이것은 풍요로운 생명과 찬란한 영광과 넘치는 축복의 세상이 영원무궁토록 펼쳐지는 새로운 시작입니다.

❖

저는 그 영광의 날을 기다립니다. 간절히 기다립니다.

한때 저는 이 세상이 좋아질수록 우리가 더욱 행복해지리라고 생각했습니다. 그런데 그것은 잘못된 생각이었습니다. 사람들은 갈수록 더 이기적이고 악해져 갑니다. 더는 이 세상에 희망을 가질 수가 없습니다. 우리나라를 보세요. 좌우 이념 대결이 갈수록 심화되고 있습니다. 두 진영 사이의 증오심은 더 깊어질 것입니다. 국제적으로도 나라 간, 민족 간 대결이 갈수록 격화될 모양새입니다. 인간의 끝없는 이기심과 탐욕과 지배욕이 집단화되다 보면 결국 제3차 세계대전을 향해 브레이크 없이 질주할 것 같습니다.

분명 물질문명은 더 발전할 것입니다. 그렇다고 인간이 더 행복해질 것 같지는 않습니다. 물질문명 때문에 인간의 정신과 영혼이 갈수록 더 심각하게 파괴될 것입니다.

행복한 가정을 이루기도 어려워집니다. 이혼율은 갈수록 더 높아지고, 아예 결혼을 하지 않고 남녀가 적당히 살다 헤어지는 일이 점점 더 늘어날 것입니다. 어쩌다 태어난 자녀들도 부모의 사랑을 제대로 받지 못한 채 어릴 때 입은 심각한 상처를 안고 타인에게도 같은 고통을 주면서 살게 될 것 같습니다.

환경 파괴의 문제도 심각해질 것입니다. 많은 과학자들은 인간의 탐욕 때문에 지구가 회복 불가능한 상태로 오염되고 있다고 경고합니다. 실제로 기후변화는 너무나 큰 재앙의 모습으로 우리에게 다가오고 있습니다.

인간은 너무나 어리석고 악해서 스스로 자기 문제를 해결할 수 있는 능력이 전혀 없습니다.

앞으로 교회와 세상 사이의 싸움도 더욱 치열해질 것입니다. 믿음을 지키기가 어려워집니다. 문제는 우리 자손들입니다. 우리 자손들이 이 험한 세상에서 믿음을 수호하고 가정을 지키며 살아가기가 힘들어질 것입니다.

사랑하는 성도 여러분, 이 모든 문제에 대한 답은 인간에게 없습니다. 오직 우리 주님이 재림하셔야만 모든 문제가 해결될 것입니다.

그렇기 때문에 오늘날 교회는 주님의 재림 때까지 수행해야 할 위대한 사명을 갖고 있습니다. 우리는 하나님이 창조하신 이 아름다운 세상을 파괴하려는 사탄의 세력과 싸워야 합니다. 모두 주님의 마음을 품고 우리 교회를 천국 공동체와 같은 모습으로 아름답게 세워가도록 합시다. 그 어떤 악한 세력도 우리 교회를 분열시켜 무너뜨리지 못하도록 합시다. 그리고 세상의 구원을 위한 전도와 선교 사명에 더 충성하도록 합시다. 사회 정의 실현과 환경 보호를 위해서도 지혜를 모아야 합니다. 사탄의 진을 공격하여 무너뜨립시다. 하나님의 선한 창조세계를 파괴하고 하나님의 교회마저 무너뜨리려는 사탄의 세력과 싸워야 합니다. 우리 주님의 능력을 굳게 의지하여 끝까지 싸웁시다.

지금 사탄은 최후의 발악을 하고 있습니다. 그걸 보면 사탄의 힘이 너무나 강한 것 같지만, 우리에게는 천상으로부터 부어진 성령의 능력이 있습니다. 우리가 주님을 의지하면서 싸운다면 반드시 승리할 것입니다. 거대한 제국이 멸망해도, 심지어 수많은 교회들이 무너진다 해도, 참된 교회는 결코 무너지지 않습니다. 우리가 성령을 의지해서 나아가는 한 반드시 승리의 행진을 계속할 수 있습니다.

우리 모두 승리의 행진을 하는 가운데 주님의 재림을 대망하며 삽시다. 최종적인 승리는 오직 우리 주님의 재림으로 이루어집니다. 주님이 재림하실 때 우리 몸은 불멸의 몸으로 부활할 것입니다. 온 땅은 하나님의 임재로 충만한 영광스러운 성전이자 생명과 아름다움으로 가득 찬 에덴동산이 될 것입니다.

우리는 그 무궁무진한 세계에서 주님과 함께 영원무궁토록 왕 노릇을 하게 될 것입니다. 우리 모두 그 영광을 대망하며 삽시다. "마라나 타. 우리 주여, 오시옵소서"(고전 16:22). 초기 교회는 늘 그렇게 기도했습니다. 우리도 함께 기도합시다. "우리 주여, 어서 오시옵소서."

설교자가 추천하는 주석

1. 김세윤,『데살로니가전서 강해』, 서울: 두란노, 2002.

2. 김형국,『도시의 하나님 나라: 하나님 나라로 읽는 데살로니가전서』, 서울: 비아토르, 2019.

3. F. F. 브루스, 김철 역,『데살로니가전후서』, 서울: 솔로몬, 1999.

4. G. K. Beale, *1-2 Thessalonians*, IVPNTC; Downers Grove: InterVarsity Press, 2003.

5. Gene L. Green, *The Letters to the Thessalonians*, PNTC; Grand Rapids: Eerdmans, 2002.

14
데살로니가후서 설교

김철해

설교자 약력

서울대학교(B.A.)

미국 International School of Theology(M.Div.)

미국 Western Seminary(Th.M.)

미국 Concordia Seminary(Th.D.)

횃불트리니티신학대학원대학교 은퇴교수

설교자 저서

『세계를 바꾼 책 로마서』(2011) 외

충성으로 주님을 기다리며 사는 삶

데살로니가후서 3:6-13

다미 선교회 사건을 기억하시는 분이 있을 겁니다. 다미 선교회는 1992년 10월 28일에 예수님이 재림하시고 성도들의 휴거가 일어날 것이라는 시한부 종말론을 주장하던 단체였습니다. 그런데 많은 사람들이 이 말에 부화뇌동하여 멀쩡하게 잘 다니던 직장과 가정마저 팽개치고 이 단체에 전 재산을 헌납하는 등 심각한 사회적 혼란을 일으키는 바람에 다른 나라에서도 관심을 갖고 추이를 지켜보게 된 그런 사건입니다. 이 사건은 성경 말씀을 잘못 해석해서 세상을 시끄럽게 만들었던 일인데, 한국은 물론 세계 기독교 역사에서 드물지 않게 일어나는 일 중 하나였습니다. 오늘 본문 말씀의 배경이 되는 데살로니가 교회에도 이와 비슷한 사건이 있었습니다. 사도 바울은 데살로니가후서 2장에서 이런 사람들과 사건들을 일컬어 "하나님이 미혹의 역사를 그들에게 보내사 거짓 것을 믿게 하심"(살후 2:11)이라고 진단합니다.

사도 바울이라는 인물뿐만 아니라 그가 쓴 서신들은 여러 면에서 독특한 특성을 갖고 있습니다. 하나님이 모든 사람을 독특하게 창조하신 것은 맞지만, 특별히 바울의 생애와 사역 및 하나님께 쓰임 받은 그의 사명은 우리에게 많은 메시지를 전해줍니다. 예수 그리스도의 복음 계시에 있어 신약의 절반가량을 자치하는 바울 서신이나 사도행전에서 소개되는 바울의 사역을 보면, 그가 모든 면에서 특별하게 쓰임 받았음을 알 수 있습니다. 예수님의 사역을 준비하고 소개한 세례 요한이 구원사에서 차지하는 위치만큼이나 바울의 역할은 중요합니다. 특히 예수님의 성육신 사역을 이어받아 땅끝까지 그 복음을 전파하는 특별한 선교사로서 바울이 맡은 역할과 위치는 그 어떤 사도가 수행한 사명과도 비교할 수 없습니다. 또한 바울의 신학은 거의 모든 분야에서 우리에게 특별한 계시를 주었으며, 그중에서도 종말 신앙에 대해 그가 남긴 말씀은 한 세대 이후에 주어진 사도 요한의 말씀과 함께 기독교 역사에서 중요하게 다뤄지고 있습니다.

이단들이 잘못된 방법으로 가장 많이 사용하는 성경의 내용은 예수님의 재림과 심판에 관한 것입니다. 심지어 이 문제는 초기 교회에서도 자주 제기되던 문제고, 아마도 주님이 오시는 그날까지도 계속 논의될 것입니다. 사도 베드로는 "말세에 조롱하는 자들이 와서 자기의 정욕을 따라 행하며 조롱하여" 세상을 시끄럽게 할 것이라고 말하면서 마지막 때에 이 문제를 가장 조심하여 대처해야 한다고 강조합니다(벧후 2:1; 3:3-4). 특히 베드로가 "우리가 사랑하는 형제 바울도 그 받은 지혜대로 이같이 썼고 또 그 모든 편지에도 이런 일에 관하여 말하였으되"(벧후 3:15-16)라고 지적하는 바울의 편지들 속에는 그가 데살로니가 교회에 보낸 편지들(전서와 후서)이 포함되어 있음이 분명합니다. "알기 어려운 것"(벧후 3:16)은 바로 데살로니가후서에 나오는 주님의 재림과 관련된 시기의 계산을 가리킬 수도 있습니다.

바울은 두 번째 선교여행의 일환으로 마케도니아에 도착한 후 제일 먼저 빌립보에서 복음을 증거하지만, 그 여행 중에 쓴 편지는 데살로니가전서와 후서입니다. 데살로니가전서를 보면 그 교회는 아주 특이한 교회였던 것 같습니다. 바울은 그곳에서 사역할 때 복음을 말로만 전하지 않고 "능력과 성령과 큰 확신으로" 굳건하게 세웠다고 언급합니다(살전 1:5). 또한 그 교회의 교인들은 바울과 예수님을 본받아 말씀을 굳건히 붙들고 바른 신앙을 실천함으로써 주변 각처에 믿음이 좋기로 소문난 교회가 되었습니다(살전 1:6-8). 바울은 그 교회가 우상을 버리고 하나님께 돌아와 진실히 섬기는 배운 것을 실천하는 신앙(살전 1:9)을 가졌다고 칭찬하면서, 한 걸음 더 나아가 데살로니가 교회가 보여주는 신앙의 특징을 언급합니다. 그는 1장 끝에서 "다시 살리신 그의 아들이 하늘로부터 강림하실 것을 너희가 어떻게 기다리고 있는지를 말하니"(살전 1:10)라고 칭찬하면서 데살로니가 교회의 종말 신앙과 재림 신앙을 거론합니다.[1] 오늘 본문이 현대를 사는 우리에게 중요한 이유는 시간이 지날수록 희미해지는 종말 신앙의 삶 때문입니다. 바울의 사역 초기에 기록된 데살로니가전후서에 등장하는 데살로니가 교회는 철저한 종말 신앙

---

[1]　살전 1:9-10에서 "주님의 강림(coming)을 기다리는 신앙"을 말하면서 parousia를 사용하는데, 이 단어는 데살로니가전서에서 가장 많이 사용되고 있으며(살전 2:19; 3:13; 4:15; 5:23) 살후 2:1, 8, 9; 약 5:7, 8; 벧후 1:16; 3:4, 12과 요일 2:28에서도 등장합니다. 또한 "하늘에서 내려오신다"(katabaino, 살전 4:16)와 "주의 날이 이른다"(coming, 살전 5:1, erkomai)라는 표현이 사용되고 있습니다.

과 재림 신앙으로 무장되어 있습니다. 우리는 이를 보면서 새로운 신앙 자세를 도전받게 됩니다. 종말 신앙은 신앙이 성숙해지면서 생기는 것이 아니라 예수님을 믿는 순간부터 주어진 가장 중요한 신앙의 자세입니다. 주님의 재림은 주님이 십자가에서 돌아가시고 부활한 다음에 승천하시면서 주어진 것이 아니고, 십자가의 죽음 이전에 주어진 다락방 강화에서 분명히 제시된 것입니다. 요한복음 14:2-3이 데살로니가 교회와 우리에게 주는 의미는 중요합니다. 주님은 십자가를 지시기도 전에 이렇게 말씀하셨습니다. "내 아버지 집에 거할 곳이 많도다. 그렇지 않으면 너희에게 일렀으리라. 내가 너희를 위하여 거처를 예비하러 가노니 가서 너희를 위하여 거처를 예비하면 내가 다시 와서 너희를 내게로 영접하여 나 있는 곳에 너희도 있게 하리라" 주님은 이렇게 십자가를 지시기 전부터 자신이 다시 살 것이며 승천하시고 다시 재림하실 것이라는 사실을 여러 차례 제자들에게 가르쳐 주셨습니다.

데살로니가후서에서 바울은 여러 가지 칭찬받은 중요한 것들을 부정하고 데살로니가 교인들의 근본을 흔들고 있는 거짓 교사들(이들은 2장에서 "불법의 사람", "멸망의 아들", "대적하는 자"라고도 불리고 있음)인 "악한 사람들에게서" 분리되어야 함을 3장 전체의 결론으로 제시합니다(살후 3:2, 3, 6, 14). 오늘날 우리 주변에서도 찾아볼 수 있는 악한 자들은 결국 "궁극적 악한 자"인 사탄의 사주를 받고 움직이는 사람들입니다. 우리 성도들이 눈을 크게 뜨고 살아야 할 이유입니다. 사도 바울은 주님의 재림을 사모하면서 살아가는 종말 신앙을 교묘한 방법으로 방해하는 악한 자들로부터 분리되라고 명령합니다. 어떤 경우에는 맞서 싸우라고 하지만, 오늘 본문에서는 맞서는 대신 그들에게서 분리되라고 명령합니다. 분리는 하나님의 창조과정에서 드러나는 중요한 원칙입니다. 창세기 1장을 보면 하나님께서 첫째 날에는 어둠과 빛을(창 1:4), 둘째 날에는 궁창을 중심으로 물과 물을(창 1:6, 7), 셋째 날에는 바다와 육지를 나누었습니다(창 1:9-10). 구원에도 이와 동일한 원칙이 적용됩니다. 이 세상 악한 자들 가운데서 선택받아 불려 나온 자들이 바로 교회입니다. 그렇습니다. 우리는 이미 악한 자들에게서 분리되어 나온 사람들입니다. 그렇기 때문에 시편 1편 말씀이 우리에게 명령하는 대로 반드시 하나님 말씀에 순종해야 하나님이 주시는 복을 받을 수 있습니다. "복 있는 사람은 악인들의 꾀를 따르지 아니하며 죄인들의 길에 서지 아니하며 오만한 자들의 자리에 앉지 아니하고 오직 여호와의 율법을 즐거워하여 그의 율법을 주야로 묵상하는도다"(시 1:1-2). 내게 악한 영향을 끼칠 사람들(악인, 죄인, 오만한 자)에게서 떠나는 것이 지혜입니다. 당연히 오늘 본문 말씀에 등장하는 "게으른 자", "말씀의 전통을 행하지 않는 자"를 쫓아낼 수 없다면 내가 그들에게서 떠나는 것이 하나님의 지혜입니다.

주님은 반드시 재림하십니다. 이것이 데살로니가전서의 중심 사상입니다. 그것도 속히 오신다고 합니다. 베드로는 두 번째 편지에서 주님의 재림을 일부러 잊어버리려고 하는, 말세의 조롱하는 이단을 강하게 경계하고 있습니다(벧후 3:3-10). 그리고 모든 초기 교회 성도들의 믿음의 결론은 "이것을 증언하신 이가 이르시되 '내가 진실로 속히 오리라' 하시거늘 아멘 주 예수여, 오시옵소서"(계 22:20)라는 말씀이 보여주는 대로 신구약 성경의 결론이자 그 결론에 대한 모든 성도들의 응답입니다. 그런데 주님의 재림에 대한 사실을 잘 알면서도 일부러 그것을 조롱하고 거절하는 무리들이 있는데 그들이 바로 악한 사람들입니다. 사도 바울은 이미 데살로니가전서에서 이런 악한 자에 관해 강조하고 가르친 적이 있습니다. "내가 너희와 함께 있을 때에 이 일을 너희에게 말한 것을 기억하지 못하느냐?"(살후 2:5) 이 악한 자들이 오늘날에도 우리의 재림 신앙을 점점 희미하게 만들어가고 있음을 알아차려야 합니다. 그런 의미에서 데살로니가전서와 후서가 오늘날 교회에 주는 교훈은 지대합니다. 제자들에게 주신 말씀대로 주님은 우리를 위해 제일 좋은 약속을 하시고 그것을 주실 준비가 다 되어 있는데, 문제는 우리에게 있습니다. "내가 너희에게 이르노니 '속히 그 원한을 풀어 주시리라. 그러나 인자가 올 때에 세상에서 믿음을 보겠느냐?' 하시니라." 놀랍게도 오늘날 우리에게서 찾을 수 있는 불신앙의 문제는 이미 데살로니가 교회에도 존재하고 있었습니다.

그런데 데살로니가 교회가 가지고 있던 문제의 핵심은 "악한 자" 내지는 "불법의 사람 곧 멸망의 아들" 또는 "대적하는 자"에 대한 것(살후 2:3, 4, 7)이 아니라 다른 데 있었습니다. 거짓 교사나 악한 사람들에게 나쁜 영향을 받아서 신앙생활을 제대로 하지 않고 있는 자들을 세우기 위한 것이 바로 두 번째 편지를 보낸 목적입니다. 주님의 재림을 부인하는 악한 자들로부터 분리되는 것도 필수적이지만, 주님의 재림을 믿는다고 하면서도 실제로는 잘못된 신앙생활을 하고 있는 사람들을 세우는 일도 중요합니다. 이는 바울이 데살로니가후서를 쓴 중요한 목적 중 하나입니다. 현재를 사는 우리도 마찬가지입니다. 우리도 주님의 재림을 믿는다고 하면서 실제로는 재림을 믿지 않는 악한 자들의 영향을 받고 바른 신앙생활의 길에서 벗어나기 쉽습니다. 입으로는 주님의 재림을 기다린다고 하면서 실제 삶에서는 어리석은 다섯 처녀처럼 등잔에 기름을 준비하지 않은 채로 세상 쾌락에 빠져 방탕한 세속적인 삶을 살기 쉽습니다. 입으로는 믿는다고 고백하면서 삶의 현장에서는 전혀 그 믿음이 드러나지 않는 현대 성도들이 반드시 들어야 할 메시지가 바로 오늘 본문의 말씀입니다.

구원 역사는 하나님이 맨 처음 세상을 창조하셨던 목적대로 우리가 새로운 창조의 삶을 살도록 하기 위함입니다. 성경은 이를 가리켜 하나님 나라를 회복하는 것이라고 부릅니다. "나라가 임하시오며 뜻이 하늘에서 이루어진 것 같이 땅에서도 이루어지이다"(마 6:10)라는 주기도문의 고백은 바로 하나님 나라의 질서를 회복하는 일이 무엇인지를 잘 보여줍니다. 하나님이 천지를 창조하실 때 혼돈과 공허와 흑암 속에서(창 1:2) 빛을 지으시고 질서를 세우신 것처럼 하나님의 구속사에도 질서는 중요합니다. 우리 안에 이런 질서가 없다면 우리는 이 질서를 회복해야 합니다. 사실은 이미 하나님께서 그리스도의 십자가 보혈로 성령님의 거듭남의 역사를 통해 우리를 새롭게 하심으로써 새 질서를 세우셨습니다. 그러나 우리가 살고 있는 세상은 아직 바뀌지 못했습니다. 따라서 세상의 악한 자들의 영향력이 교회 안에 들어오지 못하도록 성령의 질서를 따르며 살아야 합니다.

교회에 존재하는 무질서의 대표적인 흔적은 게으름과 말씀의 전통대로 행하지 않는 것입니다. 이 무질서는 다른 사람에게도 폐를 끼치게 됩니다. 바울이 늘 주장하는 대로 우리의 신앙생활은 단순히 자기 자신을 중심으로 생각하거나 행동하는 것에서 한 걸음 더 나가야 합니다. 나의 행동이 다른 사람에게 악영향을 끼치지 않도록 항상 다른 사람을 중심으로 생각하고 행동해야 합니다. 이는 바울이 빌립보서에서 말하고 있는, 우리가 본받아야 할 우리 주님의 마음입니다. 우리를 구원하기 위해 자신을 온전히 십자가에서 주신 주님의 본을 따르기 위해서는 "마음을 같이하여 같은 사랑을 가지고 뜻을 합하며 한마음을 품어 아무 일에든지 다툼이나 허영으로 하지 말고 오직 겸손한 마음으로 각각 자기보다 남을 낫게 여기고 각각 자기 일을 돌볼뿐더러 또한 각각 다른 사람들의 일을 돌보아 나의 기쁨을 충만하게 하라"는 말씀을 실천해야 합니다.

그런 의미에서 바울 일행은 우선 데살로니가 성도들에게 경제적인 질서를 강조합니다. 이는 우리의 삶에도 적용되는 원칙입니다. 다른 사람을 생각하지 않고 자기 권리만 주장하는 것은 성경에서 말하는 새 질서가 아닙니다. 바울은 그런 의미에서 자신이 분명히 일한 대로 대접을 받을 권리가 있음에도 불구하고 그것들을 희생하면서 데살로니가 교회를 개척했습니다. 그런 다음에 "누구든지 일하기 싫어하거든 먹지도 말게 하라"(살후 3:10)는 새 질서를 세운 것입니다. 우리 믿음의 공동체를 이루는 형제자매들은 다른 사람에게 폐를 끼치는 행위를 하지 않는지 항상 조심하며 살아야 합니다. 다른 사람을 먼저 생각하는 자세는 우리가 믿음의 삶을 살아내는 데 중요한 원칙이 됩니다. 바울 일행이 자신의 권리를 희생하면서까지 일하고 다른 사람을 섬긴 것은, 자기 이익을 위해 모든 것을 걸고 투쟁하는 현대인들이 반드시 눈여겨봐야 하는 중요한 자세입니다. 타인을 위해 자신을 희생하기보다는 이와 정반대로 오히려 문제만 만들어내는 성도들이 늘어가고 있는 현실 앞에서 교회는 철저하게 회개하고 돌아와야 합니다. 데살로니가 교회 안에 새 질서를 확립하기 위해 모든 권리를 희생하면서도 현실에 뿌리 박은 영성의 삶을 통해 복음을 전했던 바울 일행의 본을 현대 교회는 반드시 보고 듣고 실천해야 합니다. 그는 바로 이런 동기로 데살로니가후서를 보낸 것입니다. 바울이 오늘 본문을 통해 우리에게 들려주는 음성을 듣는 것이야말로 즉시 오실 준비를 하고 계신 주님을 만날 준비를 하면서 온전히 현실에 뿌리내리는 신앙인의 자세여야 합니다.

당시 데살로니가 교인들과 마찬가지로 오늘날의 성도들 역시 동일한 질문을 던질 수 있을 것이다. 다미 선교회를 따라다니던 사람들처럼 "주님 오실 것이 확실한데도 계속 일해야 합니까?"라고 묻고 싶을지도 모릅니다. 이 질문에 대한 답이 바로 오늘 본문의 말씀입니다. 우리는 예수님이 오실 때가 됐기 때문에 더욱 열심을 다해 일하면서 다른 사람을 섬겨야 하며 그렇게 함으로써 살아 있는 영성의 삶을 실천해야 합니다. 바울은 고린도전서에서 사역자가 누려야 할 당연한 권리를 모두 희생해야 하는 이유를 다음과 같이 말합니다. 첫째는 영혼을 구원해야 하기 때문입니다. "다른 이들도 너희에게 이런 권리를 가졌거든 하물며 우리일까 보냐. 그러나 우리가 이 권리를 쓰지 아니하고 범사에 참는 것은 그리스도의 복음에 아무 장애가 없게 하려 함이로다"(고전 9:11). 어떻게 해서라도 한 영혼이라도 더 구원하기 위해 애쓰며 주님의 나라를 사모하는 바울의 마음을 볼 수 있습니다. 나도 이런 마음이 있는지 돌아봅시다. 둘째는 언제라도 즉시 오실 주님 앞에서 하나라도 더 많은 상을 얻기 위해서입니다. "그런즉 내 상이 무엇이냐? 내가 복음을 전할 때에 값 없이 전하고 복음으로 말미암아 내게 있는 권리를 다 쓰지 아니하는 이것이로다"(고전 9:18). 많은 성도들이 나중에 주님께 받을 상을 미리 당겨서 이 세상에서 엉성한 것으로 받고자 하는 어리석은 투자를 하고 있습니다. 아닙니다. 진짜 상은 하늘나라에 계신 주님 앞에서 영광의 면류관으로 받아 영원토록 누려야 합니다.

오늘 본문은 끝없이 선을 행할 것을 강하게 추천합니다. 우리가 선을 행하는 것은 당연한 일입니다. 왜냐하면 우리는 모두 바울이 에베소에서 말하는 대로 그렇게 지음을 받은 존재이기 때문입니다. "우리는 그가 만드신 바라. 그리스도 예수 안에서 선한 일을 위하여 지으심을 받은 자니 이 일은 하나님이 전에 예비하사 우리로 그 가운데서 행하게 하려 하심이니라"(엡 2:10). 그렇습니다. 우리는 선을 행하라고 지음 받았습니다. 이것이 바로 하나님이 나를 만드신 이유입니다. 나의 사명입니다. 이 사명을 절대로 저버리지 말아야 합니다. 그런데 우리는 모두 무지하고 연약하며 영안이 닫혀 있는 존재입니다. 선한 일을 행하지 않는 우리의 게으름을 회개해야 합니다. 그리고 주님이 다시 오시는 날까지 하루라도 주어진 시간을 최대로 활용하여 선을 행함으로써 하나님과 다른 사람을 섬겨야 합니다. 주의 일에 충성해야 합니다. 선을 행하는 것이 나의 사명입니다. 오늘 본문과 비슷한 시기에 기록된 것으로 추정되는 갈라디아서에서 바울은 이렇게 이야기합니다. "우리가 선을 행하되 낙심하지 말지니 포기하지 아니하면 때가 이르매 거두리라"(갈 6:9). 그렇습니다. 주님 오실 때가 가까웠습니다. 주님이 오시면 우리가 주님 앞에 충성했던 것에 대해 반드시 상을 받게 됩니다. 주님이 오시기 전에 조금이라도 더 많이 충성하고 섬기며 사랑하는 저와 여러분 되시기를 간절히 바랍니다.

어린 시절부터 어렵게 자랐으나 믿음으로 끝까지 주의 말씀에 순종하고 사람들을 진심으로 사랑하며 섬겼던 존 워너메이커에 대한 이야기를 들어보셨을 겁니다. 그는 백화점의 왕으로 알려진 인물로서 거의 세계 처음으로 백화점 제도, 가격정찰제, 환불 제도, 정직한 상품 설명, 종업원 교육, 유급 휴가, 연금 제도 등을 시도했던 기업가입니다. 그는 하나님을 진심으로 믿었기 때문에 맡겨진 일에 최선을 다했으며 절대로 게으르게 살지 않았습니다. 또한 정직하고 공정한 방법을 통해 사업할 때만이 진정으로 성공할 수 있다는 신념을 삶으로 증명해보였습니다. 그는 철저히 고객의 입장에서 장사를 했으며, 그 과정에서 보여준 정직과 성실함이 그를 백화점의 왕으로 만들었습니다. 그는 사람들이 물건을 사고 싶도록 방법을 궁리하면서도, 사는 사람과 파는 사람 모두에게 공정하고 유익한 거래가 될 수 있도록 하였습니다. 그 결과 모든 물건을 한곳에서 살 수 있는 백화점 제도를 고안해냈습니다. 자신이 믿는 하나님의 약속을 따라 그분을 사랑하고 사람들을 섬겼을 때 하나님은 그를 미국의 체신부 장관으로 사용하셨습니다. 그는 하나님이 그를 높이실 때도 작은 지역 교회의 주일 학교 교사로서 충성을 다했습니다. 하나님은 자신을 사랑하고 진심으로 타인을 섬기는 사람들의 노고를 이 땅에서 또는 하나님 나라에서 큰 상으로 갚아주시는 하늘 아버지이십니다. 그것을 말씀과 신앙인들의 삶을 통해 보여주십니다. 이처럼 끝까지 주님의 일에 충성하고 영광의 면류관 받는 저와 여러분이 되기를 간절히 기도합니다.

설교자가 추천하는 주석

1. Leon Morris, *The Epistles of Paul to the Thessalonians: Tyndale NT Commentaries*, Grand Rapids, Michigan: Wm. E. Eerdmans Publishing Company, 1982.

2. Jeffrey A. D. Weima, *1-2 The Ssalonians: Baker Evangelical Commentary on tne New Testament*, Grand Rapids, Michigan: Baker Academic, 2014.)

3. John Byron, *1&2 Thessalonians: The Story of God Bible Commentary*, Grand Rapids, Michigan, 2014.

4. Linda McKinish Bridges, *1&2 Thessalonians: Smyth & Helwys Bible Commentary*, Macon, Georgia: Smyth & Helwys, 2008.

5. 박조준, 『데살로니가전후서』, 샘물같이, 1995.

15
디모데전서 설교

박형대

설교자 약력

서울대학교(B.E.)
총신대학교 신학대학원(M.Div.)
미국 Trinity Evangelical Divinity School(Th.M.)
영국 London School of Theology(Ph.D.)
총신대학교 교수

설교자 저서

『헤렘 제자도』(2018) 외

에베소의 디모데

디모데전서 1:1-11

인간 세상의 모든 관계는 부부 관계와 부모 자식 관계로 설명됩니다. 아담과 하와는 부부로 시작해서 지금의 인류를 형성했습니다. 하지만 부부와 부모 자식은 가장 가까우면서도 먼 관계가 될 수 있습니다. 아담과 하와는 떼려야 뗄 수 없는 관계였습니다. 아담의 갈비뼈로 하와가 만들어졌습니다. 그런데도 죄가 들어오자 둘 사이에 금이 갔습니다. 아담과 하와가 가인을 낳음으로써 첫 부모 자식 관계가 생겼습니다. 하와가 가인을 낳고 얼마나 기뻐했습니까? "내가 여호와로 말미암아 득남하였다"(창 4:1)라고 말할 정도였습니다. 그러나 가인이 아벨을 죽이고 방랑자가 되면서 이들 부부와 가인은 멀어졌습니다. 이들에게 가인은 자식을 죽인 자식입니다. 미워할 수도 사랑할 수도 없는 관계가 된 것입니다.

인류의 기본 관계인 부부 관계와 부모 자식 관계가 이렇게 시작되었습니다. 아름다워야 할 관계가 죄로 인해 어렵게 되었습니다. 그런데 오늘 본문은 이와는 사뭇 다른 모습을 소개합니다. 바로 바울과 디모데 간의 관계입니다. 두 사람은 남남이었지만 디모데는 바울에게 "믿음 안에서 참아들"이 되었습니다(2절). 두 사람의 만남은 사도행전 16장에 소개됩니다. 2차 선교여행 때의 일입니다. 바울이 루스드라에 도착했는데 디모데라는 제자가 형제들에게 칭찬을 받습니다. 마침 마가라 하는 요한을 데리고 가는 문제로 바나바와 다투고 갈라선 바울의 눈에 디모데가 들어왔습니다. 바울은 그렇게 디모데를 데리고 떠납니다. 이때가 기원후 49년쯤이니 바울은 중년, 디모데는 청년이었습니다.

디모데는 바울과 같이 드로아로 갔다가 마케도니아로 건너갑니다. 그는 빌립보에서 바울과 함께 머물렀고 바울과 실라가 데살로니가로 떠날 때는 빌립보에 남아 있었습니다(행 17:4). 바울이 베뢰아로 갔을 때는 그곳으로 왔습니다(17:14). 또한 아덴으로 간 바울에게 합류했다가(17:15) 그의 보냄을 받아 데살로니가를 방문한 후(살전 3:2) 고린도에 있는 바울에게로 돌아옵니다(살전 3:6; 행 18:5). 이후 디모데는 데살로니가전후서의 발신자로 등장합니다(살전 1:1; 살후 1:1). 3차 선교여행을 하던 바울이 에베소에 있을 때 디모데는 바울의 보냄을 받아 고린도를 방문하고(고전 4:17; 16:10) 마케도니아로 먼저 가서 바울을 기다립니다(행 19:22). 바울이 마케도니아에서 고린도후서를 쓸 때 디모데가 발신자로 등장합니다(고후 1:1). 아가야 지방에서 로마서를 쓸 때도 디모데는 바울과 함께 있었습니다(롬 16:21). 연보 사역을 위해 예루살렘으로 떠날 때도 디모데는 바울의 일행이었습니다(행 20:4). 그러다 보니 어느덧 디모데는 교회의 대표가 되어 있었습니다. 기원후 57년 봄의 일입니다. 바울을 만나고 8년 정도 지났을 때지요.

바울이 가이사랴에서 2년간 구금 상태로 있었을 때 디모데는 그의 명을 받아 또 움직였을 것입니다. 그런데 그가 옥중 서신에 등장합니다. 골로새서와 빌립보서의 발신자로 등장합니다(골 1:1; 빌 1:1). 바울이 풀려나기 직전에 디모데는 마케도니아의 빌립보로 보냄을 받았습니다(빌 2:19). 이 시점은 62년경으로 바울을 만난 지 13년이 되던 때입니다. 그런 후 디모데는 바울을 만나 그와 함께 에베소로 온 듯합니다. 이때는 63-64년 경이었겠지요. 바울은 마케도니아로 가면서 디모데에게 에베소 사역을 맡깁니다. 1:3의 상황을 바울의 3차 전도여행 중 특정 시점으로 추정하기도 하지만, 우리는 이 사건을 바울의 1차 투옥 이후로 생각하는 편이 좋겠습니다. 디모데가 에베소에 남고 바울이 마케도니아로 가는 정황을 사도행전 내에서 발견하기는 어렵기 때문입니다. 또한 밀레도 설교(행 20:18-35)의 내용을 고려하면 디모데전서에 언급된 문제가 55년 당시 에베소 교회의 문제라고 보기도 어렵습니다.

바울은 이제 중년을 지나 노년이 되어 "나이가 많은 나 바울"(몬 1:9)이라고 할 정도가 되었습니다. 디모데도 어느덧 중년 초입에 접어드는 나이였을 겁니다. 바울은 60대 초반, 디모데는 40대 초반 정도였겠지요. 14-15년 동안 함께 교제하고 동역하는 가운데 디모데는 바울의 손발과 입이 되었습니다. 오라고 하면 오고, 가라고 하면 가고, 다녀오라고 하면 다녀오고, 남아 있으라 하면 남아 있었습니다. 보통 사람은 이렇게 하기 어렵습니다. 바울의 상황이 어려워짐에 따라 그를 멀리할 수도 있었습니다. 마가처럼 너무 힘들어 포기할 수도 있었을 것입니다. 그러나 디모데는 바울과 한결같이 마음을 같이했습니다.

친자식도 이러기 어렵지요. 이렇게 충성스러운 제자를 찾는 것은 쉽지 않습니다. 예수님의 제자들도 이렇게 하지 못했습니다. 55년경에 쓰인 고린도전서에서 바울은 디모데를 가리켜 "내가 주 안에서 내 사랑하고 신실한 아들"(4:17)이라고 말하고 있으며, 이로부터 2년쯤 뒤에 쓰인 로마서에서는 "나의 동역자"(16:21)라고 소개합니다. 바울의 마지막 서신이 디모데후서인 것도 특별합니다. 여기서 바울은 디모데가 보여준 신실함의 근거를 그의 외조모와 어머니에게서 찾습니다. "이는 네 속에 거짓이 없는 믿음이 있음을 생각함이라. 이 믿음은 먼저 네 외조모 로이스와 네 어머니 유니게 속에 있더니 네 속에도 있는 줄을 확신하노라"(딤후 1:5). 또한 바울이 임종을 앞두고 찾은 사람이 디모데입니다. "내가 밤낮 간구하는 가운데 쉬지 않고 너를 생각하여…네 눈물을 생각하여 너 보기를 원함은 내 기쁨이 가득하게 하려 함이니"(1:3-4).

디모데는 바울을 아는 사람이었습니다. "나의 교훈과 행실과 의향과 믿음과 오래 참음과 사랑과 인내와 박해를 받음과 고난과 또한 안디옥과 이고니온과 루스드라에서 당한 일과 어떠한 박해를 받은 것을 네가 과연 보고 알았거니와, 주께서 이 모든 것 가운데서 나를 건지셨느니라"(딤후 3:10-11). 아멘. 바울이 1차 선교여행을 하고 있을 때 디모데는 바울의 고난을 통해 이미 주님의 구원을 목격하였습니다. 이때가 46-47년경이었으니 둘이 알고 지낸 지는 19년 정도, 동역한 지는 16년 정도 된 시점이었습니다. 바울이 순교하지 않았다면 둘의 관계는 더 지속되었을 것입니다.

여러분은 이런 관계를 맺어보신 적이 있습니까? 믿음 안에서 참아들, 참딸, 참아버지, 참어머니라고 부를 수 있는 관계 말입니다. 그런 관계가 그리운 시기입니다. 모든 관계가 계약과 이익을 기초로 규정되고 있어서 이해관계가 없어지면 만남도 희미해지는 시기입니다. 신뢰에 근거한 동역, 사랑에 기초한 나눔이 있는 관계가 그립습니다. 목회자로서 성도들과 그런 관계를 맺을 수 있었으면 좋겠습니다. 친구 같은 관계, 이 땅을 떠날 때까지 지속될 수 있는 관계, 천국까지 이어지는 관계 말입니다.

바울과 디모데가 그런 관계를 유지할 수 있었던 비결은 어느 한쪽에만 있지 않았을 것입니다. 디모데도 충실했지만 바울도 진실했을 것입니다. 물론 바울과 디모데 각자 부족한 부분이 있었을 텐데 그런 점이 어떻게 극복되었는지 궁금하기도 합니다. 오늘 본문은 이 부분에 대해 힌트를 줍니다. 비결은 바로 바울과 디모데가 하나님 및 예수님과 맺은 관계에 있습니다. 1-2절을 읽습니다. "우리 구주 하나님과 우리의 소망이신 그리스도 예수의 명령을 따라 그리스도 예수의 사도 된 바울은 믿음 안에서 참 아들 된 디모데에게 편지하노니 하나님 아버지와 그리스도 예수 우리 주께로부터 은혜와 긍휼과 평강이 네게 있을지어다."

바울은 그리스도이신 예수님의 사도입니다. 그는 하나님의 구원자이신 예수님으로부터 보냄을 받았습니다. 바울은 자기나 타인의 뜻이 아닌 하나님과 예수님의 명령에 따라 사도가 되었습니다. 사도는 자신이 원한다고 되는 것이 아닙니다. 하나님과 예수님의 택하심이 있어야 합니다. 바울을 사도 되게 하신 하나님은 바울과 디모데의 구주가 되십니다. 두 사람은 하나님으로 연결되어 있습니다. 바울을 구원하신 하나님, 지금도 바울의 구원자가 되시는 하나님, 장차 바울의 구주가 되실 하나님이 그를 사도로 세우셨습니다. 바울을 사도가 되게 하신 분이 또 계십니다. 하나님께서 세우신 구원자 예수님입니다. 그리스도가 되시는 예수님은 바울과 디모데의 소망이십니다. 예수님으로 두 사람이 연결됩니다. 하나님께 순종하신 예수님이 받으신 바를 봄으로써 바울과 디모데도 소망을 알게 됩니다. 소망의 징표이자 소망 그 자체이신 예수님으로 인해 그들도 소망이 있습니다.

어떻게 두 사람이 변함없는 우정과 사랑을 나눌 수 있었는지 알 것 같습니다. 하나님과 예수님 때문입니다. 물론 근본적으로는 서로에 대한 존경과 사랑이 있었겠지만, 궁극적으로는 예수님과 하나님으로 인해 아담과 하와 사이의 관계나 그들 부부가 가인과 맺은 관계와는 다른 관계를 맺을 수 있었습니다. 디모데는 바울의 자녀입니다. 믿음으로 낳은 자녀입니다. 디모데를 낳기 위해 바울은 해산의 수고를 감당해야 했습니다. 바울은 그를 믿음으로 낳았습니다. 이처럼 믿음의 수고가 필요했습니다. 신실한 관계는 그냥 이뤄지지 않습니다. 해산과 양육의 수고가 있어야만 육신의 부모가 됩니다. 영적인 부모도 마찬가지입니다. 해산의 수고를 해야 부모가 됩니다. 새신자 양육, 세례 교육, 원입 교육, 일대일 양육, 제자 훈련, 결혼 교육 등 모든 형태의 훈련을 이끄는 것은 영적인 부모가 되는 과정입니다. 따라서 이런 훈련의 양육자가 되었을 때는 수고를 각오해야 합니다.

바울은 믿음의 수고로 낳은 아들 디모데에게 바라는 것이 있습니다. 바로 은혜와 긍휼과 평강입니다. 바울은 디모데가 사람이 아닌 하나님과 주님으로부터 오는 은혜와 긍휼과 평강을 누리길 원했습니다. 그가 바란 것은 세상으로부터 오는 재물과 지위와 명예가 아닙니다. 하나님과 예수님을 기준으로 삼는 사람들은 바라는 것이 다릅니다. 그들은 같은 믿음과 소망을 가졌기 때문에 같이 갑니다. 서로 협력하는 관계이므로 감출 것이 없습니다. 3-4절을 읽습니다. "내가 마게도냐에 갈 때에 너를 권하여 에베소에 머물라 한 것은 어떤 사람들을 명하여 다른 교훈을 가르치지 말며 신화와 끝없는 족보에 몰두하지 말게 하려 함이라. 이런 것은 믿음 안에 있는 하나님의 경륜을 이룸보다 도리어 변론을 내는 것이라."

바울은 디모데와 함께 에베소로 갔습니다. 아마도 마케도니아 지방에서 에베소로 갔던 것 같습니다. 드로아를 거쳐서 갔을 수도 있습니다. 그곳은 3차 선교여행을 마치고 예루살렘으로 연보 여행을 갈 때 들렀던 지역입니다. 유두고가 죽었다가 살아난 곳입니다. 바울의 마음에 변화가 일어났던 곳입니다. 예루살렘에 천천히 가려고 했는데 하나님께서 평신도인 유두고의 생명을 주관하심을 깨닫고 마음을 바꿔, 오순절 전에 예루살렘에 도착하려고 결심했던 곳입니다(행 20:16). 디모데에게 에베소는 낯익은 곳입니다. 3차 선교여행 당시에 머물렀던 지역이니까요. 그곳에서 마케도니아로 가기도 했습니다. 바울이 밀레도에서 장로들을 불러 고별 설교를 할 때 디모데도 그 자리에 있었습니다. 에베소의 지도자들은 디모데가 익숙합니다.

에베소 교회가 새롭게 직면한 문제를 디모데가 해결할 수 있을 것이라고 생각한 바울은 그에게 일을 맡기고 새 일을 찾아 떠납니다. 바울은 이미 가진 것이나 깨달은 것에 머무르지 않습니다. 가진 것과 깨달은 것은 나눠주고 다시 나눠줄 바를 얻고자 떠납니다. 에베소의 문제는 변질된 사람들, 모르는 바에 집착하는 사람들, 하나님보다 인간 중심인 사람들로 인해 생겼습니다. 바울은 변치 않는 진리가 이곳저곳에 적용되기를 바랍니다. 그러나 변질된 사람들은 한곳에 모여 자기 생각을 키웁니다. 바울은 모르는 바가 아니라 아는 바를 좇아 행동합니다. 하지만 인간 중심인 사람들은 모르는 바가 생기면 추론을 통해 규명해가는 것을 즐깁니다. 바울은 자신의 뜻이나 동료의 뜻보다 하나님의 뜻을 중시합니다. "성령에 매여"(행 20:22), 즉 주님의 뜻에 매여 사는 바울은 하나님의 경륜(계획)이 이뤄지기만을 소원합니다. 하지만 모르는 바에 집착하는 이들은 누가 더 많이 아느냐에 집중합니다.

하지만 오늘 말씀에 나오는 교훈의 목적이 무엇일까요? 5절을 읽겠습니다. "이 교훈의 목적은 청결한 마음과 선한 양심과 거짓이 없는 믿음에서 나오는 사랑이거늘." 교훈의 목적, 즉 "복음에 근거하여 주어진 가르침"의 목적은 사랑입니다. 이 사랑의 출처는 청결한 마음과 선한 양심 및 거짓이 없는 믿음입니다. 쉽게 변하는 마음이나 정직하지 않은 생각 또는 욕심으로 꽉 찬 믿음에서는 사랑이 나오지 않습니다.

그럼에도 불구하고 사랑이 아닌 말에 빠진 사람들이 있습니다. 능력이 아닌 생각에 도취된 사람들이 있습니다. 그들은 자신이 무슨 말을 하는지도 모르는 채로 하나님의 말씀인 율법을 가르치려고 합니다. 6-7절을 읽습니다. "사람들이 이에서 벗어나 헛된 말에 빠져 율법의 선생이 되려 하나 자기가 말하는 것이나 자기가 확증하는 것도 깨닫지 못하는도다." 사람들은 지식이 쌓일수록 사랑보다 지식을 중시하면서 말만 더 많아집니다. 말로는 해결이 안 됩니다. 요한도 "자녀들아, 우리가 말과 혀로만 사랑하지 말고 행함과 진실함으로 하자"고 권했습니다(요일 3:18). 예수님도 우리를 구원하시기 위해 십자가에서 죽으셨습니다. 피 흘림이 없으면 죄 사함도 없습니다.

그런데도 말로만 따지는 이들이 있습니다. 말로 사람을 추켜세우는 이들이 있습니다. 이들은 곰에게 재주를 부리게 한 다음 자신이 이익을 챙깁니다. 디모데의 고향에도 이런 사람들이 있었습니다. "할례를 받은 그들이라도 스스로 율법은 지키지 아니하고 너희에게 할례를 받게 하려 하는 것은 그들이 너희의 육체로 자랑하려 함이라"(갈 6:13). 이들은 자랑거리를 만들어서 이익의 재료로 삼는, 진실하지 않은 사람들입니다. 어려움이 닥치면 자기 몫만 챙겨 도망갈 이들입니다.

이런 사람들은 율법을 자신보다 못한 말씀으로 여깁니다. 하지만 누구라도 율법이 의도하는 대로 그것을 사용하고 적용하면 율법은 좋은 것입니다. 단지 율법이 기본적으로 의인보다는 불법한 자, 복종하지 아니하는 자, 경건하지 아니한 자, 죄인, 거룩하지 아니한 자, 망령된 자, 아버지를 치는 자, 어머니를 치는 자, 살인하는 자, 음행하는 자, 남색하는 자, 사람을 탈취하는 자, 거짓말하는 자, 거짓 맹세하는 자, 바른 교훈을 거스르는 자를 위해 주어진 것이기 때문에 부정적인 표현이 많을 뿐입니다.

오늘 본문 말씀 중 8-11절을 읽겠습니다. "그러나 율법은 사람이 그것을 적법하게만 쓰면 선한 것임을 우리는 아노라. 알 것은 이것이니 율법은 옳은 사람을 위하여 세운 것이 아니요, 오직 불법한 자와 복종하지 아니하는 자와 경건하지 아니한 자와 죄인과 거룩하지 아니한 자와 망령된 자와 아버지를 죽이는 자와 어머니를 죽이는 자와 살인하는 자며 음행하는 자와 남색하는 자와 인신 매매를 하는 자와 거짓말하는 자와 거짓 맹세하는 자와 기타 바른 교훈을 거스르는 자를 위함이니 이 교훈은 내게 맡기신 바 복되신 하나님의 영광의 복음을 따름이니라.”

에베소의 디모데는 훈련된 제자입니다. 그는 남갈라디아 지방, 마케도니아와 아가야, 아시아 및 로마에서 주님의 교회를 섬기면서 훈련을 받았습니다. 다양한 철학 사조와 풍조를 경험했습니다. 어떤 형편과 상황을 만나도 오직 예수 그리스도만이 기준이며 해답인 것을 확인하면서 살았습니다. 에베소는 당시 세계 3대 혹은 4대 도시로 꼽히는 큰 도시로서 인구가 20만에서 25만에 달하는 곳이었습니다. 중산층이 많았고, 로마 권력층과 연결된 이들도 있었습니다. 아시아 지역의 총독은 이곳 에베소에 머물렀습니다. 무역으로 인해 큰돈이 흐르는 곳이다 보니 다양한 생각을 가진 사람들이 많이 몰려들었습니다. 아데미 여신의 전각을 만들어 파는 데메드리오 일당도 있었습니다.

디모데는 에베소에서 이처럼 말에 빠진 이들의 어긋남을 밝히고 교회를 새롭게 하는 사명을 받았습니다. 그가 이를 어떻게 감당할까요? 바울은 밀레도 설교에서 해결책을 제시한 바 있습니다. “지금 내가 여러분을 주와 및 그 은혜의 말씀에 부탁하노니 그 말씀이 여러분을 능히 든든히 세우사 거룩하게 하심을 입은 모든 자 가운데 기업이 있게 하시리라”(행 20:32). “사나운 이리”가 들어오고 “자기를 따르게 하려고 어그러진 말을 하는 사람들”이 일어나는 상황에서도, 바울의 해결책은 “주님”

과 "그분의 말씀"이었습니다. 디모데에게 제시하는 바울의 해결책도 이와 동일합니다.

현재 우리는 팬데믹으로 인한 격변을 겪고 있습니다. 이런 상황에 맞서는 우리의 해결책도 별반 다르지 않습니다. "주님"과 "그분의 말씀"이 우리의 해결책입니다. 어떤 상황이나 핍박이 와도 우리는 주님과 그분의 말씀을 붙들고 승리합니다. 마귀를 이깁니다. 세상 풍조를 이깁니다. 다양한 사조와 가치관을 이깁니다. 돈을 하나님으로 삼는 생각을 이깁니다. 공정하지 않은 정책을 이깁니다. 정직하지 않은 사람들에게 예수님을 소개합니다. 돈이 아니라 하나님만이 "참신"임을 소개합니다.

그러려면 우리의 관계가 바울과 디모데의 관계 같아야 하겠습니다. 하나님과 예수님을 중심으로 똘똘 뭉쳐서 십 년, 이십 년이 되어도 변함없이 신실한 관계를 맺어야겠습니다. 양육자와 동반자(피양육자), 목회자와 성도가 이런 관계이기를 소망합니다. 목회자끼리 성도끼리 이런 관계를 맺을 수 있도록 기도합니다. 율법을 무시하지 않고 은혜를 소중하게 여기는 관계가 되기를 기도합니다. 마음이 깨끗하고 판단이 정직하며 믿음에 거짓이 없는 관계를 누릴 수 있기를 기도합니다.

지금 일어나는 젊은 세대는 정직을 추구합니다. 약해 보이고 좌절도 잘하지만, 나름 정직하려고 노력하는 세대입니다. 이들은 뒤로 호박씨 까는 것을 가장 싫어합니다. 자유를 원합니다. 얽어매는 것을 싫어합니다. 이들에게 예수님의 복음이 들어가기 위해서는 교회가 진실해야 하며 교회 안에서 맺는 관계가 건강해야 합니다. 이들이 의롭지는 않습니다. 그러나 이들은 포장을 싫어하는 편입니다. 우리는 디모데와 같이 훈련된 제자 곧 신실한 믿음의 참아들이 되어서 잘못된 사상을 몰아내고 "복되신 하나님의 영광의 복음"(11절)을 세워나가는 일에 최선을 다 해야겠습니다.

설교자가 추천하는 주석

1. George W. Knight III, *The Pastoral Epistles: A Commentary on the Greek Text*, NIGTC, Grand Rapids: Eerdmans, 1992.

2. Philip H. Towner, *The Letters to Timothy and Titus*, NICNT, Grand Rapids: Eerdmans, 2006.

3. Robert W. Yarbrough, *The Letters to Timothy and Titus*, PNTC, London: Apollos, 2018.

4. 존 칼빈, 김동현 역,『칼뱅의 디모데전서 강해(상)』, 서울: 엘맨, 2002.

16
디모데후서 설교

김현광

설교자 약력

경희대학교(B.A.)

총신대학교 신학대학원(M.Div.)

미국 Calvin Theological Seminary(Th.M.)

미국 Southern Baptist Theological Seminary(Ph.D.)

한국성서대학교 신약학 교수

설교자 저서

역서 『간추린 신약신학』(2013) 외

너는 말씀을 전파하라

디모데후서 3:15-4:5

디모데후서: 마지막 서신

디모데후서는 사도 바울이 생애 마지막에 쓴 서신입니다. 순교의 순간이 다가오고 있음을 직감하면서 쓴 편지라는 점에서 유언과도 같은 서신입니다. 바울은 디모데와 그가 책임을 맡고 있는 공동체에 편지를 보내어 마지막 당부를 하는데, 오늘 이 시간에는 디모데후서의 마지막 장에 적힌 "너는 말씀을 전파하라"는 구절을 제목으로 하여 하나님의 말씀을 살펴보려고 합니다.

4:2에 보면 바울은 디모데에게 중대한 명령을 합니다. "너는 말씀을 전파하라." 저는 이 명령이 중대한 명령이라고 했습니다. 왜 중대하다고 표현했을까요? 바울의 상황과 성경 본문을 살펴보면 이 명령의 중대성이 드러납니다.

"너는 말씀을 전파하라"는 명령의 중대성

(1) 이 명령은 바울이 순교하기 직전에 쓴 마지막 서신의 마지막 장에서 결론적으로 전하는 명령이라는 점에서 중대합니다.

"너는 말씀을 전파하라!" 바울은 디모데에게 마치 유언처럼 이 명령을 전합니다. 사도 바울은 기원후 67년경 로마에서 순교한 것으로 알려져 있습니다. 이는 그의 생애 마지막에 주는 명령이라는 점에서 가볍게 들을 수 없는 명령입니다. 바울은 유언처럼 주는 명령을 통해 강력하게 순종을 요구하고 있습니다.

(2) 저는 이 명령이 34년에 걸쳐 말씀을 전파한 경험을 가진 복음 전파자의 입에서 나온 명령이기 때문에 중대하다고 생각합니다. 바울은 33년경 다메섹 도상에서 회심한 것으로 추정되는데, 그 시기가 맞다면 순교를 몇 달 앞두고 있는 지금까지 약 34년간 예수 그리스도의 복음을 전파한 것입니다. 34년이나 했으면 이제는 충분하다고 생각할 수도 있지 않겠습니까? 그런데도 바울은 디모데에게 "너는 말씀을 전파하라"고 말합니다. 34년 동안 말씀을 전하다가 순교하게 된 상황에서도 자신이 해온 것처럼 말씀을 전파하라고 부탁합니다. 말씀을 전파하는 일이 그만큼 소중하다는 뜻입니다. 다른 사람에게도 권할 만큼 귀한 사역이라는 의미입니다. 34년간의 수고도 복음 전파의 열정을 중단시키지 못하고 있습니다. 바울은 인생을 마치는 순간을 앞두고도 여전히 복음 전파의 중요성을 잊지 않고 있습니다. 아직도 그의 최우선 순위는 복음 전파입니다. 그래서 디모데에게 자신을 이어 계속해서 말씀을 전파하라고

명령합니다. 수십 년간 이 일에 헌신한 바울의 명령이라는 점에서 "너는 말씀을 전파하라"는 말의 무게를 느낄 수 있습니다.

(3) 저는 바울의 삶에 동반된 고난이 이 명령의 중대성을 강조한다고 생각합니다. 바울은 말씀을 전파하면서 수없이 고난을 당했습니다. 자신이 당한 고난을 고백하는 고린도후서 11:23b을 보면 그의 사역이 쉬운 일이 아니었음을 알 수 있습니다. 그는 수고를 넘치도록 했으며 옥에 갇히기도 하고 매도 수없이 맞으며 여러 번 죽을 뻔한 위기를 맞았습니다. 사십에 하나 감한 매를 다섯 번 맞고 세 번 태장으로 맞았으며 한 번은 돌로 맞고 세 번 파선하면서 위험을 당했습니다. 수고하고 애쓰면서 여러 번 자지 못한 상태로 주리고 목마르며 굶거나 헐벗었다고 고백합니다. 그리고 지금은 말씀을 전파하다가 사슬에 매인 상태로 깊은 감옥에 갇혀 있습니다. 곧 자신을 순교의 제물로 내어놓아야 하는 상황입니다. 그런 바울이 "너는 말씀을 전파하라"고 말한다는 것이 놀랍지 않습니까? 복음 전파가 자신이 겪은 고난의 이유였음에도 불구하고 여전히 "너는 말씀을 전파하라"고 말하는 것은 결코 가벼운 권면이 아닙니다. 또한 4:5에서는 "고난을 받으라"고 말하며 디모데를 고난 속으로 부르고 있습니다. 1:8에서는 "주를 증언함과 또는 주를 위하여 갇힌 자 된 나를 부끄러워하지 말고 오직 하나님의 능력을 따라 복음과 함께 고난을 받으라"고 권면합니다. 고난마저도 멈추게 할 수 없고 그 일을 위해서라면 고난을 기꺼이 감당케 할 만큼 가치 있는 것이 바로 말씀을 전파하는 일입니다. 우리는 이와 같은 고난과 순교의 상황에서도 "너는 말씀을 전파하라"고 촉구하는 바울의 명령을 보면서 이 말에 담긴 중대성을

새삼 깨닫게 됩니다.

(4) "너는 말씀을 전파하라"는 명령의 중대성과 관련하여, 저는 마지막으로 디모데후서 4:1을 언급하고 싶습니다. 디모데후서 4:1은 "너는 말씀을 전파하라"고 명령하기 전에 서두적인 진술을 하는 부분인데, 바울은 이 부분에서 말씀 전파가 얼마나 엄중한 명령인가를 잘 드러내고 있습니다. 4:1을 읽어보면 이렇습니다. "하나님 앞과 살아 있는 자와 죽은 자를 심판하실 그리스도 예수 앞에서 그의 나타나실 것과 그의 나라를 두고 엄히 명하노니." 바울은 이렇게 말한 후 "너는 말씀을 전파하라"고 명령합니다.

"말씀을 전파하라"는 바울의 명령은 "하나님 앞과 살아 있는 자와 죽은 자를 심판하실 그리스도 예수 앞에서" 주어질 만큼 엄중한 명령입니다. 하나님과 예수 그리스도께서 관여하심으로써 그분들이 증인이 되시는 명령입니다. 그러므로 이 명령을 받은 자는 하나님과 예수 그리스도 앞에서 이를 수행해야 합니다. 심판하실 그리스도 예수 앞에서 주어지는 명령인 만큼 이 명령의 준행 여부도 심판의 대상이 될 것입니다. 하나님과 그리스도 예수 앞에서 명령을 받은 자가 어찌 이 명령을 수행하지 않을 수 있겠습니까? 하나님과 그리스도 예수께서 이 명령의 수행 여부를 지켜보고 계십니다. 그러므로 "너는 말씀을 전파하라"는 명령은 비록 바울을 통해 디모데에게 주어지고 있지만, 실질적으로는 하나님과 예수 그리스도께서 명령하시는 것입니다. 이 명령은 종말론적 기대감이 드러나는, 완성될 그리스도의 나라와 연관된 명령이기도 합니다. 그렇기 때문에 중대합니다. 바울은 4:1에서 "예수 그리스도가 나타나실 것과 그의 나라를 두고" 엄히 명한다고 말합니다. 따라서 우리는 하나님 나라의 완성을 위해 심판주로서 오실 그리스도를 바라보면서 이 말씀을 전파해야 합니다.

지금까지 "너는 말씀을 전파하라"는 명령이 얼마나 중대한 명령인지를 네 가지 근거를 통해 살펴보았습니다. 우리는 이 명령의 중대성과 엄중함을 기억해야 합니다. "말씀을 전파하는 일"을 다른 일 뒤로 미뤄서는 안 됩니다. 이 임무를 잊거나 포기하지 말아야 합니다. 아무리 많은 일을 수행하고 있다고 해도 말씀을 전파하는 일을 소홀히 여기고 있다면 자신을 돌아보아야 합니다. 많은 생각으로 머리가 복잡해져서 말씀을 전하는 일에 생각과 에너지를 집중하지 못하고 있다면, 많은 일과 생각을 먼저 정리해야 합니다. 말씀을 전파하는 일이야말로 그리스도인의 사명이자 목회자의 사명이며 교회의 사명입니다. 이것은 가장 고귀한 일입니다.

무슨 말씀을 전파할 것인가?

그다음으로 우리가 주목할 것은 무슨 말씀을 전파할 것인가 하는 문제입니다. 바울은 하나님과 그리스도 예수 앞에서 예수님이 나타나실 것과 그의 나라를 두고 디모데에게 엄히 명령하고 있습니다. 명령의 내용은 "너는 말씀을 전파하라"는 것입니다. 바울이 고난 속에서 34년간 말씀을 전한 끝에 순교를 앞두고 마지막으로 전하는 이 명령은 너무나 중대한 명령이어서 거부할 수 없습니다. 너무나 중요한 사명입니다. 우리는 말씀을 전파해야 합니다. 그렇지만 무턱대고 열심을 내서 자기 생각이나 철학, 경험, 간증을 전하라는 뜻은 아닙니다.

이단들이 전도하는 모습을 보면 얼마나 열심히 말씀을 전하는지 모릅니다. 길거리 전도로도 모자라서 저에게 이메일을 보내는 단체도 있습니다. 하지만 회심하기 전 바울이 "믿지 아니할 때에 알지 못하고 행하였"(딤전 1:13)던 일이 유익이 되지 못했다고 말한 것처럼 그들의 열심은 유익하지 않습니다. 바울은 도리어 그 열심 때문에 교회를 박해하는 진리의 대적자가 되었습니다. 그러므로 말씀의 전파자는 무슨 말씀을 전파하는지에 대해 항상 조심해야 합니다.

"그 말씀"을 전파하라

디모데후서 4:2의 "너는 말씀을 전파하라"는 구절은 한글 성경에는 잘 드러나지 않지만, 그리스어 성경을 보면 "말씀"을 의미하는 그리스어 "로고스" 앞에 관사가 붙어서 "그 말씀"을 전파하라고 기록되어 있습니다. 톤 로곤(τὸν λόγον), 즉 "그 말씀"을 전파하라는 명령입니다. "그 말씀"을 전파해야 합니다. 바울이 말하는 "그 말씀"은 갈라디아 지역에서 유대주의자들이 전했던 다른 복음이 아닙니다. 바울이 갈라디아서 1:9에서 다른 복음을 전하는 자들에게 "저주를 받을지어다"라고 외치는 것을 보면, 바른 복음, 즉 "그 말씀"을 전파하는 것이 얼마나 중요한지를 알 수 있습니다. 바울은 결코 "그 말씀"을 왜곡하지 않습니다. 바울이 전파하는 그 말씀은 모든 성경입니다(딤후 3:16). 즉 하나님의 감동으로 기록되었으며 교훈과 책망과 바르게 함과 의로 교육하기에 유익한 하나님의 말씀입니다. "그 말씀"은 하나님의 사람으로 온전하게 하며 모든 선한 일을 행할 능력을 갖추게 합니다(딤후 3:17). "그 말씀"은 그리스도 예수 안에 있는 믿음으로 말미암아 구원에 이르는 지혜가 있게 합니다(딤후 3:15). 디모데가 어려서부터 배운 말씀이기도 합니다.

디모데가 전파해야 할 "그 말씀"은 바울이 디모데에게 들려준 말씀입니다. 디모데후서 1:13에서 바울은 디모데에게 "내게 들은 바 바른 말"에 관해 언급합니다. 그는 바른 말씀을 디모데에게 전하고 가르쳤습니다. 이제 디모데는 바울에게서 들은 그 바른 말씀을 전파해야 할 사명을 받은 것입니다.

그러므로 "너는 말씀을 전파하라"는 명령은 "그 말씀" 곧 바른 말씀에 대한 배움을 전제로 합니다. 하나님의 말씀인 성경을 부지런히 배워 말씀의 진리를 깨우쳐야 합니다. 진리의 말씀을 옳게 분별할 수 있어야 합니다(딤후 2:14). 진리의 말씀에 관해 그릇되었던 후메내오와 빌레도(딤후 2:17)와 같은 사람들이 지금도 있습니다. 그들은 어떤 사람들의 믿음을 무너뜨리고 있습니다. 그런 자들에 대적함으로써 교회를 보호하고 바른 복음을 전파하기 위해서는 말씀을 전파하는 자들이 "그 말씀"을 알아야 합니다. 반드시 그리스어와 히브리어를 알아야만 하는 것은 아니지만, 원어 성경을 통해 성경을 바르게 해석하고자 하는 치열한 열심이 필요합니다. 원어 성경 연구는 실천적인 것이 아니라는 이유를 들면서 원어를 통한 주해의 중요성을 간과하는 일부의 주장에 대해 존 파이퍼 목사는 이렇게 말했습니다. "목회자의 직무에 있어서 하나님의 보물을 캐낼 수 있도록 도와주는 그리스어와 히브리어 주해 능력을 발전시키는 것보다 더 중요하고 실천적인 것이 무엇이란 말인가?" 여러분은 치열한 성경 연구를 통해 축복의 통로가 될 수 있습니다. 열심히 "그 말씀"을 탐구하고 배우는 여러분을 하나님이 축복하실 것입니다.

예수님께서 승천하시면서 전하신 지상 명령을 통해서도 우리는 무엇을 가르치고 전파해야 할지를 알 수 있습니다. 마태복음 28:18b에서 예수님은 이렇게 말씀하십니다. "하늘과 땅의 모든 권세를 내게 주셨으니 그러므로 너희는 가서 모든 민족을 제자로 삼아 아버지와 아들과 성령의 이름으로 세례를 베풀고 내가 너희에게 분부한 모든 것을 가르쳐 지키게 하라." 모든 민족에게 제자들이 전파하고 가르쳐야 할 것이 무엇입니까? "내가 너희에게 분부한 모든 것" 곧 예수님의 가르침 전부를 뜻합니다. 말씀을 전파하는 자들은 다른 누구의 가르침이 아닌 예수님의 말씀을 가감없이 전부 전해야 합니다. 말씀을 전하는 사람에게는 나의 생각과 맞지 않아도, 잘 이해가 되지 않아도, 듣든지 아니 듣든지, 있는 그대로를 전부 전해야 할 사명이 있습니다.

우리는 "그 말씀"을 듣고 배우는 일에 헌신하고 있습니까? 배울 뿐만 아니라 배운 것을 확신하고 있습니까? 날마다 말씀 가운데 성장하고 있습니까? 모든 선한 일을 행할 능력을 갖춘 하나님의 사람으로서 온전하게 세워지고 있습니까? 이런 바탕 위에서 "그 말씀"을 전파하고 있습니까? 우리는 그 말씀을 전파함으로써 세상을 향한 가장 큰 축복의 통로가 됩니다.

언제 전파할 것인가?

바울은 언제 말씀을 전파할 것인가에 대해서도 언급합니다. 그는 디모데후서 4:2에서 "때를 얻든지 못 얻든지"라고 말하는데, 이는 말씀을 전하기에 좋거나 나쁜 때를 가리지 말고 모두 말씀을 전파하라는 의미입니다. 이 말씀은 또한 말씀을 전파하는 자라면 어떤 상황에서든지 말씀을 전파할 준비가 되어 있어야 함을 암시하기도 합니다. 상황이 좋지 않을 때도 있을 것입니다. 교회를 향한 사회의 시선이 곱지 않을 수도 있습니다. 팬데믹으로 인한 어려움이 있을 수도 있습니다. 사람들의 관심이 스포츠와 게임과 같은 자극적인 일에 쏠려 있어서 하나님의 말씀에 대한 관심을 불러일으키기가 매우 어려울 수도 있습니다. 때로는 복음의 문이 활짝 열린 듯한 긍정적 반응을 접할 수도 있습니다. 하지만 말씀을 전파하는 사람들은 시기의 좋고 나쁨에 흔들릴 필요가 없습니다. 말씀을 전파하라는 명령은 "때를 얻든지 못 얻든지" 수행해야 할 일이며, 사람들의 반응과 상관없이 끝까지 수행해야 할 사명이기 때문입니다.

사도 바울은 디모데후서 4:3-4에서 특별히 말씀을 전파하기 좋지 않은 때에 관해 언급합니다. "때가 이르리니 사람이 바른 교훈을 받지 아니하며 귀가 가려워서 자기의 사욕을 따를 스승을 많이 두고 또 그 귀를 진리에서 돌이켜 허탄한 이야기를 따르리라." 이것은 오늘 우리 시대와도 연관된 말씀인 듯합니다. 사람들은 바른 교훈을 받지 않습니다. 그저 자기 사욕을 채워줄 스승만을 원하면서 진리에서 돌이켜 허탄한 이야기를 따릅니다. 이런 시기에 진리의 말씀을 전파하는 것은 정말 어려운 일입니다.

　바울이 말씀을 전파하기 좋은 때에 대해서는 별도로 언급하지 않고 이처럼 어려운 때를 언급하는 것은, 아마도 말씀을 전파하는 자들에게 주는 격려의 메시지가 아닐까 생각합니다. 바울은 말씀 사역을 감당하는 자들이 겪을 고난에 대해 공감하고 있는 것 같습니다. 그래서 어려운 상황에서 말씀을 전파하더라도 절대 낙심하지 말라는 격려를 주는 듯합니다. 바른 교훈을 원치 않기 때문에 진리에서 돌이켜 허탄한 이야기를 따름으로써 자기 사욕을 채워줄 많은 스승을 두는 사람들에게 "그 말씀" 곧 "진리"를 전하는 자들은 인기가 없을 수밖에 없습니다. 거절당할 수밖에 없습니다. 그렇다고 해서 "그 말씀"을 전파하는 사람들이 시대와 타협함으로써 사람들이 원하는 허탄한 이야기를 들려줄 수는 없습니다. 그들의 사욕을 채워 줄 가르침을 전할 수는 없습니다. 귀를 즐겁게 하는 이야기를 할 수는 없습니다. 우리는 말씀이 배척당하고 거절된다 하더라도 실망하거나 낙심하지 말고 "때를 얻든지 못 얻든지" 흔들림 없이 그 말씀을 전파하는 자가 되어야 합니다.

오래 참음과 가르침으로

말씀을 전파하는 자들은 어떻게 그 사명을 감당해야 할까요? 바울은 디모데에게 오래 참으라고 전합니다. 말씀을 전파하는 일은 오래 참음이 필요한 사역입니다. 한 사람을 전도하는 것이 얼마나 어려운 일입니까? 한 사람을 그리스도 안에서 온전한 자로 세우기까지 얼마나 수고와 인

내가 필요합니까? 특히 바른 교훈을 원하지 않고 자기의 사욕만을 따르면서 진리 대신 허탄한 이야기를 듣고자 하는 사람들에게 말씀을 전함으로써 회개를 이끌어내기 위해서는 정말 오래 참음이 필요합니다. 바울이 "너는 말씀을 전파하라"고 명령하면서 오래 참음으로 그 일을 감당하라고 전하는 것을 보면, 이 일을 하기 위해서는 오래 참음이 반드시 필요함을 알 수 있습니다. 이는 바울이 평생을 통해 뼈저리게 경험한 내용으로서, 단시일에 결과가 나타나지 않는다고 낙심하지 말라는 교훈이기도 합니다. 열심히 말씀을 전파하고 가르치는데도 눈에 띄는 변화가 일어나지 않는 것 같아 조급해질 때면 바울의 말을 기억해야 합니다. "오래 참음"으로!

말씀 전파는 오래 참음을 통해 이루어 나가야 할 사명입니다. 바울은 34년 동안 인내를 갖고 이 일을 수행했으며 마지막으로 사명을 마감하는 순간에도 이를 더욱 절실히 느끼면서 디모데에게 권면하고 있는 것입니다. "너는 오래 참음으로써 말씀을 전파하라." 여러분 가운데 오래 전도하고 기도하는데 아직 열매가 없어서 낙심하고 있는 분이 계십니까? 바울은 오래 참으라고 격려합니다. 사역의 결과가 미미하고 변화와 성장이 더뎌서 실망하는 사역자가 있습니까? "오래 참음"으로 감당하라는 위로의 메시지를 들으실 수 있기를 바랍니다. 바울도 오래 참으면서 마침내 달려갈 길을 다 마쳤습니다.

오래 참는 가운데 계속해서 가르쳐야 합니다. "오래 참음과 가르침으로!" 가르쳐도 잘 알아듣지 못하고 변화가 없더라도 오래 참으면서 계속 가르쳐야 합니다. 예수님도 "너희가 왜 이렇게 깨달음이 없냐"고 말씀하시면서도 반복해서 가르쳐주셨습니다.

또한 바울은 말씀을 전파하며 가르치는 사람이라면 듣는 자들에게 적합한 방법을 사용해야 한다고 언급합니다. 4:2b에서 그는 경책하고 경계하며 권하라고 합니다. 이처럼 잘못하는 일은 책망하고 잘하는 일은 격려함으로써 듣는 자가 계속 성장하도록 도와야 할 것입니다.

전도자의 일을 하며 네 직무를 다하라

사도 바울은 디모데후서 4:5에서 "전도자의 일을 하며 네 직무를 다하라"고 디모데에게 당부합니다. 4:2에서는 "너는 말씀을 전파하라"고 명령했는데, 말씀 전파의 대상에는 믿지 않는 사람들 외에 믿는 자도 포함됩니다. 복음을 전파한다는 것은 복음을 받아들이지 않은 사람들을 전도하여 믿게 하는 것뿐만 아니라 이미 믿는 자들에게 계속 말씀을 가르쳐서 양육한다는 의미를 갖고 있습니다. 그래서 바울은 로마에 있는 성도들에게도 복음 전하기를 원한다고 했습니다(롬 1:15). 바울은 디모데가 말씀을 전파하는 사람이자 전도자로서 자신처럼 끝까지 직무를 완수하도록 격려하고 있습니다. 우리도 말씀을 전파하라는 하나님과 예수 그리스도의 명령을 받은 사람들입니다. 이런 중대한 명령을 받은 우리가 모두 바울의 가르침을 따라 때를 얻든지 못 얻든지 바른 복음 곧 "그 말씀"을 전파하고 오래 참음으로써 가르친 뒤에 바울처럼 직무를 다했다는 마지막 고백을 할 수 있는 승리자가 되기를 바랍니다.

설교자가 추천하는 주석

1. 존 스토트, 정옥배 역,『디모데후서 강해』, 서울: IVP, 2008.

2. 윌리암 D. 바운스, 채천석 역,『목회서신』, WBC 성경주석 46, 서울: 솔로몬, 2009.

3. 토마스 오덴, 김도일 역,『디모데전후서·디도서』, 현대성서주석, 서울: 한국장로교 출판사, 2002.

4. 필립 타우너, 권대영 역,『디모데전후서·디도서』, NICNT, 서울: 부흥과개혁사, 2021.

5. George W. Knight III. *The Pastoral Epistles*, NIGTC, Grand Rapids: Eerdmans, 1992.

17
디도서 설교

박윤만

설교자 약력

영남대학교(B.A.)

총신대학교 신학대학원(M.Div.)

영국 University of Surrey Roehampton(M.A.)

캐나다 University of Toronto(Th.D.)

대신대학교 교수

설교자 저서

『마가복음-길 위의 예수 그가 전한 복음』(2017) 외

영생 상속자의 삶

디도서 1:2-3, 2:14, 3:4-8

디도서의 중심 주제, 선한 일

디도서는 바울이 그레데 섬의 목회자인 디도에게 보낸 서신으로서, 전체가 세 장으로 구성된 짧은 서신입니다. 이 짧은 서신에는 초기 교회가 전한 복음의 핵심이 요약적 진술 형태로 두 번씩이나 언급되고 있습니다.

> 그가 우리를 대신하여 자신을 주심은 모든 불법에서 우리를 속량하시고 우리를 깨끗하게 하사[히나, ἵνα] 선한 일을[칼론 에르곤, καλῶν ἔργων] 열심히 하는 자기 백성이 되게 하려 하심이라(2:14).

> 우리 구주 하나님의 자비와 사람 사랑하심이 나타날 때에 우리를 구원하시되 우리가 행한 바 의로운 행위로 말미암지 아니하고 오직 그의 긍휼하심을 따라 중생의 씻음과 성령의 새롭게 하심으로 하셨나니…이는[히나, ἵνα] 하

나님을 믿는 자들로 하여금 조심하여 선한 일을[칼론 에르곤, καλῶν ἔργων] 힘쓰게 하려 함이라. 이것은 아름다우며 사람들에게 유익하니라(3:4-8).

복음의 본질을 압축해놓은 위의 두 구절에는 "선한 일"(καλῶν ἔργων, 칼론 에르곤)이라는 단어가 공통적으로 등장합니다. 중요한 것은 두 문장에서 그 "선한 일"은 모두 구원의 목적을 설명하는 히나(ἵνα)절 안에 나온다는 점입니다.

[히나, ἵνα] 선한 일을[칼론 에르곤, καλῶν ἔργων] 열심히 하는 자기 백성 이 되게 하려 하심이라(2:14).

[히나, ἵνα] 하나님을 믿는 자들로 하여금 조심하여 선한 일을[칼론 에르곤, καλῶν ἔργων] 힘쓰게 하려 함이라(3:8).

위 구절을 근거로 한다면 앞서 바울이 전했고 이제 디도 역시 그레데 지역에서 선포해야 하는 복음의 목적은 다음과 같이 요약될 수 있습니다. "하나님이 예수 그리스도를 통해 우리를 속량하고 깨끗하게 하시고 중생의 씻음과 성령으로 새롭게 하신 것은 우리로 '선한 일을' 하게 함이다." 디도서에 따르면 하나님께서 그리스도를 통해 우리를 구원해주신 목적은 구원받은 이들이 이 세상에서 선한 일을 하도록 하기 위함입니다.

디도서 전체로 확장된 선한 일

"선한 일"에 대한 디도서의 강조는 이것으로 그치지 않습니다. 바울은 디도에게 교회를 섬길 인물을 세우거나 성도를 권면할 때 무엇을 바탕으로 해야 할지에 관한 권면을 주는데, 여기에도 "선한 일"이 등장합니다. 바울에 따르면 감독이 되기 위해서는 "선행을 좋아"(필아가톤, φιλάγαθον)해야 하며, 늙은 여자들은 "선한 것을 가르치는"(칼로디다스 칼루스, καλοδιδασκάλους) 역할을 감당해야 했습니다(2:3).[1] 또한 디도 역시 젊은 남자들을 가르칠 때 자신이 먼저 "선한 일[칼론 에르곤, καλῶν ἔργων]의 본"을 보여야 한다고 조언합니다.(2:6-7). 이 말은 젊은 남자들을 향해 디도의 선한 일을 보고 그렇게 살도록 하라는 뜻을 담고 있습니다. 이처럼 선한 일을 행하는 것은 교회 지도자로 선출될 수 있는 자격조건임과 동시에 존경과 영향력을 가진 성도의 삶의 모습이어야 하며 디도 자신의 목회 철학이어야 했습니다.

더 나아가 "선한 일"의 중요성은 교회 내부적인 일에만 머무르지 않습니다. 3:1입니다.

너는 그들로 하여금 통치자들과 권세 잡은 자들에게 복종하며 순종하며 모든 선한 일[에르곤 아가톤, ἔργον ἀγαθόν] 행하기를 준비하게 하며(3:1).

---

1   디도서에서 바울은 "선한 일"을 위해 칼로스(καλός)와 아가토스(ἀγαθός)를 상호 교차적으로 사용하고 있습니다.

바울은 성도들이 세속 통치자들에게 복종하도록 가르치는 것이 목회자의 일이라고 말한 후, 이와 더불어 성도들이 "선한 일"을 행함에 늘 준비되어 있게 하라고 디도에게 권면합니다. 통치자들에 대해 순종하라는 맥락에서 선한 일을 하라는 가르침을 주는 것이 의미하는 바가 있습니다. 이는 성도의 선한 일은 통치자들의 권세가 미치는 일반 사회에서 이뤄지는 일이라는 점을 분명히 밝혀줍니다. 뿐만 아니라 일반 사회에서 성도는 권세 잡은 자의 지시에 수동적으로 순종하는 것에서 더 나아가 능동적으로 선한 일을 찾아서 행해야 한다는 깨달음을 줍니다.

교회의 이런 태도는 디도가 사역했던 그레데 사회의 모습과 뚜렷한 대조를 이룹니다. 어떤 그레데 선지자에 따르면 "그레데인들은 항상 거짓말쟁이며 악한 짐승이며 배만 위하는 게으름뱅이"라고 합니다(1:13). 또 그 지역에 들어와 허탄한 이야기나 사람의 교훈을 진리로 가르치는 유대인은 입으로는 "하나님을 시인하나 행위로는 부인[하고]…모든 선한 일을 버리는 자"(1:16)였습니다. 그래서 그리스도인은 이들과 달리 통치자에게 순종하고 선한 일을 행하기에 늘 준비된 자들이 되어야 한다는 가르침을 받았습니다. 이로 보아 "선한 일"은 당시 그레데의 일반 문화나 유대적 가르침과 디도가 전해야 했던 "영생"의 말씀(1:2; 3:7)을 차별화시키는 기준이었던 것 같습니다.

그레데섬에서 사역하고 있는 디도를 향한 바울의 권면을 정리해보면 이렇습니다. 하나님께서 그리스도를 통해 우리를 구원하신 까닭은 선한 일을 하도록 하기 위함이므로 교회의 지도자는 그 일에 본을 보여야 하며, 연장자인 성도가 교회에서 가르칠 때도 이를 따라야 하고, 무엇보다도 디도 자신이 먼저 본을 보여 젊은이들이 따라오게 만들어야 합니다. 또한 복음이 당시 그곳의 문화나 유대인의 가르침과는 달리 "아름답고[καλά, 칼라] 사람들에게 유익"(3:8)하다는 것을 그레데 사람들에게 드러내야 합니다.

그러면 바울은 왜 이토록 "선한 일"을 강조하고 있는 것일까요? 기독교는 당시 문화나 유대인의 허탄한 이야기와는 달리 윤리적인 삶을 가능케 하는 능력이 있다는 점을 말하려고 했던 것일까요? 디도의 목회 대상이었던 그레데 사람들의 비도덕적인 모습(1:12-13)을 고려하면 이런 말이 맞을 수도 있습니다. 하지만 바울의 관심은 교회를 "복지 센터"로 만드는 것에 머물지 않았습니다. 바울의 진정한 관심사가 무엇이었는지를 알려면 디도서에서 나타나는 하나님의 구원에 대한 큰 그림이 필요합니다. 우리는 "선한 일"이 사용된 맥락을 살펴봄으로써 이 큰 그림을 그려볼 수 있습니다.

"선한 일"의 맥락 살피기

먼저 3:4-8을 살펴보겠습니다.

> 우리 구주 하나님의 자비와 사람 사랑하심이 나타날 때에
> 우리를 구원하시되 우리가 행한 바 의로운 행위로 말미암지 아니하고 오직
> 그의 긍휼하심을 따라 중생의 씻음과 성령의 새롭게 하심으로 하셨나니
> 우리 구주 예수 그리스도로 말미암아 우리에게 그 성령을 풍성히 부어 주사

우리로 그의 은혜를 힘입어 의롭다 하심을 얻어

[히나, ἵνα]영생의 소망을 따라 상속자가 되게 하려 하심이라(3:4-7).

이 말이 미쁘도다 원하건대 너는 이 여러 것에 대하여 굳세게 말하라.

[히나, ἵνα]이는 하나님을 믿는 자들로 선한 일을 힘쓰게 하려 함이라. 이것은 아름다우며 사람들에게 유익하니라(3:8).

이 단락은 구주 하나님의 자비와 사랑하심으로 시작해서 하나님을 믿는 자들이 하는 "선한 일"(8절)로 끝납니다. 더 자세히 보면 4-7절은 구주 하나님이 하신 일을 알려주고, 8절은 사람의 반응을 말하고 있습니다. 그런데 4-7절과 8절 모두 목적절 **히나**(ἵνα)로 끝납니다. 4-7절은 하나님의 구원의 목적이 "영생의 소망을 따라 상속자가" 되는 것이고(미래적 소망), 8절은 그 결과로 탄생된 신자의 삶의 목적이 "선한 일을 힘쓰[는 것]"이라 말합니다(현재적 삶의 방식). 사용된 두 히나(목적)절을 근거로 본다면, 이 단락에서 바울이 궁극적으로 말하고자 한 것은 하나님의 구원 목적과 구원받은 교회의 목적임을 알 수 있습니다. 두 구절을 종합해보면 하나님은 그리스도 예수를 통해 사람들을 영생의 상속자로 삼으심으로써 이 세상에서 선한 일을 하고자 하셨습니다. 이처럼 "선한 일"은 미래의 영생을 약속받은 교회가 지금 이곳에서 살아내야 하는 삶입니다. 영생은 미래의 약속이고 선한 삶은 현재의 책임인 것입니다. 이런 점에서 영생과 선한 삶이 불가분의 관계에 있다는 것이 디도서의 신학입니다.

사실 영생은 "선한 삶"과 마찬가지로 디도서의 서론(1:2-3)과 결론 (3:8)에 각각 나타나 서신 전체를 붙드는 지지대 역할을 하고 있다는 점에서(밑줄 그어져 있다) 디도서를 이해하기 위한 중요한 열쇠 말이라고 할 수 있습니다.

> 서론(1:2-3): …나 바울이 사도 된 것은…**영생**의 소망을 위함이라. 이 **영생**은 거짓이 없으신 하나님이 영원 전부터 약속하신 것인데 자기 때에 자기의 말씀을 전도로 나타내셨으니
>
> 결론(3:4-7): …우리를 구원하시되…그의 은혜를 힘입어 의롭다 하심을 얻어 **영생**의 소망을 따라 상속자가 되게 하려 하심이라.

영생을 열쇠 말로 삼아 본다면 디도서 전체는 이와 같이 정리됩니다. "하나님은 창조 전부터 인간에게 영생을 주시려는 뜻을 갖고 계셨고, 이 뜻을 이루시고자 창조하셨으며, 드디어 '자기 때에' 우리를 구원하시어 영생의 상속자로 삼으셨다. 바울과 디도와 신자들은 이 하나님의 약속을 전하도록 부름을 입었다." 그렇다면 구원을 받아 이미 영생의 상속자가 된 교회가 사회에서 행해야 할 선한 일(3:8)은 영생의 삶과 무관할 수 없고, 오히려 현재 행하는 선한 삶이야말로 미래의 영생을 맛보고 맛보여주는 일이라고 말할 수밖에 없습니다. 물론 영생을 상속 받는 일은 예수님의 재림 때(2:13)에 이뤄질 것입니다. 그럼에도 불구하고 믿는 자는 이미 그리스도의 나타나심(초림)이 가져오신 구원을 받았기 때문에 이미 영생에 참여하기 시작했습니다. 이는 의심할 수 없는 구원의 현실입니

다. 따라서 바울이 "하나님의 은혜가 나타나 우리를 양육하시되 경건하지 않은 것과 이 세상 정욕을 다 버리고 신중함과 의로움과 경건함으로 이 세상에"서 살라고 가르칠 때나, 그리스도께서 "우리를 대신하여 자신을 주심은 모든 불법에서 우리를 속량하시고 우리를 깨끗하게 하사 선한 일을 열심히 하는 자기 백성이 되게 하려 하심이라"(2:14)고 말씀하실 때 전달하고자 한 바가 무엇인지 분명해집니다. 즉 현재 신자의 경건과 선한 삶은 미래에 상속받을 영생의 표현이자 선취라는 것입니다.

선한 일, 사람에게 유익한 일

그렇다면 바울은 "선한 일"을 말하면서 구체적으로 어떤 일을 염두에 두었을까요? 바울은 3:8a에서 믿는 자들이 해야 하는 일이 선한 일이라고 말한 후, 3:8b에서 그것이 어떤 것인지를 덧붙여 설명합니다.

> 하나님을 믿는 자들로 조심하여 선한 일[칼론 에르곤, καλῶν ἔργων]을 힘쓰게 하려 함이라(3:8a).
> 이것은 아름다우며[칼라, καλά] 사람들에게 유익하니라(3:8b).

이 말씀에 따르면 교회가 하는 선한 일은 사람들에게 "아름답고"(καλά) "유익한" 일이 되어야 합니다. 그러나 교회가 하는 선한 행실의 의미에 단순히 도덕적 차원만 포함된다고 봐서는 안 됩니다. 바울은 4절에서 예수님의 초림을 염두에 둔 채 예수님의 오심은 하나님의 "자비와 사람 사랑하심"의 절정이라고 말합니다.

> 우리 구주 하나님의 자비와 사람 사랑하심[필안트로피아, φιλανθρωπία]이
> 나타나실 때(3:4)

하나님은 사람을 사랑하시는 분으로서 그 사랑하심의 절정은 구원을 위해 사람 가운데 나타나신 것을 통해 드러납니다. 그러므로 사람을 사랑하시는 하나님을 아버지로 믿는 교회의 삶 역시 이와 다를 바가 없습니다. 아버지로부터 영생의 약속을 받은 자는 사람에게 유익하고 아름다운 일을 함으로써 하나님 나라의 아름다움과 선함을 드러내도록 부름을 받은 것입니다. 이런 점에서 교회의 소명은 "도덕적 선행 실천" 그 이상입니다. 교회의 삶은 사람들에게 보이지 않는 하나님을 보여주고 다가오는 하나님 나라를 맛보여주는 차원에서 이뤄지는 것이기 때문입니다. 그렇다면 교회 밖의 사회에서는 현재 세상이 다가 아니라 또 다른 세상(영생)이 다가오고 있음을 언제 알 수 있겠습니까? 바로 교회가 선한 일 곧 하나님의 사랑하심을 실천할 때입니다.

디도서에 제시된 장로와 감독 선출 기준 및 교회의 여러 구성원(늙은 남자, 늙은 여자, 젊은 남자, 종)에게 주는 구체적인 권면도 선한 삶과 영생의 상속이라는 주제 아래서 다시 이해할 필요가 있습니다. 먼저 바울에 따르면 장로와 감독과 성도는 적어도 다음과 같은 삶의 지침을 가지고 있어야 했습니다.

주위 사람들에게 원성을 듣지 않도록 일을 공정하게 할 것(1:6a)

아내에게는 끝까지 신실할 것(1:6b)

자녀들에게는 그들이 방탕과 불순종의 길을 걷지 않도록 삶의 본이 될 것
(1:6c)

자기주장(고집)은 꺾을 줄 알 것(1:7a)

분을 급하게 내지 않을 것(1:7b)

술을 절제할 것(1:7c; 2:3)

신체 및 언어적 폭력을 행하지 않을 것(1:7d)

행한 것 이상의 칭찬과 소득은 멀리할 것(1:7e)

낯선 사람을 잘 대접할 것(1:8a)

윗사람을 공손히 받들어 섬길 것(2:9)

일을 신중히 할 것(1:8b; 2:2, 5, 6, 12)

누구에게서라도 비난받을 것이 없는 건전한 말을 할 것(2:8)

행동을 올곧게 할 것(1:8c)

몸의 욕구를 통제하는 생활 태도를 유지할 것(1:8d)

믿고 사랑하고 인내하는 것을 삶의 기본 태도로 삼을 것(2:2)

곁에 있는 남편과 자녀를 사랑으로 대할 것(2:4)

해도 잘 보이지 않는 집안일에도 한결같이 성실로 임할 것(2:5a)

배우자에게 복종할 것(2:5b)

자신의 것이 아닌 것에는 손대지 말 것(2:10)

교회를 섬기는 이와 성도가 이런 선한 삶을 살 때 무엇이 드러나게 될까

요? 바로 영생입니다. 교회는 영생을 상속받을 자이기 때문입니다. 그런데 위 목록은 교회의 선한 일이라는 것이 특별한 일, 사람, 경우에만 해당하지 않는다는 점을 보여줍니다. 오히려 반복되는 일상에서 매일 얼굴을 맞대고 살아가는 사람들에 대한 우리의 태도, 사용하는 언어, 매순간 내리는 결정과 반응, 자기 욕망에 대한 통제 가까이 있는 가족에 대한 사랑을 한결같이 유지하는 것 등을 교회를 섬기는 이와 성도가 따라야 할 삶의 방식으로 제시하고 있습니다. 이는 영생을 맛보고 맛보여주는 통로가 바로 소소한 일상임을 가르쳐줍니다. 영생을 맛보는 일이 지극히 일상적 삶과 연결된 것은 교회의 소명 때문입니다. 교회는 천지의 주재이신 하나님께서 자신이 지으신 세상과 사람이 그릇된 길을 갈 때 그것을 버리기보다 새롭게 하시는 분이라는 사실을 온몸으로 드러내 보여야 하는 그리스도의 몸입니다.

바울은 디도를 그레데 섬에 남겨 두고 지금까지 그가 해왔던 것처럼 디도 역시 세상 한복판에서 교회를 세워나가야 한다고 이야기합니다. 이를 위해 디도에게 몇 가지 권면을 줍니다. 첫째, 디도는 바울이 지금까지 해왔던 것처럼 "전도"를 통해 다가오는 세상을 위한 생명(영생)의 상속자를 세워야 합니다. 둘째, 목회자 디도는 전도로 교회를 세워 영생의 상속자가 된 이들이 더불어 살아가도록 해야 합니다. 이 일을 위해 교회의 장로와 감독을 세우고 성도를 가르쳐야 합니다. 셋째, 디도의 목회는 특히 "선한 일"을 행하는 데 집중되었습니다. 그가 목회했던 그레데섬의 사회적 분위기는 매우 험악했고, 심지어 복음에 적대적인 "허탄한 이야기"와 "사람들의 명령"을 진리로 여기는 유대인들의 가르침이 만연해 있었습니다. 그렇기 때문에 디도는 교회의 미래적 소망 곧 영생을 상속받을 것이라는 사실만 가르칠 수는 없었습니다. 이와 더불어 교회는 지금 이곳에서 영생을 맛보고 그것을 사회에 맛보여주는 곳이 되어야 했습니다. 이것이 바로 바울이 디도에게 선한 일을 행하는 것의 중요성을 강조한 이유입니다. 넷째, 영생의 삶이자 선한 삶은 일상적이고 소소하지만, 주변에 있는 사람에게 유익한 일을 하는 것입니다.

안팎으로 여러 어려움을 겪고 있는 한국 사회가 교회에 던진 화두 중 하나는 교회의 공적 책임("공공신학")입니다. 즉 교회가 사회적 책임을 감당해야 한다는 것입니다. 디도서는 교회가 이런 주제를 발전시키는 데 분명 도움을 줍니다. 하지만 디도서는 교회의 사회적 책임이 사회가 현재 그대로 별 탈 없이 잘 유지되도록 돕는 역할이라고 말하지는 않습니다. 교회의 역할은 그 이상의 종말론적인 차원을 가지고 있습니다. 교회가 사회적 책임을 통해 드러내야 하는 것은 천지의 주재이신 하나님이며, 그분은 자신이 지으신 세상이 부패했다고 그것을 버리시는 분이 아니라 오히려 새롭게 하시고 결국 창세 전에 가지셨던 뜻인 영생을 사람들에게 주시려는 뜻을 결국 이루신 분이라는 사실입니다. 교회의 탄생은 바로 그 지으신 것을 사랑하시는 하나님이 같은 뜻을 드디어 실현하시기 시작하셨다는 증거이기 때문에, 교회의 선한 삶 역시 하나님의 영원한 계획 속에 있었던 영생의 삶이 무엇과 같은지를 지금 이곳에서 세상에 드러내 보여주는 일이어야 합니다. 누가 알겠습니까? 우리 사회가 교회를 통해 선한 삶을 맛보게 되면 지금 보이는 세상이 다가 아니라 또 다른 세상이 이미 왔고 또 다가오고 있다는 교회의 말에 귀를 기울이게 될지도 모릅니다.

설교자가 추천하는 주석

1. 윌리암 D. 바운스, 채천석, 이덕신 역, 『목회서신』, WBC 46, 서울: 솔로몬, 2000.

2. 한규삼, 『목회서신』, 서울: 감은사, 2021.

3. 황원하, 『목회서신주해』, 서울: 교회와 성경, 2014.

4. I. H. Marshall, *The Pastoral Epistles*, ICC; Edinburgh: T&T Clark, 1999.

5. Jerome D. Quinn, *The Letter to Titus*, AB; New Haven&London: Yale University Press, 1990.

18
빌레몬서 설교

김경식

설교자 약력

전남대학교(B.A.)
총신대학교 신학대학원(M.Div.)
미국 Trinity Evangelical Divinity School(Th.M.)
영국 University of Aberdeen(Ph.D.)
웨스트민스터신학대학원대학교 부교수

설교자 저서

『구약을 품은 신약 본문 해석』(2020) 외

사랑하기 힘든 사람을 만났을 때

빌레몬서 1:8-18

1. 여는 말: 불편한 인간관계

우리가 벽을 보고 서 있으면 벽 말고는 아무것도 보이지 않습니다. 그런
데 그 벽에다 거울을 걸어 놓으면 아무것도 보이지 않던 벽에 나의 모습
이 보입니다. 우리가 세상을 보면 우리의 모습이 보이지 않습니다. 그러
나 말씀을 세상이라는 벽에 걸어 놓고 있으면 우리 모습이 보이기 시작
합니다. 이처럼 오늘 말씀을 통해 우리의 모습을 보고, 특히 다른 사람을
대하는 자기 모습을 점검해볼 수 있기를 바랍니다.

사람들은 본능적으로 자기를 좋아하는 사람을 좋아하는 반면 자기
를 불편하게 만들거나 상처 주는 사람을 싫어하는 경향이 있습니다. 태
어날 때부터 함께 살아야 하는 가족과 같은 인간관계는 불편해도 참으
며 살아가지만, 내가 선택하고 만들 수 있는 인간관계에서 불편함이 느
껴지면 피하려는 본성이 있습니다. 이는 자연스러운 것일지도 모릅니다.

그런데 예수님을 따르는 우리는 어쩔 수 없는 인간관계도 성숙하게 받아들여야 할 뿐 아니라 우리 손에 놓인 인간관계도 잘 가꾸며 살아야 할 책임을 갖고 있습니다. 이것이 오늘 살펴볼 빌레몬서 본문 말씀이 주는 가르침입니다.

2. 사랑하기 힘든 사람을 만났을 때

빌레몬서는 빌레몬과 오네시모 사이의 관계를 통해 우리가 사랑하기 힘든 사람을 만났을 때 어떻게 해야 하는지를 생생하게 가르쳐줍니다. 바울은 하나님의 택한 백성인 유대인들과 이방인들 사이를 가로막은 민족적 울타리를 제거하는 일을 합니다. 당시 믿는 유대인들은 교회 안의 믿는 이방인들을 은근히 멸시하고 하찮게 여겼습니다. 이런 상황을 본 바울은 교회 안에서 인종 간 갈등이나 민족적 반목이 있다면 성도들이 복음을 제대로 알지 못한 결과라고 가르칩니다. 그리고 신앙 공동체 안에 놓인 민족적 울타리와 인종적 벽을 무너뜨리는 일을 자신의 사명으로 삼았습니다. 그런데 빌레몬서에서는 한 단계 더 나아가, 단순히 인종적, 민족적 갈등뿐만 아니라 주인과 종이라는 사회적 신분의 벽도 복음을 통해 교회 안에서 극복되어야 하는 문제임을 가르쳐줍니다.

우리는 본능적으로 나와 비슷한 사람을 좋아하고 다른 사람을 가까이하지 않는 경향이 있습니다. 그렇다면 사랑하기 힘든 사람을 만났을 때 우리는 어떻게 해야 할까요? 그럴 때를 대비해 빌레몬서가 주는 가르침에 귀 기울여야 합니다.

⑴ 오네시모를 영접하라는 바울의 부탁

빌레몬서에서 가장 조명을 받는 사람이 있다면 빌레몬일 겁니다. 빌레몬은 이 서신의 수신자로서 바울이 이 편지를 통해 부탁하는 일을 할지 말지 결정해야 하는 사람이었습니다. 바울이 빌레몬에게 부탁하는 내용은 17절에 한마디로 요약되어 있습니다. 바울은 그에게 자기 집에서 도망친 종 오네시모를 "영접하라"고 부탁합니다.

"영접한다"(그리스어 프로스람바노)는 말의 의미는 무엇일까요? 사도행전 28:2에도 이 "영접하다"라는 동사가 사용되는데, 그 상황을 보면 이 단어의 의미를 정확히 알 수 있습니다. 바울을 포함한 276명의 사람을 태우고 로마로 가던 배가 유라굴로 광풍을 만나 표류하게 되었는데, 밀레도라는 섬에서 기적적으로 다 구조됩니다. 이때 밀레도섬의 원주민들이 특별한 동정으로 불을 피워서 어려움에 처해 있던 바울과 사람들을 다 "영접"합니다. 이는 상대를 친절하게 대하고 극진히 보살피는 환대를 의미합니다. 또 로마서 14:1에 보면 믿음이 연약한 자들을 믿음이 강한 자들이 "받아들이라"고 할 때 이 동사가 사용됩니다(참조. 롬 15:7). 로마서에서 "받아들인다" 혹은 "영접한다"는 말은 의견과 생각이 서로 다른 사람을 이해하고 공동체 안으로 받아들여 환영하는 행동을 의미합니다. 그런데 빌레몬서에서 바울이 이 단어를 쓰면서 빌레몬에게 오네시모를 "영접"하라고 부탁합니다. 오네시모를 친절하게 환대하고 그를 공동체 안으로 받아들이라고 부탁하는 것입니다.

⑵ 빌레몬의 불편한 입장

바울의 이런 부탁을 받은 빌레몬의 입장을 생각해봅시다. 빌레몬은 바울을 통해 복음을 받아들인 그리스도인입니다. 빌레몬은 에베소를 방문했다가 마침 그곳에서 사역하고 있던 바울을 통해 예수를 믿게 됩니다(참조. 몬 1:19). 그 일이 있고 나서 빌레몬 집의 종이었던 오네시모가 도망쳐 로마로 갑니다. 오네시모는 빌레몬으로부터 도망친 종인 겁니다.

또한 18절을 보면 오네시모는 빌레몬에게 큰 손해를 끼친 배신자입니다. 오네시모가 빌레몬에게 어떤 손해를 끼쳤는지는 정확히 알 수 없지만, 18절에 보면 바울이 빌레몬에게 오네시모와 관련해서 이런 말을 합니다. "그가 만일 네게 불의를 하였거나 네게 빚진 것이 있으면." 여기서 말하는 불의나 빚은 종이 도망친 기간에 주인을 위해 일하지 않아 생겨난 경제적 손해를 가리킬 수도 있고, 또는 오네시모가 주인인 빌레몬에게서 훔쳐 달아난 돈일 수도 있습니다. 어떤 경우든 빌레몬 입장에서는 도망친 종 오네시모를 달갑게 생각했을 리가 없습니다.

빌레몬서에 직접적인 설명이 나오는 것은 아니지만, 우리는 예수를 믿게 된 주인 빌레몬이 평상시에 자기 종을 무자비하게 대하지는 않았을 것이라고 생각해볼 수 있습니다. 2절에 나오는 "네 집에 있는 교회"라는 말을 보면 빌레몬은 자기 집을 교회가 모일 장소로 내놓은 사람입니다. 자기 집에서 교회를 모이게 할 정도인 사람이 평상시에 자기 종인 오네시모를 가혹하게 대했을 가능성은 크지 않습니다.

그런데 종 오네시모가 어떤 이유에서인지 도망을 칩니다. 자유를 찾아 도망한 것인지, 아니면 주인에게 손해를 끼친 것이 두려워서 그랬는지 이유를 알 수 없지만, 어쨌든 오네시모는 로마로 도망을 갑니다. 이런 오네시모를 보며 주인인 빌레몬이 어떤 생각을 했을까요? 아마도 크게 배신감을 느꼈을 겁니다. 자기 눈을 피해 도망간 이 종을 좋게 볼 수는 없었을 것입니다.

(3) 바울이 보낸 한 통의 편지

이런 와중에 빌레몬은 당시 로마에 갇혀 있던 바울로부터 한 통의 편지를 받습니다.[1] 그 편지가 빌레몬서입니다. 바울은 이 편지에서 빌레몬을 배신하고 도망친 오네시모를 자기를 대하듯이 받아들이고 환영하라는 부탁을 받습니다(17절). 그러면서 오네시모가 로마에서 자기를 통해 예수를 믿게 되었으며(10절), 이제는 바울에게 유익한 자로서(11절) 심장같이 소중한 사람(12절)이 되었다고 설명합니다. 빌레몬의 입장에서 보면 자기를 배신하고 도망간 사람을 칭찬하는 편지를 받게 된 것입니다.

빌레몬이 바울의 부탁을 받아들여 오네시모를 환영했는지, 아니면 거부했는지에 대해서는 확실히 알 수 없지만, 빌레몬서가 신약성경에 포함되어 전해지고 있는 것을 보면 그가 오네시모를 환영하고 영접했을 가능성이 큽니다. 빌레몬은 자기를 배반한 종이었던 오네시모를 다시 받아들이고 환대한 것 같습니다. 종을 사랑으로 대하는 것도 그 당시 문화에서는 상상하기 힘든 일인데, 빌레몬은 자기를 배신하고 도망간 오

---

1   빌레몬서와 관련된 개론적인 내용은 다음 책을 참고하시기 바랍니다. 스탠리 E. 포터,
    『바울서신 연구: 사도 바울의 생애와 사상』(서울: 새물결플러스, 2019), 631-44.

네시모를 바울 사도를 대하듯 맞이하고, 심지어 종 이상(16절)으로 대한 것 같습니다.

그렇다면 빌레몬은 자기를 배반한 종을 어떻게 영접하고 환영할 수 있었을까요? 우리는 빌레몬서를 통해 우리의 본성으로는 포용할 수도 없고 사랑하기도 힘든 사람을 어떻게 대할 수 있는지를 배우게 됩니다.

사람들은 본능적으로 상처가 되는 타인이 있다면 방어막을 치고 그를 밖으로 밀어냅니다. 우리에게는 애초부터 다른 사람을 사랑할 만한 힘이 없습니다. 그런데 이 선천적인 기질을 극복하게 만드는 것이 하나님의 은혜이자 기독교 신앙입니다. 본성대로라면 우리는 상대를 지배하려고 하며, 상처를 준 사람에 대해서는 눈에는 눈이나 이에는 이의 방식으로 대응하게 됩니다. 하지만 어떻게 해야 우리의 기질과 본성을 내려놓고 이 담을 뛰어넘어 사랑하기 힘든 사람의 손을 다시 따뜻하게 잡아 줄 수 있을까요?

(4) 빌레몬이 알아야 했던 세 가지

일상에서 사랑하기 힘든 사람을 만났을 때 우리는 바울이 빌레몬에게 해준 말들을 주목해서 읽어볼 필요가 있습니다. 바울은 세 가지 점을 지적합니다. 빌레몬은 바울의 이 권면으로 인해 사랑하기 힘들었던 오네시모를 다시 영접하고 그의 손을 잡아 줄 수 있었습니다.

[1] 첫째, 바울은 "희생"에 대해서 설명합니다. 빌레몬은 희생을 배워야 했습니다.

13절은 희생을 설명합니다. 이 구절에서 바울은 오네시모를 빌레몬에게 다시 되돌려보내는 이유를 설명합니다. 그 이유는 "그를 내게 머물러 있게 하여 내 복음을 위하여 갇힌 중에서 네 대신 나를 섬기게 하고자 함"입니다(13절). 그런데 13절에서 주목할 부분은 "갇힌 중"이라는 말입니다. 바울은 빌레몬서에서 총 4번에 걸쳐 자신이 갇혀 있다는 설명을 합니다(1, 9, 10, 13절). 빌레몬에게 오네시모를 다시 따뜻하게 받아들이라는 말을 하면서 왜 자신이 갇혀 있는 상황을 굳이 언급하는 것일까요? 바로 복음은 희생을 요구한다는 사실을 말하려는 의도가 있었기 때문입니다. 바울 자신도 복음을 전하다 보니 갇히는 희생을 치르게 되었다고 말하는 것이죠. 누구든지 복음을 위해 살다 보면 복음 때문에 손해를 보거나 희생을 감수해야 하는 상황에 처할 수 있습니다. 바울의 말은 이런 뜻입니다.

여기에 빌레몬이 새겨들어야 할 중요한 교훈이 있습니다. 바울은 자기가 복음 때문에 갇히는 형편이 되었다고 설명하면서, 빌레몬도 복음을 위해 희생해야 한다는 말을 합니다. 자기를 배신하고 도주한 종을 영접하고, 더 나아가 종 이상으로 대접하는 것은 누구나 선뜻 쉽게 할 수 있는 일이 아닙니다. 어떻게 배신자를 따뜻하게 대할 수 있겠습니까? 그래서 바울은 빌레몬에게 희생을 배우라고 말하는 것입니다. "빌레몬 그대가 오네시모를 받아들여서 종 이상으로 대하는 것이 결코 쉬운 일이 아닌 것을 압니다. 그런데 쉬운 일만 하실 겁니까? 할 수 있는 일만 하시겠습니까? 복음은 때로 희생을 요구합니다. 복음 때문에 갇혀 있는 나 바울을 한번 보십시오. 나도 복음을 전하면서 희생하고 있습니다. 힘들겠지만 그를 다시 받아주십시오." 바울은 이렇게 말하는 것입니다.

우리는 살면서 나와 마음이 맞거나 대화가 통하는 사람만 상대할 수는 없습니다. 나와 다른 사람, 대화가 하나도 통하지 않는 사람, 심지어 나에게 상처와 배신감을 주는 사람도 만나게 됩니다. 그렇기 때문에 사람을 대하고 사랑하는 일은 희생을 요구합니다. 내가 희생할 때도 있어야 합니다. 져주고 양보해야 할 때가 있습니다.

물론 희생을 이야기하면 마음이 불편한 분도 분명히 계실 겁니다. 내가 왜 희생을 해야 하는지 의아해할 수 있습니다. 내가 아니라 상대방이 희생해야 하는 게 아니냐고 반문할 수도 있습니다. 왜 나만 희생해야 하고 상대방은 나를 희생시켜야 하는지에 대해 불편한 마음을 감추기 어려울 수도 있습니다.

그런데 오늘 빌레몬서는 예수 믿는 사람이 희생하는 것이라고 가르칩니다. 바울은 복음을 알았기 때문에 갇히는 신세가 되었습니다. 바울은 복음을 전하며 살았으니 대접받고 인정받으면서 만사형통하게 살아야 정상 아닙니까? 그런데 바울은 오히려 갇히는 처지가 되었습니다. 복음을 위해 희생하고 있는 것입니다.

희생은 아픈 것입니다. 고통스럽고 눈물 나는 일입니다. 그런데 희생은 열매를 맺습니다. 아이를 낳는 산모는 산통을 통해 죽음의 문턱까지 가는 희생을 경험하면서 생명을 낳습니다. 산모의 고통과 희생은 고귀한 열매를 만들어냅니다. 예수님의 희생은 죄인을 살리는 위대한 결과를 낳았으며, 바울의 희생은 로마제국 전역에 교회를 세우는 열매를 맺었습니다.

우리 인간은 선천적으로 남을 위해 기꺼이 희생하지 못합니다. 그러나 하나님의 은혜가 후천적으로 이것을 가능하게 만들었습니다. 하나님의 은혜로 가능해진 후천적인 사랑의 힘은 나에게 손해를 끼치고 자존심을 건드리는 사람마저도 용납할 수 있도록 우리를 성숙시킵니다.

우리는 희생하지 않는 문화 속에 살고 있습니다. 희생을 왜 해야 하는지 이해하지 못하는 사람들 가운데서 살고 있습니다. 사람은 본성적으로 희생을 싫어합니다. 그런데 예수님을 믿게 되면 그분으로부터 희생을 배웁니다. 우리는 바울을 통해 희생의 모습을 봅니다. 예수의 길을 걷는 사람들은 쉬운 것만 하지 않습니다. 만만한 것만 하지 않습니다. 우리는 안락의자처럼 편한 사람만 찾는 본성이 있습니다. 그러나 울퉁불퉁한 자갈길을 맨발로 걷는 것 같은 느낌을 주는 불편한 사람도 우리 곁에 있습니다. 우리는 그런 사람의 손도 잡아주어야 합니다.

[2] 둘째, 빌레몬은 "선한 일"이 무엇인지를 배워야 했습니다. 14절에 보면 바울은 빌레몬이 오네시모를 영접하고 받아들이는 일을 가리켜 "선한 일"이라고 부릅니다. "선한 일"이라는 말은 단지 악한 일과 반대되는 뜻이 아닙니다. 바울이 쓴 서신을 보면 그는 "선하다"(그리스어 아가토스)라는 단어를 항상 하나님을 기쁘시게 하는 일과 관련해 사용합니다 (롬 12:2; 갈 6:10; 살전 5:15).[2] 즉 "선한 일"이라는 말은 단지 사람들이 보기에 좋고 착한 일이라는 의미가 아니라, 무엇보다 하나님을 기쁘시게 하는 일이라는 뜻입니다.

---

2   Douglas Moo, *The Letters to the Colossian and to Philemon*, Pillar New Testament Commentary (Grand Rapids: Eerdmans, 2008), 417.

빌레몬이 배신자인 종 오네시모를 다시 따뜻하게 영접하는 일은 단지 사람 사이의 문제가 아니었습니다. 주인과 종 사이의 문제를 넘어서 하나님과의 관계를 드러내는 일이었습니다. 빌레몬서에서 바울은 상처를 주고 배반한 사람을 다시 받아들이는 것은 하나님이 기뻐하시는 일이라고 설명합니다. 우리를 배반한 사람을 환대하고 사랑하는 것은 단지 그 사람을 위해 좋은 일이 아닙니다. 또는 나를 고상한 인격의 사람으로 만드는 일도 아닙니다. 사랑하기 힘든 사람을 사랑하는 것은 궁극적으로 내가 하나님과 어떤 관계를 맺고 있는지를 보여주는 일입니다.

사랑하기 힘든 사람의 손을 다시 잡아 주는 것은 상처를 준 사람을 위하는 일도 아니고, 상처받은 나의 감정을 치유하는 일도 아닙니다. 상처 준 사람의 손을 다시 잡으면 하나님이 기뻐하십니다. 사랑하기 힘든 사람을 사랑으로 대하는 일은 내가 하나님과 어떤 관계에 있는지를 보여주는 소중한 일입니다. 그런데 놀라운 것은 우리가 하나님의 기쁨이 되어 살아가고자 결심하게 되면, 하나님께서 상처와 배신 때문에 생긴 우리의 상한 감정도 치유해주신다는 사실입니다.

[3] 셋째, 바울은 15절에서 하나님의 섭리와 계획을 언급합니다. 빌레몬은 오네시모를 다시 영접하기 위해 하나님의 섭리와 계획을 배워야 했습니다. 그런데 우리가 주목해야 할 표현이 15절에 등장합니다. "그가 잠시 떠나게 된 것은." 언뜻 보기에 이 구절은 오네시모가 주인 빌레몬에게서 도망친 사건을 설명하는 것처럼 보입니다. 하지만 여기서 "떠나게 되다"라는 말(에코리스테)의 그리스어 원문은 수동태입니다. 이것은 하나님이 의미상의 주어가 되는 "신적 수동태"(divine passive)입니다. 섭

게 말하면 오네시모가 빌레몬을 잠시 떠났다는 의미 정도가 아니라 궁극적으로 "하나님"이 빌레몬과 오네시모를 잠시 떨어뜨려 놓았다는 뜻입니다. 오네시모가 주인인 빌레몬을 떠난 상황 배후에 하나님의 섭리가 있었다고 말하는 것입니다.

그렇다면 왜 바울은 오네시모가 빌레몬으로부터 도망친 사건에 하나님의 섭리가 있었다고 말하는 것일까요? 15b절이 그 이유를 보여줍니다. "너로 하여금 그를 영원히 두게 함이리니." 무슨 말입니까? 오네시모가 잠시 빌레몬을 떠나 도망갔지만, 이 사건으로 인해 결국 오네시모가 바울을 통해 예수를 믿게 되었으며, 그렇게 함으로써 이제 빌레몬과 오네시모를 하나님의 교회라는 믿음의 가족으로 영원히 함께 살게 하려는 하나님의 계획이 모든 일의 배후에 있었다는 겁니다.

나와 다른 사람 또는 나에게 깊은 상처를 준 사람을 사랑할 수 있는 힘은 어디에서 나옵니까? 나를 배반하고 엄청난 실망을 준 사람을 다시 사랑하는 힘을 우리는 어디서 얻을 수 있을까요? 그 힘은 상처와 배신 뒤에 숨어 있는 하나님의 계획과 섭리를 볼 수 있을 때 나옵니다. 하나님은 상처와 배신이라는 포장지 안에 하나님의 계획과 섭리를 숨겨놓고 계십니다. 배신감과 상처에만 집중하다 보면 나를 힘들게 하는 사람을 사랑할 수 없습니다. 그러나 그 뒤에 있는 하나님의 섭리와 계획을 보게 되면 사랑하기 힘든 사람도 따뜻하게 받아줄 수 있게 됩니다. 나에게 상처와 배신감을 안겨준 사람도 하나님의 계획을 이루기 위해 그분이 사용하시는 도구임을 알게 될 때 우리는 비로소 그 사람을 사랑하고 받아들일 수 있습니다. 나와 다른 사람, 나에게 깊은 실망감을 주는 사람, 정말 사랑하기 힘든 사람을 만나거든 그 사람을 통해 일하시는 하나님의 계획과 섭리를 보시기 바랍니다.

　세상 사람들은 모난 사람을 보는 즉시 그를 폄훼하고 비아냥대면서 매장해버리고 싶어 하지만, 하나님의 섭리와 계획을 아는 사람은 그들마저도 하나님이 보내신 사람임을 압니다. 창세기에 보면 요셉이 자기를 애굽에 팔아버린 형제들에게 한 말이 나옵니다. "당신들은 나를 해하려 하였으나, 하나님은 그것을 선으로 바꾸셨다"(창 50:20). 요셉은 자기를 종으로 팔아버린 형제들의 배신을 통해 하나님이 일하셨다고 고백합니다. 그 하나님은 지금도 우리에게 상처를 주고 마음을 불편하게 만드는 사람들을 통해 동일하게 일하고 계십니다.

3. 맺는말: 쉬운 사랑을 넘어서

사랑하기 힘든 사람을 만났을 때 우리는 어떻게 해야 할까요? 사랑하기 쉬운 사람만 사랑하는 것은 어찌 보면 누구나 쉽게 할 수 있는 일입니다. 우리는 본성적으로 다른 사람을 잘 사랑하지 못합니다. 그러나 빌레몬서는 사랑하기 힘든 사람을 만날 때면 희생을 생각하라고 가르칩니다. 사랑하기 힘든 사람을 만나면 하나님이 기뻐하시는 일이 무엇인지를 기억하라고 가르칩니다. 사랑하기 힘든 사람으로부터 뒷걸음치고 싶거든 하나님의 섭리와 계획을 생각하라고 가르칩니다. 하나님은 사랑하기 힘든 사람들의 손을 다시 따뜻하게 잡아줄 힘을 우리에게 주십니다.

설교자가 추천하는 주석

1. 더글라스 무, 신윤수 역,『골로새서, 빌레몬서』, PNTC, 서울: 부흥과개혁사, 2017.

2. 데이비드 W. 파오, 김진선 역,『강해로 푸는 골로새서, 빌레몬서』, 서울: 도서출판 디모데, 2018.

3. N. T. 라이트, 이승호 역,『골로새서, 빌레몬서』, 틴데일 신약주석 시리즈, 서울: CLC, 2014.

4. Peter T. O'Brien, *Colossians, Philemon*, WBC, Waco, Texas: Word, 1982.

5. James D. G. Dunn, *The Epistles to the Colossians and to Philemon*, Grand Rapids: Eerdmans, 1996.

19
히브리서 설교

이민규

설교자 약력

독일 Biblisch-Theologische Akademie Wiedenest(B.A.)

영국 London School of Theology(M.A.)

영국 University of Sheffield(Ph.D.)

한국성서대학교 교수

설교자 저서

『신앙, 그 오해와 진실』(2014)

불순종의 삶은 하나님의 안식에
들어가지 못하는 길이다

히브리서 3:1-4:11

"아, 쉬고 싶다." 현대인들은 스트레스를 달고 삽니다. 무엇 때문에 생긴 스트레스인지는 사람마다 다르겠지만, 어쨌든 피로에 사무친 인간에게는 "안식"이 필요합니다. 찬송가의 내용처럼 이 세상엔 근심된 일이 많으나 참 평안이 없으며 곤고한 일은 많으나 쉼이 없습니다. 과연 예수 그리스도를 믿으면 안식을 얻을 수 있을까요? 그리스도인들마저도 머리로는 그리스도 안에 안식이 있다고 생각하면서 찬송을 부르지만, 막상 현실에서는 그렇지 못합니다. 가정, 직장, 심지어 교회에서도 스트레스에 시달립니다. 그렇다면 안식은 그저 우리의 소망 사항일 뿐인가요? 죽고 나서야 누릴 수 있는 것까요? 이에 대해 우리가 제대로 알고 있지 못한 것은 무엇일까요? 여러분과 함께 히브리서 3-4장을 살펴보면서 그리스도로부터 오는 안식에 대해 묵상하고자 합니다.

히브리서의 배경

히브리서가 주장하는 안식이 무엇인지를 알기 위해 우리는 먼저 이 말씀의 배경을 파악해야 합니다. 역사적으로 히브리서의 저자가 누구인지는 아무도 모릅니다. 오리게네스가 말한 대로 히브리서의 저자가 누구인지는 하나님만이 아실 것입니다. 당시 히브리서의 수신 대상은 책의 제목이 암시하듯이 유대 그리스도인들이었습니다. 그들은 주 예수가 하나님의 아들인 메시아라고 고백했다는 이유로 핍박을 받았습니다. 이로 인해 고초를 겪은 이들은 다시 예전의 유대 신앙으로 돌아가려고 했습니다. 히브리서의 수신자가 속한 초기 기독교 공동체와 달리 당시 다양한 유대 종파는 로마에서 공인한 민족 종교였기 때문에 모임의 자유를 누릴 수 있었으며 황제 숭배 제의에 참여하지 않아도 되었습니다. 로마 제국은 식민지 백성들이 그들의 민족 신을 섬기는 것을 허락했기 때문에 유대인들은 유대교를 믿는 한 핍박에서 자유로울 수 있었습니다.

반면 히브리서의 수신자인 유대 그리스도인들은 "나른한 손과 힘 빠진 무릎"(12:12, 비교. 사 35:3)과 같은 상황에 있었습니다. 이는 자포자기하고픈 심정을 나타내는 유대식 표현입니다. 그들은 복음을 받아들인 후 "고난의 큰 싸움을 견디어" 냈습니다(10:32). 또한 그들은 "비방과 환난으로써 사람에게 구경거리"가 되거나 이런 일을 겪는 자들과 함께하는 사람들이었습니다(10:33). 그들 중엔 신앙의 이유로 감옥에 갇히거나 소유를 빼앗기는 위험에 처할지라도 이를 기쁨으로 감당할 각오를 갖고 견디던 사람들도 있었습니다(10:34). 그러나 핍박이 지속되자 지쳐갔습니다. 낙심과 불안을 느끼던 사람들의 신앙이 흔들리기 시작했습니다. 그들은 다시 유대 신앙으로 돌아가서 편안하게 신앙생활을 하고 싶었습니다. 그러나 다시 유대교로 돌아가기 위해서는 그들이 믿던 예수에 대한 신앙을 부인해야 했습니다. 이는 히브리서 저자가 보기에 배교에 해당하는 죄였죠.

고통과 핍박 가운데서 불안감에 시달림에 따라 신앙에 영향을 받게 된 사람들을 향해 히브리서 저자는 참 안식에 대한 희망을 포기하지 말라고 당부합니다. 그 안식은 그리스도가 오시기 전부터 하나님의 백성으로 인정받았던 이스라엘조차 누리지 못한 것입니다. 히브리서가 말하는 안식은 오직 그리스도를 통해 제공되는 것이기 때문입니다. 히브리서는 그들이 돌아가려고 하는 유대교를 대표하는 지도자 모세와 구약이 말하는 안식에 대비하여 예수 그리스도가 주는 안식을 비교함으로써 후자의 우월성을 나타내고 있습니다. 이 안식은 예수 그리스도와 철저하고도 밀접하게 연결되어 있기 때문에, 이 안식을 알기 위해서는 그리스도가 어떤 분이신지를 알아야 합니다.

모세보다 높으신 예수(3:1-6)

히브리서의 저자는 먼저 유대인들의 가장 위대한 지도자인 모세와 예수 그리스도를 비교합니다(3:1-19). 우리는 먼저 신실한 사도이자 대제사장이신 예수님을 깊이 생각해야 합니다(3:1-6). 여기서 사도라고 함은 예수님의 열두 사도나 사도 바울 또는 다른 이들을 지칭하는 표현이 아님니다. 기본적으로 사도는 어떤 특정한 인물로부터 정해진 임무를 수행하라는 목표 아래 전권을 위임받고 보냄을 받은 자라는 뜻을 가지고 있습니다(마 10:40; 눅 10:16; 요 13:20). 예수님의 열두 제자는 부활의 증인으로서 그분의 공생애를 증거하는 특별한 사명을 위임받은 이들을 뜻하며 열두 사도라고 불리기도 합니다.

물론 넓은 개념으로 교회가 선교 사명을 위해 선택한 선교사들을 지칭할 때 사도라는 표현을 사용하기도 합니다(행 13:1-3). 그러나 예수님은 유일한 사명을 위해 하나님으로부터 직접 보냄을 받으신 분이라는 차원에서 사도라고 불립니다. 또한 그분은 대제사장이십니다(13:1). 대제사장은 이스라엘과 모든 제사장을 대표하여 이스라엘을 위한 제사를 총괄 지휘하는 가장 높은 제사장입니다.

히브리서 저자는 먼저 모세와 예수 그리스도를 비교합니다. 예수님은 모세처럼 신실한 대제사장이지만(3:1-2) 모세 이상인 분입니다. 히브리서 저자는 "집을 지은 사람이 집보다 더 존귀한 것"처럼 예수님도 모세보다 더 큰 영광을 누리기에 합당하신 분이라고 소개합니다(3:3, 비교 1:3; 2:9). 여기서 모세와의 가장 큰 차이는 예수님이 "집을 지은 분"이란 사실입니다(비교. 슥 6:12-13; 대상 17:11-12). 집을 지은 분은 당연히 집보다 더 영광스럽지요. 이어서 3:4은 예수님께서 하나님의 집을 만드셨으며 하나님께서 만유를 만드셨다고 고백합니다. 이는 건축자이신 예수님의 역할이 만유를 지으신 하나님의 역할과 같다는 뜻입니다. 예수님은 하나님의 집을 만드신 분이라는 차원에서 창조주 하나님과 동등한 지위에 계십니다(참조. 1:2-3, 10). 즉 모세는 하나님의 집을 섬기는 종이지만 예수님은 하나님의 집을 건축하신 분이라는 비교입니다.

모세는 어떤 역할을 했습니까? 예수님과는 어떤 관계입니까? 히브리서의 저자는 이를 증명하기 위해 유대인들의 가장 큰 권위인 구약을 인용합니다. 3:5-6은 민수기 12:7의 느슨한 인용입니다. 민수기는 모세를 가리켜 하나님의 온 집에 충성한 사람이라고 말하면서 그를 칭찬합니다.

내 종 모세와는 그렇지 아니하니 그는 내 온 집에 충성함이라(민 12:7).

그러나 모세는 "장래에 말할 것을 증언하기 위하여 하나님의 온 집에서 종으로서 신실"한 자였습니다. 예수님은 이런 모세보다 뛰어난 분입니다. 모세는 집의 일꾼(테라폰, θεράπων)으로서, 예수님은 집주인의 아들(휘오스, υἰός)로서 성실했습니다. 종과 아들의 차이는 분명하지요. 또한 둘은 섬기는 위치도 달랐습니다. 종인 모세는 온 집 안에서(엔 홀로 토 오이코, ἐν ὅλῳ τῷ οἴκῳ) 충실한 자였지만, 예수님은 집 위에서(에피 톤 오이콘, ἐπὶ τὸν οἶκον) 섬기신 분입니다.

오늘날 말씀하시는 하나님, 그리고 약속된 안식(3:7-19)

히브리서 저자는 3:7-11에서 시편 95:7-11을 인용합니다. 우리는 성경 말씀을 해석할 때 그것을 주로 당시에 주어진 과거의 말씀으로 접근해서 그 원리를 찾아낸 뒤 오늘날 우리 상황에 적용하는 역사적 접근에 익숙합니다. 그러나 유대인들에게 주어진 하나님의 말씀은 과거의 청중만을 대상으로 하는 것이 아니라 현재의 청중에게도 동일하게 계시되는, 늘 현재형인 성령의 음성입니다. 이는 성령의 말씀이기에 가능한 일입니다. 따라서 히브리서의 저자는 성령이 시편을 당시 수신자가 아닌 지금 말씀을 듣고 있는 사람들에게 전하신다고 여기고 그 말씀을 현재형으로 기록합니다(레게이, λέγει).

특히 인용된 시편 구절도 "오늘 너희가 그의 음성을 듣거든"이라고 하면서 오늘을 강조합니다. 성령이 지금 말씀하실 때 나오는 "오늘"은 과거가 아니라 바로 수신자가 처한 현재입니다. 이는 지금 우리에게도 유효한 말씀입니다. 히브리서 저자는 하나님의 말씀이 성령을 통해 과거뿐만 아니라 지금도 동일하게 우리를 향하고 있음을 강조합니다(4:12-13).

시편 95편의 내용은 하나님의 권능에 대한 찬양과 이스라엘을 향한 경고로 이루어져 있는데, 히브리서는 후자에 집중합니다. 흥미로운 것은 여기서도 이스라엘이 광야에서 당한 시험과 그에 관한 경고가 역사적 과거가 아닌 현재 시편의 수신자들을 향해 그대로 현재형으로 묘사된다는 점입니다.

여기에는 이스라엘이 므리바와 맛사에서 물이 없다는 이유로 하나님을 원망하면서 시험하다가 망하게 된 사건이 등장합니다(출 17:7-7, 참조. 민 20:2-3). 이는 가데스에 다녀온 정탐꾼들의 보고를 듣고 겁을 먹은 히브리 백성들이 자신들을 광야에서 다 칼에 맞아 죽게 하려는 것이냐고 모세와 아론에게 온갖 불만과 원망을 쏟아부으며 따졌던 일을 배경으로 하고 있습니다(민 14장). 그런데 이 본문의 그리스어 번역인 70인 역에서는 지역 이름인 므리바와 맛사를 그 어원적 의미를 살려 "반역" 과 "시험"으로 번역합니다. 이를 통해 이 사건을 영원한 현재로 만들고 있습니다. 히브리서 저자도 8절을 쓰면서 이 번역을 그대로 따릅니다.

저자는 이를 교두보로 하여 이 사건의 배경을 출애굽기에서 민수기로 옮겨갑니다. 그 이유는 민수기를 인용한 시편의 내용이 히브리서 저자가 초점을 맞추고 있는 안식과 깊은 관계를 맺고 있기 때문입니다. 히브리서 저자에 따르면 마음을 완고하게 함으로써 하나님을 시험하는 행위를 하게 되면 하나님께서 맹세하셔서 그들을 절대 안식에 들어가지 못 하도록 하는 결과를 초래합니다.

3:12에 보면 누구든지 하나님을 믿지 않는(아피스티아스, ἀπιστίας) 악한 마음을 가지면 이 맹세가 그대로 적용됩니다. 여기서 믿지 않는 악한 마음은 교리적인 태도보다는 충성스럽지 않은 마음을 뜻합니다. 그렇다면 우리는 어떻게 해야 불신앙의 위험을 피할 수 있을까요?

13절에 따르면 "오늘" 서로를 권면해야 합니다. 이 "오늘"은 반복적인 매일을 뜻하는 현재형입니다. "서로 권면한다"는 표현은 누군가와 올바른 방식으로 신앙생활을 해야 위험을 피할 수 있음을 보여줍니다(참조. 10:25; 행 2:46-47). 그러나 오늘 역시 영원한 것은 아닙니다. 이 오늘은 예수의 재림 때까지입니다(9:27-28). 기회는 영원토록 주어지는 것이 아닙니다.

히브리서의 수신자들은 처음에는 확신으로 시작했습니다(3:14). 그러나 그들이 안식에 들어가기 위해서는 그 확신을 끝까지 지켜야만 합니다(3:14). 히브리서 저자는 세 번에 걸친 수사학적 질문을 통해 안식에 들어가지 못하는 위험에 관해 경고합니다. 첫 번째 질문은 "듣고 격노하게 하던 자가 누구냐?"입니다. 하나님께 반역한 사람들이 누구였습니까? 모세를 따라 이집트에서 나온 모든 사람이라고 합니다(3:16). 물론 여호수아와 갈렙이 여기에 포함된 것은 아닐 겁니다(민 14:2, 5, 6-9, 24, 30). 대학교에 입학하는 것은 중요합니다. 그러나 졸업하지 못한다면 아쉬울 것입니다. 이집트에서 나온 이들은 그들의 목표인 안식에 결코 들어가지 못했습니다(3: 11, 18, 19).

두 번째 수사학적 질문은 "하나님이 사십 년 동안 누구에게 노하셨느냐?"(3:16)입니다. 사실 이 진노의 기간은(민 14:33-34; 32:13) 실제로 은혜의 기간이기도 합니다(출 16:35; 신 2:7). 광야 40년이 과연 구원의 이미지인가 심판의 이미지인가를 놓고 이견이 있을 수 있지만, 구원은 심판을 토대로, 심판은 구원을 위해 사용되기 때문에 이 두 가지는 완전히 분리될 수 없습니다. 이집트 탈출도 감당이 된다면 하나님의 은혜인 것이고, 감당이 안 되면 지옥인 겁니다. 이는 히브리서의 수신자에게도 동일하게 적용됩니다. 하나님의 은혜의 기간을 감당하지 못하면 심판의 기간으로 받아들여지는 겁니다.

세 번째 수사학적 질문은 "또 하나님이 누구에게 맹세하사 그의 안식에 들어오지 못하리라 하셨느냐?"입니다(3:18). 이는 시편 95:11을 반영합니다. 해당 시편 구절에서 가나안 땅이 갖는 의미는 안식입니다. 이스라엘 백성들이 안식에 절대 들어가지 못한 핵심적인 이유는 그들의 믿지 아니하는 악한 마음 때문이었습니다.

약속된 하나님의 안식(4:1-11)

히브리서 4:1은 비록 "안식에 들어갈 약속이 남아 있을지라도" 들어가지 못할 자가 있을까 두려워하라고 합니다. 히브리서 저자가 이런 말을 반복하는 이유는 현실적인 고난에 지쳐서 약속을 포기하려는 이들이 있기 때문이었습니다. 그는 하나님이 믿지 아니하는 자까지 지켜주시는 법은 없다고 호소합니다. 구약의 백성도 모두 안식에 관한 기쁜 소식을 들었다고 주장합니다. 하지만 그들의 믿음이 지속적이지 못했던 까닭에 하나님은 그들이 결코 안식에 들어오지 못 하게 하리라고 맹세하셨습니다(4:3). 이때 사용된 안식(카타파우시스, κατάπαυσις)은 역사적으로 가나안 땅에 들어가는 것을 뜻합니다(신 12:9-10; 민 14:22-23; 시 95:11). 하지만 그리스도가 오신 이후에 다시 뒤돌아보면, 이는 신자들이 종말에 누릴 안식에 대한 표상이었습니다.

그럼 이 안식은 어떤 것일까요? 흥미롭게도 히브리서 저자는 이를 창조 때의 일곱째 날과 연관시킵니다(4:4). 히브리서 저자는 시편 95:11을 인용하면서 그리스도인이 들어갈 안식이 출애굽 백성도 들어가지 못한 안식임을 강조함으로써, 이 안식은 창세기 2:2에서 하나님이 일곱째 날에 당신의 사역을 쉬신 것(완결하셨다, 카타파우신, κατάπαυσιν)과 연관이 있다고 말합니다(4:3). 그러나 이 모든 것은 참된 안식의 모습이 아니었습니다. 창조 때의 안식일은 안식의 원형(4:4)이었으며 가나안 땅은 안식의 모형(4:5)이었을 뿐입니다. 그럼 참 본질인 그리스도의 안식은 무엇일까요?(4:10, 11) 히브리서의 안식은 복음서의 구원, "하나님 나라",

요한복음의 생명이나 영생과 같이 하나님의 종말론적인 회복에 대한 대망을 담은 용어입니다. 히브리서 저자가 구원, 하나님 나라, 영생 대신 안식이라는 표현을 쓰는 이유는 결국 영생, 하나님 나라, 영생의 근본적이고 진실한 내용이 안식이기 때문입니다.

출애굽 세대는 안식에 들어가지 못했습니다. 이는 우리에게 엄중한 경고를 줍니다. 처음에 확신으로 시작한 그리스도인들이 실체의 완성을 보고 있다고 해도, 반드시 종말의 안식에 들어가리란 보장이 없습니다 (4:1, 11). 우리 그리스도인이 들어가야 하는 안식은 물리적으로 가나안 땅과 같은 지역으로 들어가는 것이 아닙니다. 그 안식은 어느 특정한 날에 누릴 수 있는 육신의 쉼 너머에 있습니다. 이는 근본적으로 하나님이 주시는 평안입니다. 그래서 예수님은 요한복음 14장에서 다음과 같이 말씀하십니다.

> 평안을 너희에게 끼치노니 곧 나의 평안을 너희에게 주노라. 내가 너희에게 주는 것은 세상이 주는 것과 같지 아니하니라. 너희는 마음에 근심하지도 말고 두려워하지도 말라(요 14:27).

"단박 구원"을 믿는 사람들의 주장에 따르면 우리 신약의 백성은 구약의 백성들과 달리 하나님의 구원에서 절대 탈락할 수 없다고 합니다. 그러나 이는 사실이 아닙니다. 비록 종말론적 구원의 약속이 주어졌다고 해도, 최종적인 구원은 믿음을 상실하지 않고 끝까지 충성하는 자에게만 허락되는 선물입니다.

어떤 이는 구원받은 성도가 어떻게 구원을 잃어버릴 수 있냐는 수사학적인 질문을 던지면서 절대로 그런 일은 일어날 수 없다고 말합니다. 그러나 이 질문 자체에 오류가 있습니다. 먼저 "구원받은 성도"라는 표현은 구원파에서 주장하는 단박 구원으로 이해되기 쉽습니다. 이런 주장을 하는 이들은 한 번 구원, 영원한 구원이라는 말을 사용함으로써 마치 구원이 단박에 이루어지는 것처럼 이야기합니다. 그러나 신약에 나타나는 구원은 터널과 같은 과정입니다. 과거에 시작되었더라도, 현재와 미래라는 과정을 통해 완성되어야 하는 복인 것입니다. 우리는 구원의 약속을 받았더라도 종말까지 믿음과 충성을 유지해야 할 의무가 있습니다. 물론 그 과정에서 성령의 도우심을 받지만, 성령마저도 지속적이고 고의적인 불순종을 끝까지 책임져주시지는 않습니다. 성도는 하나님의 은혜를 의지함으로써 현재와 미래의 구원에 머무를 책임이 있습니다. 우리가 구원을 받더라도 죄의 존재와 계속되는 죄에 대한 회개의 책임까지 면제되지는 않습니다. 이것이 바로 히브리서가 말하고자 하는 바입니다.

이는 하나님의 예정과 절대로 모순되지 않습니다. 예정은 결과론적인 언어입니다. 즉 마지막에 구원받을 자에 대한 하나님의 관점과 시간에서 나온 표현입니다. 그러나 인간의 관점과 시간에서 하나님의 예정을 미리 알기는 어렵습니다. 누가 예정이 되었는지 우리가 섣불리 판단하려고 시도할 수는 있지만, 인간의 판단엔 늘 오류가 있기 마련입니다. 절대적인 예정은 오직 하나님만이 아실 뿐이지요. 그래서 우리는 인간의 차원에서 "예정-구원론"을 말하기보다는 "믿음-구원론"을 의지할 수밖에 없습니다. 끝까지 믿음을 지킨 자(하나님의 인도하심과 성령의 보호하심 혹은 인침을 받은 자)가 최후 심판대에서 구원을 얻을 것이라고 확신할 수는 있어도, 예정의 언어를 사용하여 누가 인침을 받았으며 생명책에서 이름이 지워지지 않는 자인지를 확정하는 것은 우리의 영역이 아닙니다. 백 퍼센트 확신하더라도 이런 주장은 단순히 심리적인 근거에 기반한 것일 수도 있습니다. 궁극적인 차원에서 말한다면 이 예정의 영역에 관한 확실성은 결국 하나님 소관입니다.

베드로후서 1:10-11은 하나님의 영역과 인간의 책임에 관해 균형 있는 말씀을 전합니다. 베드로후서의 저자는 비록 택함을 받았다 해도 이 택함을 굳게 할 책임이 있다고 합니다(벧후 1:10). 그리고 이 택함을 굳게 해야 넉넉하게 영원한 나라에 들어가게 된다고 합니다(벧후 1:11). 택함은 하나님 몫이지만, 터를 굳게 하는 것은 성도의 책임입니다. 물론 성령의 내주하심과 동행이라는 은혜가 우리에게 주어집니다만, 이 역시 우리가 동의하고 순종할 때 일어나는 역사입니다. 하나님은 끊임없는 불순종까지 책임져주시지 않는다는 뜻입니다.

우리는 히브리서를 통해 다음과 같은 가르침을 얻습니다. 그리스도를 믿는다는 이유로 핍박과 고난을 받아도, 우리는 그분을 믿고 따르는 일을 포기하지 말아야 합니다. 진정한 안식은 예수 그리스도에게서 나오는 것으로서, 세상이 험하고 바람 잘 날 없어도 결국 우리에겐 영원한 안식이 남아 있기 때문입니다. 우리는 하나님의 안식으로 표현된 영원한 생명 혹은 구원을 얻지 못할 것과 하나님 나라에 들어가지 못하게 될 것을 가장 두려워해야 합니다. 하지만 하나님 나라나 영생과 마찬가지로 안식 역시 반드시 종말에만 누릴 수 있는 복은 아닙니다. 그리스도 안에 있으면 오늘 이 안식을 누릴 수 있습니다.

설교자가 추천하는 주석

1. 양용의, 『히브리서 어떻게 읽을 것인가?』, 성서유니온선교회, 2016.

2. 도널드 거쓰리, 김병모 역, 『히브리서』, 틴데일 신약주석 시리즈 15, 서울: CLC, 2015.

3. 레이먼드 브라운, 김현회 역, 『히브리서 강해 BST』, 서울: IVP, 2021.

4. 크레이그 R. 쾨스터, 우성훈 역, 『앵커바이블: 히브리서』, 앵커바이블 주석 시리즈, 서울: CLC, 2018.

5. 윌리암 L. 레인, 채천석 역, 『히브리서 9-13』, WBC 성경주석 시리즈 47, 서울: 솔로몬, 2007.

야고보서 설교

변종길

설교자 약력

서울대학교(B.A.)

고려신학대학원(M.Div.)

네덜란드 캄펀 개혁신학대학교(Th.D.)

고려신학대학원 교수

설교자 저서

『신약 총론』(2019) 외

행함으로 나타나는 믿음

야고보서 2:1-17

많은 사람들의 주장에 따르면 야고보서 2장은 "행함"을 강조하는 말씀입니다. 물론 맞는 말입니다. 야고보는 야고보서를 통해 성도의 생활에서 중요한 점들을 많이 강조하고 있습니다. 그러나 믿음과 분리되거나 관계없는 행함을 강조하는 대신 오히려 참믿음이 행함으로써 나타나게 된다고 이야기합니다. 이를 고려하면 야고보는 참된 믿음이란 무엇인지에 관심을 가지고 야고보서를 집필했음을 알 수 있습니다. 우리는 이 사실을 어디서 어떻게 알 수 있을까요? 간단하게 네 가지로 살펴보겠습니다.[1]

---

[1] 자세한 논의는 필자의 "행함으로 나타나는 올바른 믿음"(『그말씀』 2001년 1월호), 74-86을 참고하시기 바랍니다.

1. 야고보서 2장의 주제(1절)

야고보서 2:1은 "내 형제들아, 영광의 주 곧 우리 주 예수 그리스도를 믿는 믿음을 너희가 가졌으니 사람을 차별하여 대하지 말라"고 말합니다. 그러나 이 번역은 오해를 초래하기 쉽습니다. 너희가 이미 믿음을 가지고 있으니 이제부터는 "행함"에 대해 이야기하겠다는 인상을 줍니다. 이런 이유로 야고보서 2장이 "행함"에 대해 말하고 있다고 여기는 사람들이 많습니다.

그러나 원문을 직역하면 "내 형제들아, 너희는 영광의 주 곧 우리 주 예수 그리스도를 믿는 믿음을 외모로 취함으로 가지지 말라"가 됩니다. 여기서는 "믿음"이 목적어가 됩니다. 즉 야고보는 우리가 "믿음"을 어떻게 가져야 하는지에 대해 말하고 있습니다. 영광의 주 예수 그리스도를 믿는 "믿음"을 외모로 취함으로써 가지지 말라는 것입니다. 이는 차별함으로 가지지 말라 또는 차별하지 말라는 뜻입니다. 그래서 남아프리카 공화국의 플로어(Floor) 교수가 1-13절을 "~이 없는 믿음", 14-26절을 "~이 있는 믿음"으로 본 것은 적절한 해석이라고 생각됩니다.[2] 영어로 말하자면, "faith without~"과 "faith with~"가 됩니다.

따라서 야고보서 2장은 "참믿음은 무엇인가?" 그리고 "영광의 주 예수 그리스도를 믿는 믿음은 어떤 것인가?"에 대해 말합니다. 첫째, 외모로 취함이 없는 믿음 곧 차별함이 없는 믿음입니다. 가난한 자라고 무

---

2   L. Floor, *Jakobus* (Kampen: J. H. Kok, 1992), 102.

시하거나 멸시하는 것이 없어야 한다는 말입니다. 둘째, 행함이 있는 믿음 곧 행함으로써 나타나는 믿음이어야 합니다.

2. 말함과 행함의 대비(14-17절)

야고보서 2장의 말씀이 "믿음"과 "행함"을 대비하여 보여준다고 생각하는 사람들이 많습니다. 이들은 14절의 "'믿음이 있노라' 하고 행함이 없으면 무슨 유익이 있으리요?"라는 말씀이 "믿음"과 "행함"을 대비하고 있다고 생각합니다. 어떤 사람은 같은 본문을 읽고도 "믿음"만 있으면 안 되고 "행함"이 있어야 한다고 여김으로써, "믿음 더하기 행함"이 야고보가 말하는 주제라고 주장합니다.

　그러나 본문을 자세히 읽어 보면 그렇지 않습니다. 믿음이 있노라 **하고** 행함이 없으면 아무 유익도 없다는 것입니다. 여기서 "하고"는 "말하고"입니다. 원어로 **레게이**(λέγη)입니다. 따라서 이는 믿음이 있노라고 "말함"과 실제로 "행함" 사이의 대비입니다. 말하는 것은 거짓될 수 있고 사람을 속일 수도 있습니다. 말뿐인 믿음, 거짓된 믿음, 죽은 믿음은 아무 소용이 없고 유익도 없습니다. 16절 끝에 보면 "'평안히 가라. 덥게 하라. 배부르게 하라' **하며** 그 몸에 쓸 것을 주지 아니하면 무슨 유익이 있으리요?"고 합니다. 여기서도 "하며"는 "말하며"라는 뜻입니다. 원어로는 **에이페이**(εἴπη)입니다. 따라서 이것은 "말함"과 "줌" 사이의 대비입니다. 즉 "말뿐인 믿음"과 "행함이 있는 믿음" 사이의 대비인 것입니다.

3. 그 자체가 죽은 것(17절)

17절은 "이와 같이 행함이 없는 믿음은 그 자체가 죽은 것이라"고 합니다. 여기서 "그 자체가"라는 말은 원어로 **카트 헤아우텐**(καθ᾽ ἑαυτήν)인데 "그 자체로"(in itself), "스스로", "원래부터"란 의미입니다. 그리고 "죽은 것"은 원어로 **네크라**(νεκρά)인데 이는 형용사로서 죽은 상태(dead)에 있는 것을 뜻합니다. 처음에 살았다가 나중에 죽은 것이 아니라 처음부터 계속 죽은 상태에 있었다는 말입니다. 처음에는 믿음이 있었는데 나중에 행함이 없어서 죽은 것이 아닙니다. 행함이 보태지지 않아서 죽은 것이 아니라, 처음부터 "죽은 상태"에 있었습니다. 원래부터 참믿음이 없었다는 뜻입니다. 따라서 그것은 거짓 믿음이자 헛된 믿음이며 말뿐인 믿음이었습니다.

26절에도 같은 내용이 나옵니다. "영혼 없는 몸이 죽은 것처럼 행함이 없는 믿음은 죽은 것이니라." 여기 나오는 "죽은 것"도 형용사로서 계속 죽은 상태에 있는 것을 뜻합니다. 영혼 없는 몸이 처음부터 죽은 상태에 있었던 것처럼, 따라서 한 번도 산 적이 없었던 것처럼, 행함이 없는 믿음도 처음부터 죽은 믿음이었습니다. 행함이 없는 믿음도 한 번도 산 적이 없는 것입니다. 한 번도 참믿음인 적이 없었던 겁니다.

따라서 야고보서 2장이 말하고자 하는 의미는 "믿음"에 "행함"을 더하라는 것이 아니라 "참믿음"을 가지라는 것입니다. 그리고 참믿음은 행함으로 나타나야 마땅하다는 것입니다.

4. 용어의 개념 차이

21절에 보면 "우리 조상 아브라함이 그 아들 이삭을 제단에 바칠 때 행함으로 의롭다 하심을 받은 것이 아니냐?"고 말합니다. 그런데 여기서 "행함으로 의롭다 함을 받았다"고 하니 참 당혹스럽습니다. 왜냐하면 사도 바울은 "믿음으로 의롭다 함을 받는다"고 누누이 말하기 때문입니다 (롬 3:28; 5:1; 갈 2:16 등). 왜 바울과 야고보는 서로 다르게 말하는지 의문이 생깁니다. 그래서 루터는 야고보서를 높이 평가하지 않고 "지푸라기 서신"이라고 부르기도 했습니다.

그러나 바울과 야고보는 다른 주장을 하는 것이 아닙니다. 바울은 "이신칭의"(以信稱義)를, 야고보는 "이행칭의"(以行稱義)를 주장하는 것이 아닙니다. 다만 바울과 야고보가 사용하는 용어의 개념이 다를 뿐입니다. 이 사실을 바로 아는 것이 중요합니다. 단어는 같지만 그 의미가 서로 다릅니다.

첫째, "**의롭다 함 받다**"는 용어의 개념이 서로 다릅니다. 바울은 이 용어를 죄인이 하나님 앞에서 의롭다고 선언받는다 또는 여김 받는다는 의미로 사용합니다. 이는 법적 개념으로 표현된 것입니다. 반면 야고보는 하나님을 믿고 있는 사람 곧 의롭다 함 받은 사람의 믿음이 하나님에 의해 분명히 드러난다 또는 확실히 인정받는다는 의미를 강조합니다.

둘째, "**행함**" 또는 "**행위**"의 개념도 다릅니다. 바울은 하나님 앞에서 의롭다 함을 받으려는 인간의 노력과 공로라는 의미로서 "행위"를 사용합니다. 그래서 여기엔 부정적 의미가 내포됩니다. 반면 야고보는 믿음의 열매로 나타나는 행함이라는 의미로 사용합니다. 이 행함은 믿음이 있다는 것을 증거하는 것으로서 믿음의 열매가 드러남을 뜻합니다. 그래서 긍정적 의미를 지니고 있습니다.

이처럼 각자 사용하는 단어의 의미가 다릅니다. 그런데 이런 의미상의 차이를 무시하고 단어가 같다고 해서 의미도 같은 것으로 보면 안 됩니다. 예를 들어 집에서 아기가 "마마"라는 말을 하면 어머니(mother)란 뜻입니다. 그러나 궁중에서 임금이나 중전 또는 왕자들을 보고 "마마"라고 할 때는 왕족이나 궁의 높은 사람들을 높여부르는 호칭을 쓴 겁니다.[3] 또 의사가 어떤 사람을 보고 "마마"에 걸렸다고 한다면 그것은 천연두란 뜻입니다. 이처럼 같은 단어라 하더라도 뜻이 다릅니다. 이런 의미상의 차이를 고려하지 않은 채 "마마"라는 단어가 무조건 어머니라는 뜻이라고 주장한다면, 엉뚱한 해석을 낳을 수 밖에 없습니다. 예를 들어 어떤 사람이 조선왕조실록을 보고서 조선 시대에는 대신들이 임금을 "어머니"라고 불렀다고 주장한다면 얼토당토않은 헛소리가 될 것입니다.

그런데 오늘날에도 이런 일들이 종종 벌어집니다. 야고보가 여기서 "행함으로 의롭다 함 받는다"고 말했기 때문에 "행함"으로써 천국에 들어가는 것이 맞다고 주장하는 사람들이 있습니다. 우리는 사도 바울과 야고보가 사용하는 용어 사이에 드러나는 의미상의 차이를 고려해야 하며, 그것을 간과할 경우 대단히 위험하고 잘못된 주장을 하게 됩니다.

---

3   참조. L. A. Waddell, *The Makers of Civilization in Race and History* (1929), 372.

❖

사랑하는 성도 여러분, 우리는 야고보의 가르침을 오해하지 않도록 주의해야 합니다. 야고보는 바울과 다른 가르침을 전한 것이 아닙니다. 갈라디아서 2장에 보면 야고보와 베드로와 요한은 예루살렘에서 바울과 바나바를 만나 교제의 악수를 하였다고 합니다(9절). 그들은 사도들이 전하는 복음에 아무런 차이가 없음을 확인한 후 다만 가난한 자를 구제하는 데 힘써 달라는 부탁을 했다고 합니다(10절). 바울은 이에 대해 "이 것은 나도 본래 힘써 행하여 왔노라"고 답합니다(10절). 실제로 바울은 가는 곳마다 복음을 전할 뿐만 아니라 구제 헌금을 모아서 예루살렘의 가난한 사람들을 돕는 데 힘썼습니다.

우리 한국교회는 믿음으로 의롭다 함을 받는다고 하는 이신칭의 교리를 바로 이해하고 그것을 굳게 붙들어야 하겠습니다. 동시에 구제에 힘쓰는 교회가 되어야 하겠습니다. 가난한 사람들과 서민들을 돕는 일에 힘쓰는 교회가 되어야 하겠습니다. 이것이야말로 야고보가 강조했던 내용이자 바울이 힘써 행했던 일입니다. 이렇게 하는 것이 곧 참믿음을 드러내는 일이며 행함이 있는 믿음이자 경건입니다.

바울이 힘써 행했고 야고보가 강조했던 대로 가난한 자들을 돌보고 사회적 약자들과 소외된 자들을 사랑하며 돌아보는 성도가 되기를 바랍니다. 그렇게 할 때 우리 한국교회가 다시금 세상의 빛과 소금이 됨으로써 우리 사회를 환하게 밝히는 등불이 될 줄로 믿습니다. 이런 희망과 꿈을 품은 채로 힘써 기도하고 노력하는 여러분이 되시기 바랍니다. 아멘.

설교자가 추천하는 주석

1. 박윤선, 『성경주석 히브리서 야고보서』, 서울: 영음사, 1987.

2. 목회와신학 편집부 엮음, 『야고보서 · 벧전후 · 유다 어떻게 설교할 것인가』, 두란노 HOW 주석, 서울: 두란노아카데미, 2007.

3. 토마스 맨튼, 이길상, 황영철 역, 『야고보서 (상), (하)』, 서울: 아가페출판사, 2015.

4. J. B. Adamson, *The Epistle of James*, NICNT, Grand Rapids, MI: Eerdmans, 1976.

5. P. H. Davids, *The Epistle of James*, NIGTC, Grand Rapids, MI: Eerdmans, 1982.

21
베드로전서 설교

서인선

설교자 약력

성결교신학교(B.A. 인정, 현 성결대학교)

서울신학대학원(M.A.)

미국 Trinity Evangelical Divinity School(M.Div., *cum laude*)

미국 Lutheran School of Theology at Chicago(Th.M., Ph.D.)

전 성결대학교 교수(1995-2015년)

설교자 저서

Paul's Rhetoric in 1 Corinthians 15: An Analysis Utilizing the Theories of Classical Rhetoric(1995) 외

고난을 호출하라!

베드로전서 4:12-19

여러 해 전 봉직하던 대학교에서 학부생을 대상으로 복음서 입문 과목을 가르칠 때 있었던 일입니다. 예수님께서 "누구든지 나를 따라오려거든 자기를 부인하고 자기 십자가를 지고 나를 따를 것이니라"(막 8:34)고 하신 말씀을 다루는 중이었는데, 한 학생이 이런 말을 남겼습니다. "교수님, 요즘에 그런 말씀하시면 교인들이 싫어해요. 다 도망갑니다." 순간 저는 놀랐습니다. 하지만 곧 이 학생이 한국교회 현장의 분위기를 빠르게 체득하고 있다는 생각이 들면서, 교인들이 축복, 성장, 번영, 복지, 행복에 물들어 예수님을 따르는 자로서 겪어야 하는 고난의 개념을 기피하게 된 현실을 다시금 돌아보게 되었습니다. 이런 상황이 지금은 좀 바뀌었을까요? 아마 더 하면 더 했지 결코 덜 하지 않을 겁니다.

그리스도인의 고난이라는 주제는 여전히 인기가 없지요? 그럼에도 불구하고 어느 시대를 살든 그리스도인으로서 받는 박해와 고난을 감내해야 한다는 것은 예수님의 중요한 가르침입니다. 무릇 그리스도 안에서 경건하게 살고자 하는 자는 박해를 받을 것이기 때문입니다(딤후

3:12). 예수님은 친히 많은 고난을 받으셨을 뿐만 아니라, 자신을 따르는 자들이 자기로 인해 많은 고난을 당할 것이라는 예고도 숨기지 않으셨습니다(마 5:10-12). 게다가 제자들에게는 드러내놓고 고난을 요구하시기도 합니다(막 8:34; 마 16:24). 예수님의 부활과 승천 이후를 다루는 사도행전부터 요한계시록은 예수님을 주(퀴리오스, κύριος)로 고백하는 그리스도인들이 여러 모양으로 당하는 고난과 박해에 대한 기록으로 가득합니다.

오늘은 베드로전서의 말씀을 나눌 차례입니다. 베드로전서는 다섯 장(章)으로 구성된 다섯 쪽 정도의 비교적 짧은 성경입니다만, 읽으면 읽을수록 재미가 쏠쏠합니다. 역사적 예수님의 수제자가 쓴 성경인데다가, 그 안에는 보석 같은 복음의 진리들이 반짝이고 있고요.[1] 또 현대 교회에도 적용될 수 있는 믿음, 삶, 윤리에 관한 중요한 교훈을 제공합니다. 그런데 저는 방향을 살짝 틀어서 베드로전서의 주제에 대해 말하고 싶습니다. 베드로전서의 전반적인 주제는 그리스도인의 고난이라 할 수 있습니다. 지금으로부터 2천여 년 전인 기원후 60년대 오늘날의 터키에 해당하는 소아시아 북부 지역에서는 "흩어진 나그네, 하나님 아버지의 택하심을 받은 자들"(1:1, 2)이 고난과 박해를 받고 있었습니다(2:19, 20; 3:14, 17; 4:15, 19; 5:10). 당시 그리스도인들이 겪는 고난은 본질상 **무고히**

---

1   특히 그리스도에 대해 그분의 죽음과 부활(1:3), 고난과 영광(1:11; 5:1), 속죄와 대속
      (1:2, 19; 2:24; 3:18), 승천과 하나님 우편에 앉으심(3:22), 장차 나타나심, 재림(1:7,
      13; 5:4)을 알려줍니다. 또한 그리스도인은 하나님 아버지의 부르심(1:15; 2:21; 3:9;
      5:10)과 택하심(1:2; 2:4, 6, 9)을 받은 하나님의 백성(2:9)이자 이 땅의 거류민과 나그
      네(1:1, 17; 2:11)라고 말하면서 그들의 실존을 정의해줍니다.

당하는 고난이었습니다.[2]

오늘 본문의 주제는 고난입니다. 베드로는 하나님의 부르심과 택하심을 받은 그리스도인들이 이 땅에서 나그네와 거류민으로서 당하는 고난이 있다고 말하면서 산발적으로 권면을 해왔습니다.[3] 이제 이런 권면들을 종합하여 마지막으로 고난에 대한 교훈을 주면서, 고난의 필연성과 그리스도인이 고난을 맞이하는 자세(12-13절), 그리스도인의 고난의 본질(14-16절), 하나님의 심판과 그리스도인이 고난을 대하는 기본적인 자세(17-19절)를 이야기합니다.

1. 그리스도 안에서 사랑하는 형제자매 여러분! 우리 그리스도인들의 인생에는 편안한 꽃길만 있나요? 메 게노이토(μὴ γένοιτο). 결코 그렇지 않습니다! 오히려 세상 사람들에게 없는 특별한 고난이 하나 더 있

---

2   그들은 여러 가지 시험을 당하며 근심하지 않을 수 없었으나(1:6), 근거 없이 악행을 한다는 비방을 들으며(2:11), 부당하게 선을 행하고 의를 위하여 고난을 받고(2:19, 20b; 3:14), "그리스도 안에" 있었기 때문에 욕과 비방을 들었으며(3:15b-17), 이방인들과 함께 극한 방탕에 달음질하지 않기 때문에 이웃 이방인들의 비방을 받았고(4:3-5), 또한 그리스도의 이름으로 치욕을 당하며 그리스도인으로서 고난을 받았던 것입니다(4:12-16). 이는 로마 제국의 네로 황제(54-68년)나 도미티아누스 황제(81-96년)가 그들을 본격적으로 박해하던 때가 아니라, 아주 초기이거나 박해 이전 단계에 벌어진 일로 보는 것이 더 적합합니다. 본격적인 박해에 대한 저항의 흔적이 없기 때문입니다(2:13-14, 17).

3   그리스도인들은 고난을 당할 때 특히 (1) 그리스도와 연합했다는 것(1:6-9; 2:21-25; 3:18-22), (2) 그리스도의 영광이 앞으로 나타날 것(1:7-8; 5:4), (3) 그리스도의 이름을 위해 고난을 받으면 복되다는 것(3:9, 14), (4) 그리스도를 위한 고난은 하나님을 영화롭게 한다는 것(2:12), (5) 잘못함으로 인해 고난을 받아서는 안 된다는 것(2:12, 20; 3:17), (6) 그리스도를 위한 고난을 부끄러워하지 말아야 한다는 것(2:7), (7) 고난을 당해도 계속 선을 행하면서 신실하신 주님의 돌보심에 자신들을 의탁해야 한다는 것(2:23, 25)을 상기해야 합니다. 또한 하나님께서 신자나 불신자의 도덕을 평가하시는 미래의 날이 있을 것(4:17-18)이라는 사실을 기억해야 합니다.

습니다. 그렇지요? 그리스도의 고난에 참여하는 특권이 있습니다. 기억하시기 바랍니다. 그리스도인의 고난은 이상한 일이 아닙니다. "너희를 연단하려고 오는 불 시험을 이상한 일 당하는 것같이 이상히 여기지 말고 오히려 너희가 그리스도의 고난에 참여하는 것으로 즐거워하라"(12-13절).

그리스도인들에게는 연단의 한 수단이 되는(프로스 페이라스몬, πρὸς πειρασμὸν) 시험이 오게 되어 있습니다. 그러니 시험이 올 때 이상한 일을 당하는 것처럼 놀라지 마십시오. "이상히 여기지 말라"(메 크세니제스테, μὴ ξενίζεσθε)는 "놀라지 말라"(do not be surprised, ESV)로 번역하는 편이 더 좋겠습니다. 시험을 당할 때 뭔가 새롭고 이상한 일을 대하는 것처럼 심리적으로 강한 반응을 보이지 말라는 얘기입니다. 예수님은 약속하셨습니다. "사람들이 나를 박해하였은즉 너희도 박해할 것이요"라고 말입니다(요 15:20b). 그리하여 요한도 "형제들아, 세상이 너희를 미워하여도 이상히 여기지 말라"(메 타우마제테, μὴ θαυμάζετε)"고 단언했던 것입니다(요일 3:13).

그리스도인이 살면서 고난을 겪는 것은 지극히 "정상적인" 일입니다. 하지만 그렇다고 해서 우리는 고난이 삶에 끼치는 영향을 과소평가하지 않습니다. 그리스도인의 고난은 실제로 겪는 현실입니다. 본문의 표현처럼 "불 시험"(퀴로시스, πύρωσις, 12절)입니다. 고통스럽고 호된 시련이라는 뜻입니다. 어떤 상황에서든 고난은 고통스럽습니다. 결코 유쾌하지 않습니다. 그럼에도 불구하고 고난을 맞이하는 그리스도인에게 어울리는 자세가 있습니다. 그게 뭐냐고요? "오히려 즐거워하라"(알라 카이

레테, ἀλλὰ χαίρετε)는 것입니다. 이 말은 고난을 고난으로서 즐기라는 말이 아닙니다. 정확히 말하면 "주 안에서" 즐거워하고 기뻐하라는 것입니다(빌 4:4).

그리스도인의 고난은 그리스도의 파테마타(παθήματα, "고난, 수난")에 버금갑니다. 그리스도인은 그리스도의 고난에 참여하는 자들입니다(1:11; 4:13; 5:1). 그리스도인의 고난은 "그리스도의 고난에 참여하는 것"이므로 기뻐할 수 있는 것입니다. 그리스도인들은 그리스도의 부활뿐만 아니라 그분의 죽음에서도 그분과 **연합**합니다(롬 6:5-14). 그리스도인이 "불 시험"을 당하면서도 즐거워해야 할 이유가 더 있습니다. 그리스도의 고난에 참여한 자들은 그리스도의 재림 때(마 25:31), 그의 영광이 나타날 때 기뻐 날뛰며 즐거워할 수 있기 때문입니다(13b절). 우리는 "그리스도와 함께 영광을 받기 위해 고난도 함께 받아야" 합니다(롬 8:17b).

2. 그리스도인들이 고난을 당하는 근본적인 이유는 무엇일까요? 그리스도인 개인의 잘못 때문일까요? 그럴 수도 있지만 보다 근본적으로는 바로 "그리스도의 이름" 또는 "그리스도인"이라는 이름 때문입니다. "너희가 그리스도의 이름으로 치욕을 당하면 복 있는 자로다.…만일 그리스도인으로 고난을 받으면 부끄러워하지 말고 도리어 그 이름으로 하나님께 영광을 돌리라"(14-16절).

사랑하는 그리스도 안에서 형제자매 된 여러분! "그리스도의 이름으로 치욕을 당하면 복 있는 자"라는 말씀을 기억하십시오. 이는 "나로 말미암아 너희를 욕하고 박해하고 거짓으로 너희를 거슬러 모든 악한 말을 할 때에는 너희에게 복이 있나니 기뻐하고 즐거워하라. 하늘에서 너희의 상이 큼이라"(마 5:11-12a)는 예수님의 말씀과 맥이 통합니다. 사도들은 교회가 시작될 무렵 "그 이름" 곧 예수의 이름을 위하여(휘페르 투 오노마토스, ὑπὲρ τοῦ ὀνόματος) "능욕 받는 일"(아티마스테나이, ἀτιμασθῆναι)에 합당한 자로 여김 받게 된 것을 기뻐했습니다(행 5:41). 주님, "그 이름을 위하여" 수치를 당하고도 기뻐할 수 있는 담담함이 우리에게 있게 하소서!

"치욕을 당하다"(오네이디제스테, ὀνειδίζεσθε)라는 말이 있지요? 십자가에 달린 두 강도가 십자가에 못 박히신 예수님을 향해 "욕하더라"(오네이디존, ὠνείδιζον)고 한 것과 같은 말입니다(막 15:32). 이는 다른 사람들의 품위를 떨어뜨리기 위해 잘못을 찾는 것입니다. 조롱하거나 모욕을 쌓아 올리면서 크게 꾸짖는 방식으로 창피를 주는 행위를 뜻합니다. 혹시 주변에서 그리스도의 이름으로 인해 여러분에게 치욕을 안긴다고 할지라도 부끄러워하지 마십시오(16a절). 여러분이 진정으로 그리스도의 이름으로 인해 치욕을 당하면 "영광의 영 곧 하나님의 영"이 여러분 "위에 계실 것"이기 때문입니다.

그리스도의 이름으로 치욕을 당할 때 복 있는 이유가 "영광의 영 곧 하나님의 영이 너희 위에 계심"이기 때문이라고 합니다. 무슨 말인지 선뜻 귀에 들어오지 않지요? 제가 최대한 알기 쉽게 설명해보겠습니다. 이 말은 "하나님의 임재가 성도가 박해를 당하고 있는 그때 특히 주목할 만하다" 또는 "그때 하나님의 임재가 특히 눈에 띈다" 뜻으로 이해하면 됩니다. 그리스도인이 고난을 당할 때 하나님의 영이 고난당하는 그리스도인 위에 자리를 잡거나 사라지지 않고 머물면서 그 위에 감돈다는 것

("계시다", 아나파우에타이, ἀναπαύεται의 뜻)인즉, 그리스도인들이 그리스도 때문에 박해를 경험할 때 성령의 임재로 충만하게 되고, 또한 성령의 임재로 충만함으로써 그들이 하나님을 영화롭게 하고 있다는 의미입니다. 그리스도인들이 성령으로 충만함으로써 그리스도로 말미암아 당하는 치욕을 이기고 또 그리스도를 영화롭게 할 수 있다는 말씀입니다(요 16:14).

여기에 놓쳐서는 안 되는 대목이 있습니다. 그리스도인들이 받는 고난 전부가 그리스도 때문이 아니라 자신들의 잘못 때문일 수도 있습니다. 이 차이점을 잘 인식해야 합니다. 여러분! 그리스도인의 고난을 이야기할 때 그리스도의 이름으로 치욕을 당하는 것과 자신의 잘못으로 인해 비난을 받는 것을 구별하시기 바랍니다. 그렇지 못하면 불필요하게 비참한 삶을 살 수 있습니다. 주목하십시오. 베드로는 누구든지 살인자로, 도둑으로, 악을 행하는 자로, 남의 일을 간섭하는 자로서 고난을 받지 말라고 명합니다(15절). 따라서 우리 그리스도인들은 스스로를 잘 살펴보아야 합니다(2:12). 특히 살인이나 도둑질과 같은 가증스러운 범죄가 아니더라도 남의 일을 간섭한다든지 하는 일상적인 행위나 믿음을 손상시키는 흔한 행동과 태도로도 쉽게 비판에 노출된다는 점을 주의해야 합니다. 이처럼 우리 그리스도인들은 한 차원 더 높은 도덕과 윤리의식이 필요합니다!

그리스도 안에 있는 형제자매 여러분! 다시 말씀드립니다. 그리스도인이 고난을 받는 근본적인 이유는 그리스도와 그리스도인이라는 이름 때문입니다. 자신의 잘못이나 악행 때문이 아니라 단지 그리스도인이라는 이유로 무고히 고난을 당합니다. 16절의 "그리스도인으로 고난을 받으면"이라는 말은 14절의 "그리스도의 이름으로 치욕을 당하면"과 일맥상통합니다. 자신의 잘못이나 악행이 없음에도 불구하고 단지 "그리스도인으로서"(호스 크리스티아노스, ὡς Χριστιανός = 그리스도와 연합한 자, 그리스도의 추종자, 그리스도의 이름과 동일시되는 자로서, 행 11:26; 26:28; 벧전 4:16), 즉 그리스도인이라는 이유로 고난을 당하는 경우가 많습니다. 당시 소아시아 북부 지역에 살던 그리스도인들이 그렇게 무고히 고난을 당했습니다. 그런 배경이 있었기 때문에 그리스도인으로서 고난을 받는 경우에 "부끄러워하지 말고"(메 아이스퀴네스토, μὴ αἰσχυνέσθω) "도리어 그 이름으로"(데…엔 토 오노마티 투토, δὲ…ἐν τῷ ὀνόματι τούτῳ), 즉 그리스도인이라는 사실로 인해 "하나님께 영광을 돌리라"(독사제토…톤 테온, δοξαζέτω…τὸν θεὸν)고 가르친 것입니다.

"부끄러워하다"라는 말을 보니 생각나는 사람이 하나 있습니다. 바로 "부끄러워하지 말라"고 말하는 베드로 자신입니다. 그는 예수님을 세 번이나 부인하고서 얼마나 부끄러웠을까요? 예수님의 초기 제자들 가운데 베드로만큼 그리스도와 그리스도인이라는 이름에 **명예**가 있다는 진리를 뼛속 깊이 알고 있는 사람이 또 있었을까요? 과거의 일이기는 하지만 베드로에게는 정말 고통스러운 기억이 있습니다. 그는 예수님께서 잡혀가신 날 밤에 대제사장 집의 바깥뜰까지 따라갔었지만 "너도 갈릴리 사람 예수와 함께 있었도다"라고 말하면서 그를 알아본 여종들에게 세 번씩이나 "그 사람을 알지 못하노라"고 대꾸함으로써 예수님을 부인한 적이 있습니다(마 26:31-35, 69-75). 그때 베드로는 "닭 울기 전에 네가 세 번 나를 부인하리라"는 예수님의 말씀을 떠올리고는 심히 통곡했습니다. 그랬던 그가 이제는 그리스도교의 장로(5:1)가 되었습니다. 그러니 더욱 "(내가 젊은이였을 때처럼) 부끄러워하지 말고 현재 상황 속에서 하나님께 영광을 돌리라"고 말하게 되지 않았을까요?

"나의 간절한 기대와 소망을 따라 아무 일에든지 부끄러워하지 아니하고 지금도 전과 같이 온전히 담대하여 살든지 죽든지 내 몸에서 그리스도가 존귀하게 되게 하려 하나니"(빌 1:20). 이는 그리스도의 박해자에서 전파자로 변화된 바울이 남긴 고백입니다.

3. 사랑하는 형제자매 여러분! "하나님의 뜻대로 고난을 받는 자들"(4:19a)로서 필연적으로 고난을 겪어야 한다면, 종말론적인 시각과 기본적인 자세를 갖고 고난을 견디어내야 합니다. "하나님의 집에서 심판을 시작할 때가 되었나니…그러므로 하나님의 뜻대로 고난을 받는 자들은…그런 영혼을 미쁘신 창조주께 의탁할지어다"(17-18절)라는 말씀이 바로 그런 가르침을 줍니다.

사도 베드로는 뒤에서 자신을 "그리스도의 고난의 증인"이자 "나타날 영광에 참여할 자"로 소개합니다(5:1). 그는 당시 고난당하는 소아시아 북부 지역의 그리스도인들에게 종말론적인 관점을 담은 권면을 전합니다. 종말론적이란 말은 종말에 기대어 현재를 이야기한다는 뜻입니다. "만물의 마지막이 가까이 왔으니"(4:7a)라는 말이 그 시각을 드러냅니다. 그는 또 "하나님의 집에서 심판을 시작할 때가 되었나니"(4:17a)라고 이야기합니다. 동시에 하나님의 복음에 순종하지 아니하는 자, 경건하지 아니한 자, 죄인이 마주하게 될 심판에 관해서도 언급합니다. 하나님의 집("의인")과 하나님의 복음에 순종하지 아니하는 사람들("죄인")의 운명을 대조하는 것이지요(17-18절). 그렇게 하나님의 택하심을 받은 자들이 받을 심판과 경건하지 아니한 자들이 직면하게 될 심판을 비교합니다 (잠 11:31).

그리스도 안에서 사랑하는 형제자매 여러분! 여기서 한 가지를 여쭤보겠습니다. 말씀의 요점이 무엇인가요? 사실 이 말씀의 요점은 두 집단의 비교나 대조가 아닙니다. 단순히 의인이 구원을 받으리라는 사실을 말하려는 게 아닙니다. 오히려 불신자에게 형언할 수 없는 대격동의 심판이 임할 것이라는 경고를 전하려는 것입니다! 박해를 당하는 그리스도인들은 신원(伸冤)될 것이지만 박해하는 자들에게는 무서운 운명이 기다리고 있다는 사실을 알리는 것입니다. 그리스도인들이 이런 종말론적 관점을 붙들고 있으면 고난을 능히 이길 수 있습니다. 우리는 하나님의 뜻대로 고난을 받거나 선을 행하는 가운데 있더라도 이런 종말론적 전망을 품은 채로 우리의 영혼을 미쁘신(믿음성이 있으신) 창조주께 의탁해야 합니다(19절).

그리스도인들이 고난을 받는 것은 하나님의 전반적인 계획("뜻") 안에서 일어나는 일입니다(2:15; 3:17; 4:2, 19). 그리스도인들은 선을 행하는 삶을 살아야 합니다. 그리스도인은 이방인 중에서 행실을 선하게 가져야 하며(2:12), 선을 행함으로써 고난을 받아도 참아야 하고(2:20), 고난을 하나님의 뜻으로 알아야 하며(3:17), 열심히 선을 행해야 합니다 (3:13). 고난당하는 그리스도인들이 영혼을 의탁하는 하나님은 미쁘고 신실하신 분입니다. 하나님은 그분께 염려를 다 맡기는 자들을 돌보십니다(5:7). "모든 은혜의 하나님 곧 그리스도 안에서 너희를 부르사 자기의 영원한 영광에 들어가게 하신 이가 잠깐 고난당한 너희를 친히 온전하게 하시며 굳건하게 하시며 강하게 하시며 터를 견고하게 하시리라"(5:10).

사랑하는 그리스도 안의 형제자매 여러분! 오늘날 이슬람이나 공산주의 국가들에서는 노골적으로 그리스도인들을 박해하는 경향이 있습니다. 예를 들어 1세기 당시 소아시아였던 터키는 현재 이슬람 국가로서 그리스도인들의 선교에 많은 제약을 가합니다. 저는 2018년 2월에 성결대학교 신학대학원생들과 함께 터키 지역을 순례했는데, 당시 가이드가 전해준 말에 따르면 예전에는 관광이나 순례를 목적으로 터키를 방문한 그리스도인들이 관련 사적지에서 복음성가를 부르거나 기도를 할 수 있었으나 지금은 그렇게 할 수 없다고 합니다. 당국에 신고가 들어가면 관광버스 기사가 영업 정지를 당한다는 것입니다.

반면 우리가 사는 자유민주주의 국가에서는 종교의 자유와 그 행사가 헌법에 보장되어 있습니다. 그 결과 지금 우리는 그리스도인들에 대한 박해가 노골적으로는 가해지지 않는 환경에서 살고 있습니다. 그럼에도 불구하고 근본적으로 "세상이 너희를 미워하면 너희보다 먼저 나를 미워한 줄 알라. 너희가 세상에 속하였으면 세상이 자기의 것을 사랑할 것이나 너희는 세상에 속한 자가 아니요 도리어 내가 너희를 세상에서 택하였기 때문에 세상이 너희를 미워하느니라"고 하신 예수님의 말씀은 여전히 유효합니다(요 15:18-19), 그러니 우리도 1세기 당시 소아시아 북부의 그리스도인들처럼 여전히 적대적인 세상 속에서 살고 있음을 잊지 마시기 바랍니다.

사랑하는 형제자매 여러분, 우리 그리스도인들은 예수님께 속한 사람들을 미워하는 세상에 살고 있기 때문에 개인의 악행이 아닌(벧전 4:15) 그리스도인이라는 이유로, 또는 그리스도의 이름으로 인해 무고히 박해나 비난을 당할 수 있습니다(벧전 4:14, 16). 하지만 그렇다고 실망하거나 좌절하지 마십시오. 그리스도인의 고난을 호출하십시오. 부당한 박해나 고난을 당할 때도 부끄러워하지 마십시오(벧전 4:16). 하나님께 자신을 의탁하십시오(벧전 4:19). 끝까지 견디십시오(막 13:13). 고난에 참여하는 것을 즐거워하고 기뻐하십시오(벧전 4:13; 마 5:12). 피할 수 있으면 합법적 수단을 통해 피할 길을 찾고(마 10:23) 박해하는 자들을 위해 기도하십시오(마 5:44; 눅 23:34; 행 7:60). 또한 예수님의 이름으로 인해 미움을 받을 때도 선행에 힘쓰십시오(벧전 4:19). 여러분의 성경적 세계관, 즉 여러분 자신이 누구인지 누구의 소유인지를 기억하시면서 그런 시각을 마음에 품고 종말론적인 관점에서 현실적 상황을 직면하시기 바랍니다.

주님,
우리로 그리스도의 고난에 참여함을 기뻐하게 하옵소서.
우리로 그리스도인의 고난을 부끄러워하지 않게 하옵소서.

주님,

이 모든 고난의 마지막 날, 주의 영광이 나타날 때

그 영광에 참여함을 즐거워하며 기뻐 날뛰게 하옵소서.

주님,

하나님의 뜻대로 고난을 받아도 선을 행하게 하옵소서.

우리 영혼을 미쁘신 하나님께 의탁하옵니다.

아멘!

설교자가 추천하는 주석

1. 웨인 A. 그루뎀, 왕인석 역, 『베드로전서』, 틴데일 신약주석 시리즈 17, 서울: CLC, 2014.

2. 스캇 맥나이트, 문종윤 역, 『NIV 적용주석: 베드로전서』, 서울: 솔로몬, 2015.

3. 왕인성, 『베드로전·후서』, 한국장로교총회창립 100주년 기념 표준주석, 한국장로교출판사, 2014.

4. J. Daryl Charles, *1 Peter*, EBC^2 13, Zondervan, 2006.

5. Karen H. Jobes, *1 Peter*, BECNT, Baker Academic, 2005.

22
베드로후서 설교

송영목

설교자 약력

고신대학교(B.A.)

고신대학교 신학대학원(M.Div.)

남아공 University of Johannesburg(Ph.D.)

고신대학교 교수

설교자 저서

『신약주석: 문법적, 역사적, 성경신학적 관점에서 본』(2001) 외

신성한 성품에 참여하자

베드로후서 1:1-11

교회의 머리이신 예수님의 사랑을 받는 형제자매 여러분!

"아름다움"이란 색과 모양과 소리가 조화를 이루어 사람의 마음에 드는 상태입니다. 누구나 향기 나는 아름다운 꽃을 좋아합니다. 희생으로 자녀를 키운 부모님 얼굴에 남은 주름과 지문이 닳은 손, 화재 진압 후 그을음과 땀으로 범벅이 된 소방관의 얼굴, 넘어진 친구의 손을 잡고 결승점에 함께 들어오는 아이들의 모습은 아름답습니다. "이는 내 뼈 중의 뼈, 내 살 중의 살이라"(창 2:23). 이처럼 성경에 기록된 사람의 첫 말은 아름다운 하와를 향한 사랑 고백이었습니다.

우리 하나님은 궁극적으로 아름다운 분입니다. 그래서 다윗은 "내가 여호와께 한 가지 일을 구할 것이니, 내 평생 여호와의 집에 살며 여호와의 아름다움을 바라보게 하소서"라고 노래했습니다(시 27:4). 아름다움의 근원이신 하나님께서 창조하신 세상과 사람도 아름다웠습니다. 하지만 사람이 사탄의 유혹을 받아 범죄한 후에는 모든 것이 추하게 되었습니다(롬 1:28-32). 그러나 흠과 점이 없이 아름다우신 예수님은 스스로 추한 모양이 되심으로써 우리 안에 있는 하나님의 아름다운 성품을 회복시키러 오셨습니다.

사도 베드로는 로마에서 죽음을 앞두고 터키에 있는 성도들에게 편지를 씁니다. 그는 수신자들에게 네로 황제의 박해와 예수님의 재림을 부정한 이단에 맞설 것을 권면합니다. 우리 시대에도 반기독교 정서가 팽배한 가운데 많은 이단이 활동하고 있습니다. 베드로후서 1장을 통해 이런 시대에 어떻게 살아가야 하는지를 살펴봅시다.

요지: 우리는 힘써 하나님을 닮아야 합니다

첫째, 왜 우리는 힘써 하나님을 닮아야 합니까? 하나님의 자녀로 택함을 받았기 때문입니다

로마에서 사역하던 베드로는 예수님의 재림을 부정하는 이단이 터키의 교회를 미혹하던 상황을 염두에 두고 편지를 씁니다.[1] 우선 베드로전서의 수신자들이 처한 상황을 살펴봅시다. 2:11에 따르면 그들은 나그네나 행인과 같은 처지였습니다. 시민권을 가질 수 없었고 많은 차별을 받으며 서러움과 어려움을 겪었습니다. 자신의 소유를 가질 수 없다 보니 생존을 위해 시민권자에 의존할 수밖에 없었습니다. 그런데 시민권자들은 나그네나 행인과 같은 이들을 마음대로 해고할 수 있었습니

---

1   E. P. Groenewald, *Die Briewe van Petrus. Die Brief van Judas* (Pretoria: N.G. Kerk-Uitgewers, 1977), 104.

다. 그들은 오늘날의 비정규직보다 더 못한 처지에 있었기 때문에 차별과 부정의 희생양이 되기 쉬웠습니다. 그러나 베드로는 그들이 하나님의 원하시는 대로 선한 행실을 함으로써 반응하기를 원했습니다. 베드로는 부당한 대우와 비방과 박해를 받으면서 절망의 늪에 빠진 것처럼 느껴질지라도 주님의 재림과 영원한 본향을 소망하라고 격려합니다.

최근 세상과 교회를 섬기는 리서치 연구소(ARCC)가 20-30대 기독 청년 1,017명을 대상으로 설문 조사(2021년 1월 13일-2월 4일)를 실시했다고 합니다. 그 결과 약 30%의 청년들이 교회를 옮기거나 떠날 생각이 있다고 하면서, 그 이유로 목회자의 언행 불일치와 무례함, 청년부 안의 끼리끼리 문화로 인한 높은 진입장벽, 영적 갈급함이 채워지지 않아 느끼는 신앙의 회의감 등을 언급했습니다. 이 청년들은 우리의 양 떼입니다. 청년들은 목회자의 언행일치를 보면서 하나님을 닮은 성품이 무엇인지를 배우고 싶어 합니다. 그런데 목회자의 성품은 신학교에서 학점을 취득한다고 형성되는 것이 아닙니다. 신학교는 한국교회의 회복에 중요한 역할을 감당하고 있는 공동체로서 무엇보다도 예수님 안에 나타난 하나님의 은혜에 교수와 신학생과 직원 모두가 함께 반응하는 성품 공동체로 변화되어야 합니다(맥길대 Douglas J. Hall). 바울은 에베소의 목사인 디모데에게 자신의 성품과 설교가 일치하는지를 살피라고 권면했습니다(딤전 4:16). 이런 가르침에 따라 신행일치와 언행일치를 잘 훈련한다면 신뢰받는 사역자가 될 것입니다.

베드로는 4절에서 교회를 신성한 성품에 참여하는 "성품 공동체"(community of character)로 규정합니다. 성품은 "사람의 성질이나 됨

됨이"를 가리킵니다. 또한 "사람이 어떤 태도를 취하여 행동하도록 만드는 내면의 능력이자 정신적·윤리적·종교적 특성"을 뜻합니다(Stanley Hauerwas). 선천적인 기질(성격)과 달리 성품은 훈련을 통해 얼마든지 조금씩 변화될 수 있습니다.

우리가 하나님을 닮아가야 하는 이유는 무엇입니까? 1절은 우리가 하나님 곧 구주 예수 그리스도의 의를 힘입어 보배로운 믿음을 받았기 때문이라고 설명합니다. 예수님과 우리 사이에 "놀랍고 즐거운 교환"이 발생했습니다. 예수님은 우리의 죄와 허물을 가지고 가서서 도말하셨으며, 주님의 의와 믿음을 우리에게 선물로 주셨습니다. 예수님은 우리에게 믿음으로 의롭게 되는 은혜를 주셨습니다(『기독교강요』 4.17.2).

3절은 하나님을 닮아가야 할 다른 이유를 소개합니다. 예수님이 자기 백성에게 신적 능력을 통해 생명과 경건에 속한 모든 것을 주셨기 때문입니다. 우리는 영생과 더불어 경건하게 사는 데 필요한 모든 것을 받았습니다. 그러므로 구원의 확신을 가지고 경건하게 주님을 닮아가는 삶을 살아야 합니다.

10절은 우리가 주님을 닮아갈 마지막 이유를 소개합니다. 바로 하나님께서 우리를 자기 백성으로 부르시고 택하셨기 때문입니다. 또한 하나님은 우리를 목사 후보생으로 택하시고 부르셨습니다. 우리는 이런 하나님을 닮아가기 위해 노력해야 합니다.

둘째, 우리는 어떻게 힘써 하나님을 닮을 수 있습니까? 하나님의 성품 여덟 가지를 삶의 열매로 드러내야 합니다

5-7절의 신적 성품 여덟 가지는 서로 꼬리에 꼬리를 물고 있는 것처럼 보입니다. 이 성품들은 나선의 형태로 발전되기도 합니다.[2] 크기가 다른 여러 인형이 차곡차곡 담겨 있는 러시아의 마트료시카 인형처럼 뒤의 성품이 앞의 성품을 포괄하기도 합니다. 하지만 신적 성품은 동방 신학의 신격화(theosis)를 가리키지는 않습니다.

5절에 따르면 우리가 하나님을 닮아가는 첫 단계는 믿음 혹은 신실함입니다. 신실하신 하나님과 생명의 복음을 "믿는 것"이 하나님을 닮아가는 출발점이 됩니다. 따라서 불신자는 신적 성품에 참여할 수 없습니다. 베드로는 믿음으로써 갈릴리 호수 위를 잠시 걸었지만, 강한 바람을 보자마자 두려움을 느끼고 물에 빠지고 말았습니다. 예수님은 손을 내밀어 그런 베드로를 건져주시면서 "믿음이 작은 자야, 왜 의심하였느냐?"라고 말씀하셨고(참고. 마 14:31), 결국 베드로는 예수님을 그리스도시자 살아 계신 하나님의 아들로 믿었습니다.

믿음으로 사는 성도가 참여할 두 번째 신적 성품은 덕입니다(5절). 덕의 그리스어 어원 "아리"(ἀρι)는 누군가를 기쁘게 한다는 뜻입니다.[3] 덕은 남을 배려하는 탁월한 인품입니다(참조. 빌 4:8). 성부 하나님은 우리

---

2   B. B. Barton 외, 류호영 역, 『베드로전·후서, 유다서』(서울: 성서유니온선교회, 2008), 251.
3   D. J. Harrington, *Jude and 2 Peter* (Sacra Pagina, Collegeville: The Liturgical Press, 2008), 250.

에게 독생자를 주심으로써 가장 덕스러운 분이 되셨습니다. 우리는 우리를 제사장 나라로 삼아주신 하나님의 탁월한 덕을 선전해야 합니다 (벧전 2:9).

또한 우리는 지식을 갖추어야 합니다(5절). 하나님을 경험으로 알아가다 보면 분별력이 쌓일 것입니다. 그러나 수신자를 미혹하던 거짓 선생은 "이성 없는 짐승"으로서 하나님을 아는 지식이 결여된 사람이었습니다(벧후 2:12).

네 번째 신적 성품은 절제입니다(6절). 우리가 하나님의 뜻을 아는 지식을 갖추고 있으면 잘못된 욕망을 절제할 수 있습니다. 아버지 하나님께서 주와 구주이신 예수님을 통해 은혜로 공급해주신 모든 것들을 알면 알수록 더 절제할 수 있습니다.[4] 그런데 베드로후서의 수신자들을 미혹하던 거짓 선생들은 자신의 음심의 눈(벧후 2:14), 비방하는 입(2:12), 호색하는 성기(2:2, 14, 18)를 절제하는 데 실패했습니다.

다섯 번째 신적 성품은 인내입니다(6절). 성도는 자신을 방종으로 빠트리려는 이단의 유혹에 맞서 절제하고 인내해야 합니다. 성도가 소망 중에 인내한다면 네로 황제가 가하던 박해와 같은 핍박도 극복할 수 있습니다(롬 5:3-4). 또한 거짓 선생들이 부정한 주님의 재림을 인내하며 기다릴 수 있습니다.

여섯 번째 신적 성품은 경건입니다(6절). 믿음과 덕과 지식과 절제

---

4   J. D. Charles, *Virtue amidst Vice: The Catalog of Virtues in 2 Peter 1* (Sheffield: Sheffield Academic Press, 1997), 156-57.

와 인내에 참여하면 당연히 경건하게 살게 됩니다. 수신자들은 매일 이단과 박해를 직면하는 가운데서도 하나님만 예배하며 경건하게 살아야 했습니다. 이처럼 일상의 경건을 통해 재림을 준비해야 했습니다.

일곱 번째 성품은 형제자매의 우애입니다(7절, 참조. 벧전 1:22; 3:8). 교회는 하나님의 성품을 닮아가는 형제자매들로 이루어진 가족입니다. 베드로후서의 수신자들이 거짓 선생들과 네로의 박해에 맞서기 위해서는 형제자매의 우애가 필요했습니다.

마지막 여덟 번째 신적 성품은 사랑입니다(7절). 부활하신 예수님은 베드로에게 세 번이나 사랑을 확인하셨습니다(요 21:15-17). 그런 후 예수님은 사랑을 고백했던 베드로에게 그의 죽음을 예고하셨습니다(요 21:18-19). 그렇기 때문에 베드로는 목숨을 다해 예수님을 사랑해야만 했습니다. 보이는 형제자매와 우애한다면 볼 수 없는 하나님을 사랑할 수 있습니다(요일 4:20-21). 사랑은 성경의 핵심이고, 나머지는 주석입니다.

셋째, 힘써 하나님을 닮으면 무슨 유익이 있습니까? 예수님을 더 알게 됨으로써 구원의 확신을 가지게 되어 이단에 빠지지 않습니다

여덟 가지 신적 성품을 흡족히 갖춘 그리스도인은 주 예수님을 더 알게 됨으로써 성품의 열매를 맺게 됩니다(8절). 그리고 주님을 닮아가면서 하나님의 부르심과 택하심을 굳게 확신할 수 있습니다(10절). 하나님을 닮아가는 삶의 열매로서 소명과 사명이 확실해집니다. 신적 성품을 맺음으로써 부르심과 택하심을 견고히 하는 성도에게는 주 곧 구주 예수 그리스도의 영원한 나라에 들어감(εἴσοδος)이 넉넉히 주어집니다

(11절). 세상에서 나그네와 거류민으로 순례 중인 그리스도인의 최종 종착점은 예수님의 영원한 나라입니다.

이와 더불어 주님의 여덟 가지 성품에 참여하는 성도는 이단에 빠지지 않습니다. 수신자들을 미혹하던 거짓 선생들에게서는 신적 성품을 찾아볼 수 없었습니다. 예수님의 재림이 없다고 주장한 그들은 주 예수님을 부인하는 "불신앙"에 빠진 상태로(2:1), "지식이 없어" 이성 없는 짐승처럼 잘못을 반복했으며(2:12, 16, 22), 주님의 재림을 "인내"하면서 기다리지도 못했고(3:4), 음심과 연회를 "절제"하지 못했으며(2:13-14, 18), 소돔인들처럼 "불경건"했고(2:6, 13), 불의의 삯을 탐하면서 "형제 우애와 사랑"과는 거리가 먼 삶을 살았습니다(2:14-15).[5] 우리가 하나님을 닮아가는 삶을 추구함으로써 주님을 더 알아간다면, 욕망에 사로잡혀 방탕하게 살라고 우리를 미혹하는 이단을 물리칠 수 있습니다.

혹시 신적 성품의 열매가 부족하여 자신이 택함과 구원을 받지 못한 것은 아닌지 염려하는 사람이 있습니까? 첫 번째 성품인 믿음과 마지막 성품인 사랑을 확인해봅시다. 예수님께 순종하고 사랑하면서 살려는 마음이 있는지 확인합시다. 그런 순종과 사랑은 구주 예수님을 믿음에서 나옵니다. 순종과 믿음이 있다면 구원의 은혜를 받았음을 확실히 믿어야 합니다.

신적 성품에 참여하지 않은 채로 어떤 프로그램이나 전도에만 열중하게 되면 오히려 불신자로부터 비난을 받게 됩니다. 우리가 먼저 하

---

5   J. H. Neyrey, *2 Peter, Jude* (Anchor Bible, New Haven: Yale University Press, 1993), 160.

나님을 닮고자 노력하다 보면 삶에서 전도의 열매를 맺게 됩니다. 설교자 자신이 전도자가 될 때 세상에 하나님을 삶으로 증언하는 "선교적 교회"를 이루게 될 것입니다. 교회가 다시 부흥할 수 있는 유일한 방법은 주님을 더 닮아가는 공동체로 성숙하는 것밖에는 없습니다.

말씀을 맺습니다. 공부 잘하고 취업에 성공하면 성품이 나빠도 용서가 되는 시대가 아닙니까? 하지만 예수님께서 재림하시면 우리를 심판하십니다. 주님은 우리가 어느 대학 출신인지, 어느 직장에서 일했는지, 돈을 얼마나 벌었는지, 교회에서 어떤 직분을 맡았는지에 관심을 갖지 않으실 겁니다. 대신 주님을 닮고자 하는 삶을 살았는지를 물어보시면서 그 결과로 맺은 신적 성품의 열매를 보여달라고 말씀하실 것입니다.

하나님을 닮아가기 위해 매일 실천할 일은 무엇입니까? 여덟 가지 신적 성품 중 나에게 부족한 것을 점검해봅시다. 그 점을 보완할 수 있는 전략을 세워보고 그것을 실천하면서 성령 하나님의 도움을 구합시다.

여러분이 섬기는 교회에 신적 성품을 사모하는 고등학생들이 있다면 신학을 전공할 것을 적극적으로 추천하시기 바랍니다. 성품 공동체는 늙어갈 수 없습니다. 우리 모두 주님의 성품으로 무르익어가는 은혜가 있기를 바랍니다. 아멘.

설교자가 추천하는 주석

1. 왕인성,『베드로전후서』, 서울: 한국장로교출판사, 2014.

2. 채영삼,『베드로후서의 이해: 신적 성품과 거짓 가르침』, 고양: 이레서원, 2017.

3. 더글라스 무, 권대영 역,『베드로후서, 유다서』, NIV 적용주석, 서울: 솔로몬, 2015.

4. J. B. Green, *Jude* & *2 Peter*, BECNT, Grand Rapids: Baker, 2008.

5. J. H. Neyrey, *2 Peter, Jude*, Anchor Bible, New Haven: Yale University Press, 1993.

23
요한일서 설교

김문현

설교자 약력

한국외국어대학교(B.A.)

미국 Harding School of Theology(M.Div., M.A.R.)

미국 Princeton Theological Seminary(Th.M.)

미국 Abilene Christian University(D.Min.)

미국 Chicago Theological Seminary(Ph.D.)

KC 대학교 교수

설교자 저서

『예수를 만난 사람들: 요한복음에 나타난 등장인물 연구』(2017)

요한이 보낸 첫 번째 편지[1]:
참 하나님이시며 영생이신 예수 그리스도

요한일서 1:1-5:21

1. 생명의 말씀이 생명의 주로 경험되는 기쁨(1:1-10)

사도 요한이 약 1세기 후반(기원후 85-95년) 당시 에베소 지역에서 저술한 이 서신은 "태초부터 있는 생명의 말씀"(1:1)으로 시작됩니다. 그는 이 생명의 말씀이 "아버지와 함께 계셨던 영생"(1:2)이라고 말하는데, 이 말씀은 우주적이며 신비스럽고 놀라운 것 이상으로 엄숙하게 표현된 진리의 선언입니다. 태곳적이며 원시적인 복음의 비밀을 드러내는 묵직한 메시지를 통해 요한일서의 믿음이 공동체에 침투해 들어옵니다. "말씀이 육신이 되어 우리 가운데 거하는"이라는 요한복음 1:14의 표현처럼

---

1   요한일서에 대한 더 상세한 본문 주해와 메시지는 김문현, "요한일이삼서 본문주해,"
    생명의 삶+PLUS(2021년 1월, 서울, 두란노)를 참조하세요.

그 생명의 말씀은 육체적인 감각의 친밀도를 강화합니다. 그 친밀한 경험은 구체적으로 그 생명의 말씀을 듣고(ἀκηκόαμεν) 그 생명의 주를 보게 된 것입니다(ἑωράκαμεν). 더 나아가 요한일서 수신자의 공동체는 육체적인 감각뿐만 아니라 이성적인 지각을 통해 그 생명의 주를 더 자세히 관찰하고(ἐθεασάμεθα) 그들의 손으로 직접 만졌던(ἐψηλάφησαν) 경험적 사실을 확인합니다.

21세기를 사는 우리는 요한일서의 수신자가 1세기 후반에 경험했던 생명의 말씀을 어떻게 경험하고 그에 반응하고 있습니까? 그 생명의 말씀은 육체적, 물리적인 감각을 초월하여 경험되며, 우리는 우리 안에 거하는 하나님과 그분의 아들 예수님과 함께 나누는 교제(κοινωνία)를 통해 하나님의 생명을 누림으로써 진정한 기쁨으로 충만하게 됩니다(1:3-4). 하나님은 빛이시고 빛 가운데 계시기 때문에 우리는 그 빛을 통해 그 생명의 말씀이 생명의 주가 되는 경험을 함으로써 하나님의 생명을 누리는 놀라운 은총을 누리게 되는 것입니다. 이 생명의 주는 사람들의 빛으로 반사됨으로써 확산됩니다(요 1:3). 하나님에게는 "어둠이 조금도 없으시다"라는 개념은 어두움으로 대변되는 죄의 속성과 빛으로 대변되는 하나님의 생명과는 전혀 다른 삶의 정체성을 시사합니다(1:5-6). 세상 어두움의 모든 죄는 하나님의 빛으로 오신 예수님의 대속적인 사랑에 의해 정결해집니다. 즉 우리는 "육체를 입으신" 예수님의 십자가의 죽음과 그분이 흘려주신 피의 온전한 능력으로 "속량 곧 죄 사함"을 얻게 됩니다(골 1:13; 요일 1:5-7).

이처럼 우리 인간은 예수 그리스도의 십자가 은혜와 은총으로 인해 이 모든 죄로부터 용서를 받음으로써 하나님의 생명을 누릴 수 있게 되었습니다. 당시 요한일서 수신자들의 공동체 안에 있던 이단적인 영지주의자들은 예수님이 십자가에서 흘려주신 피가 그들의 죄를 정결하게 할 수 없으며 자신들은 "선과 악의 개념을 넘어서는 특별한 지식을 가진 영적인 존재이기 때문에 윤리적인 죄의 개념과는 전혀 상관이 없다"고 이야기합니다. 그러나 요한은 "만일 우리가 죄 없다고 말하면 스스로 속이고 진리가 우리 속에 없다"고 단언합니다(1:8). 그러면서 오히려 지은 죄의 심각성을 인식하고 그 죄를 [계속적으로] 고백하라고 말합니다(1:9). "고백하다"의 그리스어 호몰로게오(ὁμολογέω)는 문자적으로 "동일한 것을 말하다"(to say the same thing) 또는 "함께 말하다"(to speak together)라는 뜻입니다. 즉 개인이든 공동체든 하나님의 말씀을 있는 그대로 시인하고 자신의 죄를 하나님과 함께 고백한다는 의미입니다. 믿음의 공동체가 자신의 죄를 하나님 앞에 신실하게 고백할 때 품격 있는 그리스도인의 교제가 이루어질 수 있습니다. 다시 말하면 모든 믿음의 공동체가 "미쁘시고(πιστός) 의로우신(δίκαιος)" 하나님과의 신실한 교제를 통해 충만한 기쁨을 함께 누리는 거룩한 인격적인 관계를 맺게 되는 것입니다(사 53:4-6; 참조. 롬 5:8).

2. 하나님을 아는 것을 하나님의 사랑으로 승화하라(2:1-11)

요한은 이 서신을 받은 대상을 "나의 자녀들"(Τεκνία μου)이라고 호칭하면서 "너희로 죄를 범하기 않게 하려 함이라"(2:1)고 저술 목적을 소개합니다. 또한 누가 죄를 범한다고 해도 "우리에게 대언자가 있으니" 곧 "의로우신 예수 그리스도"라고 선언합니다. 대언자로 번역된 파라클레토스(παράκλητος)는 변호자, 상담자, 위로자, 도움을 주는 분이라는 뜻입니다(참조. 요 14:16, 26; 15:26; 16:7). 요한은 수신자들에게 우리의 죄를 [계속적으로] 호몰로게오(고백하면) 용서해주시는(1:9-11) 예수 그리스도가 우리의 대언자로서 [계속적으로] 우리와 함께 있음을 확신시킵니다(가지다의 그리스어 에코멘[ἔχομεν], 현재 동사형, we keep on having). 그 대언자는 "의로우신 예수 그리스도로서" 우리 죄를 구속하신 "화목제물" 곧 힐라스모스(ἱλασμός)가 가 되셨습니다. 요한은 우리의 죄를 구속하시기 위해 십자가의 희생제물이 되신 그 대언자 예수 그리스도가 누구인지를 분명히 알라고 선언합니다. 그렇습니다. 자신의 편지를 받은 수신자들의 바로 옆에서 파라클레토스(παράκλητος)인 예수 그리스도가 지금[계속적으로] 우리와 함께 계심을 선언하고 있습니다. 이런 사실은 우리를 향한 하나님의 사랑이 어떤 것인지를 입증해줍니다. 하나님은 자신의 아들 예수 그리스도를 십자가의 희생제물로 삼으심으로써 자신의 사랑을 확증하셨습니다(롬 5:8). 요한은 이런 하나님의 사랑을 알고(γινώσκω) 계명을 지키는 것이 영생에 이르는 길임을 강조합니다(2:4, 13; 3:1, 6; 4:6, 7, 8; 5:20; 요 17:3).

하나님을 아는 것(γινώσκω)과 하나님의 사랑(ἀγάπη)은 요한일서의 중요한 가르침입니다. 저자는 그 가르침을 하나님을 아는 것→계명(말씀)을 지키는 것→하나님의 사랑→참빛이라는 순차적인 단계로 설명하면서 "하나님의 말씀을 순종하는 것"이 그 "하나님 아는 것과 사랑"을 온전하게 만드는 실천적인 행위임을 강조합니다(2:3-5; 참조. 요 14:15, 21; 15:10). 우리가 하나님의 사랑을 실천하려고 할 때 이런 순차적인 단계를 염두에 두어야 합니다. 하나님을 알고 계명을 지키며 사랑의 실천적인 행동을 하는 것은 하나님 안에 거하는 자녀들의 삶의 기본입니다. 이를 바탕으로 요한은 하나님의 자녀로서 그분 안에 사는 것이란 예수님이 행한 대로 우리도 행하여야 한다(ὀφείλει)는 의미라고 가르칩니다(2:6). 또한 수신자들을 가리켜 "사랑하는 자들"(2:7)이라고 부르면서 예수님이 행하는 대로 행하라는 명령이 어떤 새롭고 생소한 선언이 아니라 너희들이 처음부터 들었던 옛 계명이라고 합니다. 이는 예수님 안의 사도적 가르침과의 연속성을 강조하는 표현입니다. 당시 수신자들에게 전한 예수님의 "사랑의 명령"이 이 시대의 우리에게도 새롭게 적용되어야 합니다. 이 새 계명은 요한복음 13:34의 "새 계명을 너희에게 주노니…내가 너희를 사랑한 것 같이 너희도 서로 사랑하라"는 의미와 동일합니다.

하나님을 사랑하는 것은 새 계명을 지키는 것인데, 이는 어두운 세상을 비추는 참빛으로 구체화됩니다. 즉 하나님을 향한 사랑을 품고 형제를 사랑하는 것은 하나님의 빛 가운데 거하는 자들이 순종해야 할 하나님의 계명입니다. 요한은 구체적으로 이 세상에서 형제를 사랑하는 자는 "자기 속에 거리낌이 없고" 형제를 미워하는 자는 "갈 곳을 알지 못하고 어둠이 그의 눈을 멀게 한다"고 설명합니다(2:9-11). 거리낌은 그리스어로 스칸달론(σκάνδαλον)이라고 하는데, 이는 다른 사람을 넘어지게 하는 것을 말합니다. 이 다른 사람들을 향한 사랑은 하나님의 뜻에 전혀 걸림돌이 되지 않으면서도 신실하게 표현되는 내적인 사랑의 행위입니다. 반면 형제를 미워하는 자는 하나님의 참빛을 알지 못한 채로 어두움 가운데서 행동을 함으로써 어디로 갈지 모르는 눈먼 삶의 모습을 적나라하게 보여줍니다.

3. 세상에 있는 것들을 사랑하지 말라(2:12-27)

요한은 1:5-2:11에서 언급한 이 사도적인 진리를 이제 좀 더 직접적으로 "자녀, 아비, 청년들"에게 전달합니다(2:12-14). 부연하면 "그[예수]를 아노라"(2:4), 그[예수]의 안에 산다고 하는 자(2:6), "빛 가운데 있다고 하는 자"(2:9)의 삼인칭으로 지칭되는 사람들을 이인칭으로 특정화합니다(2:12-14). 저자 자신은 일인칭, 수신자들은 이인칭으로 지칭하면서 "자녀들에게" 너희가 예수의 이름으로(for his name sake) 죄 사함을 받았으며(2:12), "아비들에게" 너희가 태초부터 하나님 아버지를 알았고(2:13), "청년들에게" 너희가 악한 자를 이겼다(14절)고 이야기합니다. 이처럼 다양한 대상에 따른 호격은 자녀들 또는 아이들로 대변되는 교회 전체 구성원을 염두에 두고 그 청년들과 아비들의 삶과 믿음의 단계를 반영한 수사학적인 표현으로 보입니다. 이런 수사학적인 의도는 무엇일까요? 이는 무엇보다도 다양한 무리와 계층으로 구성된 교회 공동체가 이 세상에서 승리할 수 있는 원동력은 "하나님의 말씀이 너희 안에 거한다"는 확신임을 선포하려는 것입니다(12:14).

세상이라는 공간에서 하나님 말씀의 부재는 말 그대로 세상적이 됩니다. 요한일서의 저자가 수신자를 향해 첫 번째로 전한 명령은 세상과 세상에 속한 것을 사랑하지 말라는 것입니다(2:15). 저자에 따르면 이 세상 속에는 하나님과 그분의 사랑이 없습니다(2:16). 세상에 속한 것은 "육신의 정욕, 안목의 정욕, 이생의 자랑"입니다. 이런 세상적인 속성은 하나님의 빛, 영원한 생명, 사랑, 참빛으로부터 분리되어 자신 스스로 하나님이 되려는 세상적인 욕망일 뿐입니다. 이런 세상의 욕망은 인간이 하나님으로 분리된 사단적인 존재임을 보여줍니다. 하나님으로부터 생수를 버리고 자신의 욕구를 채우려는 아담과 하와의 첫 번째 인간은 선악과 범죄에 유비됩니다. 하나님의 명령을 불순종하고 선악과를 먹는 육신의 정욕, 먹기에 좋아 보이는 안목의 정욕, 하나님과 같이 선악을 알기를 원하는 교만한 이생의 자랑이 갖는 속성과 유비됩니다. 우리는 세상적인 욕망에 집착하지 말고 하나님으로부터 나오는 예수 그리스도의 지혜, 의로움, 거룩함, 구원함을 경험해야 합니다(고전 1:30).

하나님의 사랑이 없는 이 세상에는 사단적인 "거짓 선지자"(참조. 4:1)가 나타나게 되고, 이는 교회 공동체를 위협하는 적그리스도(ἀντίχριστος) 출현에 대한 종말론적인 심판의 심각성을 상기시킵니다. 적그리스도는 그리스도 대신에(instead of Christ) 또는 그리스도를 대적하는 사람(who oppose Christ)이라는 뜻입니다. 저자는 이를 통해 믿음의 공동체의 교제에서 분리되어 나간 적그리스도의 거짓된 영을 드러내려는 의도를 갖고 있습니다. 믿음의 공동체를 구성하는 사람들은 거룩한 기름부음을 받은 자라는 분명한 정체성을 보여줍니다(2:20). 기름 부음을 받은 자는 하나님의 진리를 알고 그 말씀이 그들 안에 거하기 때문에 거짓선지자/교사들을 분별하고 물리칠 수 있는 영적 능력이 있습니다. 당시 정통적인 기독론에 대한 그릇된 지식을 가르침으로써 믿음의 공동체를 미혹하려던 사람들은 예수께서 그리스도이심을 부인하는 적그리스도 입니다. 2:23은 22절을 다시 분명하게 하는데, 아들을 부인하는 자는 아버지가 없는 것처럼 예수님을 시인하는 자는 하나님을 시인하는 것입니다. 하나님의 약속인 영원한 생명(2:25)에 관한 진리의 지식을 분별할 수 있는 능력은 "주께서 부어주시는 기름"이 원천이 됩니다. 따라서 그 기름 부음이 우리를 가르치는 그대로 주 안에 거하라고 권면합니다(2:27).

4. 보라, 그 큰 위대한 하나님의 사랑을(2:28-3:10)

저자는 수신자의 공동체를 향해 "주께서 나타나신 되면"(2:28)이라고 언급하면서, 예수님의 재림에 대한 소망을 품은 채로 담대한 믿음을 가지라고 선언합니다. 사람들이 영생의 확신, 부활과 재림에 대한 담대한 소망을 갖지 못하는 이유는 무엇일까요? 저자에 따르면 이런 담대한 소망은 예수 안에 거하며 죄를 짓지 않고 살아가려는 의로움을 통해 이루어집니다(3:28-29). 부연하면 하나님의 의는 우리가 하나님으로부터 태어난다는 거듭남을 통해 주 안에서의 확신을 가지게 됨으로써 이루어집니다(고전 1:30; 참조. 고후 5:21).

요한일서의 저자는 다양한 주제를 순환적으로 반복함으로써 입체적으로 논지를 전개합니다. 저자는 "보라…어떠한…"(3:1) 구절을 통해 새로운 주제를 전개하면서 관심을 끌고 있는데, 특히 하나님 아버지의 사랑을 강조합니다. 그 "어떤 사랑"(ποταπὴν ἀγάπην)은 하나님 사랑의 위대한 정점을 표현하고 있으며, "일컬음을 받게 하셨는가"(κληθῶμεν)는 그 큰 사랑 때문에 하나님의 자녀로 불리게 된 폭발적인 감격을 표현합니다. 또한 하나님의 자녀가 누리는 하나님의 큰 사랑에 감격하게 되면 그리스도와 같이 되는 "예수의 참모습"을 보게 될 것이라고 선언합니다(참조. 요 14:19). 이 선언은 이 땅에 사는 하나님의 자녀가 이뤄가는 영적인 거룩함과 성화의 삶이 하나님의 위대한 사랑의 은총임을 나타냅니다. 이는 피상적인 바램이나 희망을 넘어서는 강한 의지의 확신과 소망(ἐλπίδα)으로 연결됩니다. 이처럼 하나님의 자녀가 "예수의 참모습"으로 되는 거룩한 도전과 소망이 우리 앞에 놓여있습니다.

요한일서는 "하나님께로부터 난 자"(3:9)는 "하나님의 씨가 그의 속에 거한다"라는 설명을 통해 거듭남의 확실성과 구체성을 제시하면서, 거듭남의 절대적인 중요성을 10회에 걸쳐 강조합니다. "하나님의 씨"(σπέρμα)는 하나님의 성령 또는 하나님의 말씀(눅 8:11 참조)을 시사할 수 있지만, 이곳 문맥에서처럼 거듭남이 강조될 때는 "하나님의 생명"의 원천이나 능력을 의미합니다. 요한복음 3장에서 예수님은 니고데모를 향해 하나님 나라를 보거나 들어가려면 물과 성령으로 거듭나야 한다고 말씀하십니다. 어머니 모태에서 육적으로 태어나는 것이 아니라 하나님의 모태(the womb of God)에서 영적으로 출생하는 것의 중요성을 강조하신 겁니다. 하나님의 자녀는 "하나님의 씨"로부터 태어나기 때문입니다. 이처럼 하나님의 씨를 통해 난 하나님의 자녀들은 습관적으로 죄를 계속 짓지 않습니다(3:6, 9). 저자는 특별히 죄(ἁμαρτία)와 불법(ἀνομία)의 영역을 구별하고 있습니다(3:4). 즉 1:9, 2:1-2에서 볼 수 있는 것처럼 신자가 고백하고 용서받을 수 있는 다양한 개인적인 행위로 인한 죄(ἁμαρτία)가 아닌 "하나님의 권위를 시인하지 않고 그 권위에 복종하지 않는 죄…사망에 이르는 죄"(ἀνομία)는 하나님의 씨를 가진 자가 범할 수 있는 죄가 아니라는 관점입니다. 그럼으로써 하나님에게서 난 자, 하나님의 의로 행하는 자, 하나님의 씨가 있는 하나님의 자녀에 대비하여 하나님께 속하지 않고 불법(ἀνομία)을 행하는 마귀의 자녀를 확실히 구분합니다.

5. 율법과 죄에 집착보다는 하나님의 사랑에 집중하라(3:11-24)

우리가 믿음을 갖고 예수를 믿을 때 나타나는 독특한 특징은 무엇일까요? 그것은 우리를 향한 하나님의 사랑이 아닐까 싶습니다. 하나님의 사랑을 경험한 자는 "서로서로" 사랑해야 합니다(3:11). 그렇게 서로 사랑하는 것은 하나님의 의를 행하는 실제적인 행동입니다. 저자는 가인의 악한 행동과 아벨의 의로운 행동을 구별하는데, 가인은 악한 자에게 속한 사람으로서 자신의 형제인 아벨을 죽인 불법(ἀνομία)을 행했지만, 아벨은 하나님께 속한 자로서 그분의 의로움을 나타낸다고 설명합니다. 저자는 수신자들에게 "서로서로"의 사랑이란 "너희가 처음부터 들을 소식(ἡ ἀγγελία)"이라고 이야기합니다(3:11). "서로서로"의 형제 사랑은 우리가 처음부터 들었던 사랑의 메시지(ἡ ἀγγελία), 즉 우리가 감격스럽게 경험했던 하나님의 "처음 사랑"이 되는 것입니다!

우리가 주님을 처음 사랑했을 때 그 크신 사랑으로 인한 벅찬 감격을 누렸습니다. 하지만 우리는 복음의 진수인 그 처음 사랑을 상실하지는 않았나요? 여러분은 그 처음 사랑을 유지하고 있습니까?(계 2:4) 요한계시록 2:5에 기록된 대로 "그러므로 어디서 떨어졌는지(πόθεν πέπτωκας)를 생각하라"에서 어디서에 해당하는 그리스어 πόθεν을 바탕으로 이 질문을 다시 생각해보면 우리는 결국 "하나님의 처음 사랑에서 얼마나 멀리 떨어져 있는지(how far), 어떤 높이만큼(the height) 떨어져 있는지, 어디로부터(from where) 멀어져 있는지"라는 물음 앞에 있는 것입니다. 사랑의 결핍, 그것은 하나님의 의로움이 결핍된 상태입니다. 한편 죄에 대해 집착을 드러내기보다는 우리가 하나님의 사랑 안에 있는지를 늘 성찰해보는 것이 중요합니다. 하나님의 사랑 안에 있는 사람은 본질적으로 죄악의 상태와 분리됩니다. 우리 안에 하나님의 사랑이 없고 하나님의 의가 없을 때 형제를 미워하게 됩니다. 이처럼 하나님의 사랑으로 형제를 "서로서로" 사랑하는 것은 하나님의 의를 이루는 삶을 사는 것입니다.

저자는 형제를 사랑하는 자는 "사망에서 생명"으로 옮겨졌음을 [우리가] 안다고 선언합니다(3:14). "옮겨지다(μεταβεβήκαμεν)", "우리가 안다(οἴδαμεν)"라는 그리스어 동사는 둘 다 완료형인데 이는 한 장소에서 다른 장소로 온전히 이주했음을 우리가 확실히 안다는 뜻입니다. 이 구절은 골로새서 1:13-14의 내용과 일맥상통합니다. "그[예수]가 우리를 흑암의 권세에서 건져내사 그의 사랑의 아들의 나라로 옮기셨으니 그 아들 안에서 우리가 속량 곧 죄 사함을 얻었도다." 즉 형제를 사랑하는 자들은 예수 그리스도의 대속의 은혜를 입어 하나님의 생명 안으로 들어감으로써 악한 흑암의 세상에서 사랑의 아들[예수님]의 나라로 옮겨진 것입니다. 이처럼 우리가 하나님의 사랑을 경험한 교회 안팎에서 형제를 사랑하는 긍휼의 마음($\sigma\pi\lambda\acute{\alpha}\gamma\chi\nu o\nu$)을 '옹골차게' 닫지($\kappa\lambda\epsilon\acute{\iota}\sigma\eta$) 않도록 주의해야 합니다. 이와 더불어 형제를 사랑함으로써 하나님 나라와 의를 이루어야 하겠습니다!

저자는 하나님의 자녀가 교회 공동체에서 지녀야 할 영적 균형을 제시합니다. 하나님은 사랑이시기 때문에 하나님을 사랑한다고 하면서 다른 사람들을 사랑하지 않는다면 하나님의 자녀로서 온당치 못한 행동을 하는 것입니다. 하나님은 말과 마음으로만 형제를 사랑하라고 하시지 않고, 우리들의 자원을 가지고 형제의 필요를 채워주는 "행함이 있는 사랑"을 하라고 말씀하십니다(3:16-18). 우리는 형제를 사랑하는 행위를 통해 하나님으로부터 담대함을 얻고(3:21), 기도에 대한 응답을 받으며(3:22), 하나님이 우리 안에 거하신다는 약속을 받고, 그분의 자녀들에게 주는 성령으로 말미암아 주 안에 거하게 되는 축복을 받게 됩니다(3:24).

6. 우리를 향한 하나님의 구체적인 사랑의 증거를 직시하라(4:1-12)

우리는 하나님의 그 사랑을 어떻게 경험하고 있습니까? 그 하나님의 사랑이 우리 안에 흐르고 있습니까? 하나님은 "사랑하는 자들아"(4:1) 또는 "자녀들아"(2:7; 3:2, 21; 4:1, 7, 11)라고 부르시면서 예수 그리스도를 믿고 서로 사랑하라고 권면하십니다(3:23). 하나님은 사랑이시며, 그 하나님의 사랑은 자신의 독생자 예수 그리스도를 우리의 죄를 위한 화목제물로 삼으셨습니다(롬 3:24-25; 5:5; 8:32). 하나님을 향한 사랑이든 이웃 형제에 대한 사랑이든 그 원천은 예수 그리스도가 누구인지를 정확하게 아는 것으로부터 출발합니다. 저자는 수신자들에게 "예수 그리스도가 육체로 오신 것"을 시인하는 참된 진리로부터 사랑이 출발한다고 이야기합니다. 그는 그리스도가 육체로 오신 것을 부인하는 자를 적그리스도(ἀντίχριστος)로 지칭합니다(4:3). 적그리스도는 예수 그리스도가 누구인지를 모른 채로 예수님의 정체성과 사도적 교훈에 대해 적대적인 배척감을 드러내는 사람입니다.

오늘날 우리는 적그리스도의 영을 어떻게 이해해야 할까요? 먼저 적그리스도의 영은 세상에 속한 영으로서 하나님을 거역할 뿐만 아니라 육체로 오신 예수님을 부인합니다. 이는 예수님의 십자가 죽음을 통한 인간의 죄의 구속을 믿지 않는 적대적 불신을 의미합니다. 이와 대조적으로 하나님이 누구이심을(4:7) 온전히 알면, 그 하나님의 사랑을 투사하고 흘러내리는 역할을 감당해야 합니다. 하나님은 자신의 유일하신 아들(μονογενής, 독생자)을 화목제물(ἱλασμός)로 이 세상에 보내셔서 자신의 사랑을 확증하셨습니다(4:9). 그렇습니다! 하나님은 우리를 위한 자신의 사랑을 실제적으로 확증하시기 위해 엄청난 대가를 치르셨습니다(롬 5:8). 우리를 향한 하나님의 사랑은 단순히 피상적인 개념이 아니라 구체적으로 증거된 것입니다. 그러므로 우리는 하나님의 사랑의 기원과 성격뿐만 아니라 그 사랑이 실제로 어떻게 적용되었는지에 관해 깊이 생각해야 합니다. 이런 관점에서 육체로 오신 예수 그리스도께서 보여주신 십자가의 대속적 사랑과 은혜를 예수 안에서 다른 사람들에게 구체적으로 실천할 수 있는 증거를 가져야 합니다.

7. 우리는 하나님의 사랑을 알고 믿었다(4:13-21)

요한일서 전체에 흐르는 하나님의 사랑은 바로 그 하나님의 존재와 본질적인 성품을 나타냅니다. 우리 안에 내주하신 성령은 그 하나님의 사랑이 우리 안에서 온전히 이루어지기를 원하는데, 그 일은 "예수님은 하나님의 아들"이라는 믿음의 고백을 통해 이루어집니다. 요한은 그 하나님의 사랑을 "우리가 알고 믿었다"라고 말하면서 그 사랑을 확증합니다(4:14-16). 그 하나님의 사랑은 "육체를 입고 이 땅에 오신 예수 그리스도의 십자가 은혜로" 인해 우리 안에서 온전히 이루어집니다. 그 십자가에서 흐르는 사랑은 모든 두려움과 형벌로부터 우리를 보호합니다. 그 십자가의 사랑은 하나님으로부터 나오기 때문에 우리는 주 안에서 담대함을 누리게 됩니다. 그 하나님의 사랑은 하나님 안에 거하는 자로부터 흐르게 됩니다(4:19-21). 과연 하나님이 우리를 어느 정도 사랑하실까요? 요한복음 17:23은 우리를 향한 하나님의 사랑을 다음과 같이 구체적으로 표현합니다. "…내가 그들 안에 있고 아버지께서 내 안에 계시어 그들로 온전함을 이루어 하나가 되게 하려 함은 아버지께서 나를 보내신 것과 또 나를 사랑하심 **같이** 그들도 사랑하신 것을 세상으로 알게 하려 함이로소이다"(…have loved them **even as** you have loved me). 하나님은 예수님을 사랑하시는 것처럼 우리를 사랑하십니다! 이 하나님의 사랑을 누리고 계십니까? 우리를 향한 하나님의 위대한 사랑은 "주께 받은 계명"으로서 하나님과 이웃을 향한 사랑은 예수 그리스도를 통해 이루어집니다.

8. 믿음과 거듭남이 세상을 이긴다(5:1-12)

예수 그리스도를 믿는 믿음과 하나님의 사랑 사이에는 어떤 상관관계가 있습니까? 하나님은 예수 그리스도를 믿는 자를 하나님의 사랑으로 "낳았다"고 말씀하십니다(5:1). 믿음과 거듭남은 하나님의 사랑과 연결됩니다. 하나님으로부터 태어난 자녀들은 당연히 하나님을 사랑하고 그분의 계명을 지킬 수 있는 사람들입니다. 하나님의 자녀가 세상을 이기고 승리의 노래를 부를 수 있는 이유는 그 세상을 이기신 예수 그리스도를 향한 우리의 믿음이 있기 때문입니다. 하나님으로부터 난 자는 세상을 이기는 자이며(5:4), 예수님을 그리스도로 믿는 자가 세상을 이길 수 있습니다(5:5). 예수님의 그리스도 되심을 믿는 자와 거듭난 자가 세상을 이깁니다. 요한은 이런 내용을 3:8("…하나님의 아들이…마귀의 일을 멸하려")과 2:14("…청년들아…너희가 강하고…너희가 흉악한 자를 이기었음이라", 2:14)에서 선언합니다. 요한복음 16:33에서 예수님은 "내가 세상을 이기었노라(νενίκηκα)"라고 말씀하셨습니다. 우리는 누구입니까? 하나님께로부터 난(γεγεννημένον, 완료시제) 자로서 "하나님의 아들, 즉 예수를 믿는 믿음으로 세상을 이기는 것"(νενίκηκα, 완료시제)을 해낸 존재입니다.

세상을 이기는 믿음과 순종은 분리될 수 없습니다. 예수님의 십자가 죽음은 하나님의 아들로서 순종하신 결과입니다. 예수님이 십자가에서 흘리신 물과 피는 하나님을 향한 순종의 실제적 증거입니다(5:6). 그 순종은 하나님의 사랑 안에서 우리를 향해 보여주신 예수님의 대속적인 사랑입니다. 예수님이 십자가에서 보여주신 사랑의 흔적이 성령의 역사로 증거되고 있습니다(5:7). 저자는 예수님이 물로만 아니라 물과 피로 임하셨고, 물과 피와 성령이 예수 그리스도를 증언한다고 말합니다(5:6). 진리이신 성령이 예수를 증언하는 사역은 곧 예수의 십자가의 복음과 보혈의 증거를 드러내는 일입니다. 이런 십자가의 대속적인 죽음에 대한 증언이 하나님으로부터 이루어졌습니다. "하나님의 증거는 이것이니 그이 아들에 대하여 증언하신 것이다"(5:9). 태초로부터 있었던 생명의 말씀이 하나님과 함께하는 영원한 생명이 되는 것이 바로 성령의 증거입니다. 모든 인간이 누릴 수 있는 가장 중요한 복음은 무엇입니까? 하나님의 "아들이 있는 자"에게 생명이 있다는 것입니다. 우리는 하나님의 아들 예수 그리스도를 가지고 있습니다!

9. "참 하나님이시요 영생"인 예수 그리스도를 잊지 말라(5:13-21)

저자 요한은 마지막 단락에서 지금까지 언급한 다양한 신학적 주제를 요약하고 그것들을 확대 적용하면서 편지를 끝맺습니다. 특히 1:6-10에 언급한 죄의 문제를 5:14-19에 이르러서는 죄의 성격과 그 죄에 대한 중보기도의 중요성을 강조하는 데 활용합니다. 예수 그리스도가 누구인지에 대한 올바른 진리를 다룬 2-4장의 내용은 "그[예수]는 참 하나님이시오, 영생이라는" 놀라운 신앙고백으로 이어집니다. 저자는 "참 하나님이신" 예수 그리스도를 통해 영생에 이른다는 진리를 사랑하는 사람들을 향해 확신에 찬 어조로 선언합니다. 이처럼 요한복음과 요한서신은 영생에 이르는 분명한 사실 곧 "참되고 진정한 앎"에 대한 확신을 강조합니다(요 17:3). 저자는 사랑하는 자들을 향해 그들이 "하나님께 속한 자"라고 말하면서 예수 그리스도께서 참 하나님이자 영생이라는 진리를 다시 한번 분명히 선언합니다. 이 놀라운 진리를 배우고 경험하는 자들이 어떻게 우상을 가까이할 수 있겠습니까?

설교자가 추천하는 주석

1. R. Alan Culpepper, *The Gospel and Letters of John*, Nashville: Abingdon Press, 1998.

2. Peter R. Jones, *1, 2 & 3 John*, Macon, GA: Smyth & Helwys, 2009.

3. 장동수, 『요한서신: 설교를 위한 요한서신 원문 연구』, 서울: 한국성서학연구소 2015.

4. 캐런 H. 좁스, 김귀탁 역, 『강해로 푸는 요한 일·이·삼서』, 서울: 도서출판디모데, 2018.

5. 목회와신학 편집부, 『요한일·이·삼서 어떻게 설교할 것인가』, 서울: 두란노아카데미, 2016.

24
요한이서 설교

문우일

설교자 약력

고려대학교(B.S.)

서울신학대학교(M.Div.)

미국 University of Chicago(M.A.)

미국 Claremont Graduate University(Ph.D.)

전 서울신학대학교 교수

설교자 저서

역서 『요한복음 새롭게 보기』(2016) 외

장로가 선택받은 여주인과 그 자녀들에게

요한이서 1:1-13

요한이서는 "어떤 장로가 어떤 선택받은 여주인과 그 자녀들에게" 보낸 편지로서, 태초부터 지금까지 변함이 없었고 앞으로도 영원히 변치 않을 진리와 사랑에 관한 내용을 담고 있습니다. 독자들은 도입부를 읽으면서 여러 질문을 떠올리게 되는데, 무엇보다도 발신인과 수신인의 이름이 나오지 않는다는 점에서 강한 호기심을 느끼게 됩니다. 상당히 권위 있는 어르신으로 추정되는 "장로"(프레스뷔테로스, πρεσβύτερος)가 편지를 보내면서 수신인을 가리켜 "여주인(퀴리아, κυρία)과 그 자녀들"이라고 깍듯이 예우하는 것을 보면 이들이 누구이며 어떤 관계인지 궁금해집니다. 게다가 영원히 변함없는 "진리"를 언급하면서 그 진리 때문에 사랑하게 된다는데, 과연 그런 진리와 사랑이 무엇이며 그 둘은 어떤 관계인지를 알고 싶어집니다. 이런 궁금증을 해결하기 위해 우리가 요한의 교회에 참석하여 어떤 장로가 보낸 편지를 직접 받아보게 되었다고 생각해봅시다.

먼저 편지를 보낸 장로에 대해 알아보겠습니다. 장로를 일컫는 그리스어 "프레스뷔테로스"는 나이가 많은 연장자라는 뜻일 수도 있고 교회 직분을 가리키는 단어일 수도 있는데, 직분일지라도 나이가 적은 분은 아니었을 겁니다. 편지를 보면 장로는 여주인과 자녀들에게 교훈을 일깨워주고 권면하는 지도자 위치에 있는 것으로 추정되기 때문입니다. 장로는 자신의 이름을 밝히거나 자기가 누군지 장황하게 소개하지 않습니다. 아마도 여주인과 자녀들이 이미 잘 알고 따르는 사람이었기 때문에 굳이 자신을 소개할 필요가 없었을 겁니다.

초기 교회 전통은 그 장로가 바로 "사도 요한"이라고 합니다. 사도 요한이라면 당시 교회에서 최고로 존경받고 신뢰받는 예수님의 증인이었을 겁니다. 왜냐하면 공관복음이 예수님을 가장 가까이서 모셨다고 보도하는 세 제자는 베드로, 야고보, 요한(마 17:1; 5:37; 막 9:2; 13:3; 14:33; 눅 8:51; 9:28)인데, 요한이서를 쓸 당시에는 어쩌면 사도 요한만 생존해 있는 상태였을 것이기 때문입니다. 야고보와 베드로는 일찍 순교했으니까요. 사도행전이 전하는 바에 따르면 요한의 형제 야고보는 아그립바 1세 때 순교합니다(행 2:2). 형제가 순교한 뒤에도 요한은 베드로와 함께 다니며 동역을 했습니다(행 3:1-11; 4:13, 19; 8:14). 그런데 베드로마저 네로 황제 때 순교합니다(요 21:19; 『유세비우스 교회사』 2.25; 베드로행전 39-40장). 베드로와 바울은 둘 다 네로 황제 때인 64년경에 순교하지요. 그러니까 이 세 명의 제자 중 사도 요한이 가장 오래 살았습니다. 2세기에 갈리아 루그드굼 주교였던 교부 이레나이우스의 기록에 따르면 요한은 심지어 트라야누스 황제가 다스리던 기원후 98-117년 정도까지 생존해 있었다고 합니다(『유세비우스 교회사』 3.23).

요한에 대해 좀 더 생각해봅시다. 형제가 나란히 예수님의 열두 제자에 포함된 경우는 베드로와 안드레 형제 그리고 야고보와 요한 형제뿐입니다. 그런데 예수님을 가장 가까이서 모신 세 제자에는 베드로, 야고보, 요한만 들어갑니다. 안드레가 빠지지요. 야고보와 요한은 예수님의 애제자에 포함된 유일한 형제였습니다. 이것만 보더라도 요한의 집안과 예수님이 얼마나 각별했는지 알 수 있습니다. 예수님은 그 두 형제에게 "보아너게"라는 별칭을 주시면서 각별한 애정을 드러내셨습니다(막 3:17).

이뿐만이 아닙니다. 성경은 베드로와 안드레의 어머니에 대해서는 침묵하지만, 야고보와 요한의 어머니인 살로메에 관해서는 놀라운 보도를 합니다. 살로메는 예수님께 나아가 자신의 "두 아들을 주의 나라에서 하나는 주의 우편에, 하나는 주의 좌편에 앉게 명하여 달라"고 간청합니다(마 20:21). 또한 갈릴리에서부터 예수님 곁을 지키다가 십자가 처형장까지 동행하고요. 안식 후 첫날에는 다른 두 여인과 함께 향품을 가지고 주님의 무덤에 갔다가 주님의 부활을 처음으로 목격하는 증인이 됩니다(마 27:56; 막 15:40-41; 16:1). 그리고 다음 구절들을 자세히 비교해보면 살로메가 예수님의 이모일 가능성도 있습니다. "그중에 막달라 마리아와 또 야고보와 요셉의 어머니 마리아와 또 **세베대의 아들들의 어머니**도 있더라"(마 27:56). "그중에 막달라 마리아와 또 작은 야고보와 요세의 어머니 마리아와 또 **살로메**가 있었으니"(막 15:40). "예수의 십자가 곁에는 그 모친과 **이모**와 글로바의 아내 마리아와 막달라 마리아가 섰는지라"(요 19:25).

이처럼 성경은 야고보와 요한의 어머니인 살로메를 예수님의 어머니인 마리아와 여성 수제자인 막달라 마리아에 상응하는 수준으로 나란히 보도하고 있습니다. 이는 살로메가 예수님의 최측근 여제자 그룹에 속해 있었다는 뜻입니다. 성경은 야고보와 요한의 아버지에 관해 자세하게 보도하지는 않지만, 두 형제를 "세베대의 아들들"이라 표현함으로써 그 아버지의 이름을 기억하고 그의 생업이 어부였음을 확인해줍니다 (마 4:21; 10:2; 20:20; 26:37; 27:56; 막 1:19-20; 3:17; 10:35; 눅 5:10; 요 21:2).

요컨대 사도 요한은 위대한 어머니와 형제를 가졌을 뿐만 아니라, 자신 역시 혹독한 박해를 이겨내고 살아남아 초기 교회 특히 소아시아 교회들을 정비하고 확장하며 성경을 기록하는 위대한 삶을 살았습니다. 요한은 당시 그리스도인들 사이에서 주님의 가장 사랑받는 제자이자 요한복음과 서신들 및 요한계시록을 집필한 분으로 널리 알려졌을 것이고 그 결과 바울을 능가하는 존경을 받았을 것입니다. 이 문헌들은 오늘날에도 "요한 문헌"이라는 별칭으로 구별되어 요한의 전통이 지닌 영향력을 보여줍니다.

만약 이처럼 권위 있는 사도 요한이 요한이서를 보낸 장로라면, 그런 분이 "선택받은 여주인님"(에클렉테 퀴리아)이라고 깍듯이 부른 여성은 대체 누구일까요? 여러 학자들이 연구한 바에 따르면 그 호칭이 편지 쓸 때 예우를 갖추어 사용하는 "경애하는 ○○○ 여사님"과 같은 표현일 것이라는 해석도 있고, 또는 이 여성의 이름이 "엘렉타" 내지는 "퀴리아"였을 것이라는 의견도 있습니다.

어떤 학자들은 선택받은 여주인이라는 **"에클렉테 퀴리아"**라는 호칭이 일반 교회나 지역 교회에 대한 표현이었을 것이라는 멋진 제안을 합니다. 왜냐하면 그리스어로 "교회"를 일컫는 "에클레시아"(ἐκκλησία)는 여성이며 철자나 발음상으로도 에클렉테 퀴리아(ἐκλεκτὴ κυρία)와 비슷하기 때문이지요. 그럼 "에클렉테 퀴리아"라는 단어를 좀 더 살펴볼 필요가 있겠지요?

먼저 여성형 형용사 "에클렉테"를 자세히 봅시다. 에클렉테는 "불러 구별하다" 또는 "선택하다"라는 뜻이고요, 남성형은 에클렉토스입니다. 그리고 교회 에클레시아는 "부르심을 받은 여자"라는 뜻으로서, 세상에서 하나님이 불러 구별하신 성도들에 대한 총칭입니다. 즉 선택하다라는 뜻의 형용사 에클렉토스와 교회라는 뜻의 명사 에클레시아는 모두 "부르다"라는 뜻의 동사 칼레인(καλεῖν)과 친척 관계에 있는 동족어인 셈이지요.

더구나 에클렉토스 자체는 매우 특별하고 고귀한 표현입니다. 이 단어는 성경에서 "오신다는 메시아 그리스도", "하나님의 성도들", "예수 그리스도를 따르는 신자들", "신자 개인"을 뜻할 때가 많거든요. 예를 들면 이사야 선지자는 "내가 붙드는 나의 종, 내 마음에 기뻐하는 나의 선택한 사람을 보라"고 말하면서 하나님의 말씀을 전하는데(사 42:1), 여기서 "하나님이 선택한 사람 메시아"를 표현할 때 "호 에클렉토스"를 씁니다. 십자가 처형장에 있던 관원들은 그리스도를 가리켜 "호 에클렉토스"라고 표현하지요. "관원들도 비웃어 가로되 '저가 남을 구원하였으니 만일 하나님의 택하신 자(호 에클렉토스) 그리스도여든 자기도 구원할지어다' 하고"(눅 23:35).

또한 마태복음은 종말에 하나님의 부르심을 받았을 뿐만 아니라 실제로 선택을 받아 하늘 잔치에 직접 참여할 자들을 "호이 에클렉토이"(οἱ ἐκλεκτοί)라고 부릅니다(마 22:14; 24:22, 24, 31). 바울도 "하나님의 택하신 자들"을 가리켜 "호이 에클렉토이"라고 칭하는데, 일반 교회 전체를 그렇게 부른 셈입니다(롬 8:33). 또한 바울은 교회 전체뿐 아니라 개별 성도도 "에클렉토스"라고 표현합니다. 예를 들면 동역자 루포를 "선택받은 에클렉토스 루포"라고 부르거든요. "주 안에서 선택받은 루포와 그 어머니에게 문안하라, 그 어머니는 곧 내 어머니니라"(롬 16:13). 여기서 바울이 어머니와 자녀 루포에게 문안한 것은 요한이서에서 장로님이 "여주인과 그 자녀들"에게 문안하는 것과 비슷합니다. 또한 골로새서도 그 편지를 받는 교회 성도 전체를 "하나님의 선택받은 자들"(호이 에클렉토이)이라고 부르면서, 그들이 "하나님이 구별하여 거룩하게 하고 사랑하신 자들"이라고 설명합니다(골 3:12). 이것만 보더라도 "선택받은"이라는 뜻이 교회 및 성도들과 깊은 연관을 맺고 있음이 드러납니다.

이제 "퀴리아"에 대해 살펴볼 차례입니다. 여주인을 뜻하는 "퀴리아"는 남주인 "퀴리오스"(κύριος)에 상응하는 높은 호칭입니다. 이런 특별한 뜻을 가진 단어 퀴리아는 신약성경에서 총 두 번 등장하는데 전부 요한이서에만 나옵니다. 반면 남성형 "퀴리오스"는 신약성경에 매우 자주 등장하기 때문에 여러분도 많이 들어보셨을 것입니다. 신약성경에서 퀴리오스는 종종 "우리 주(인)님 퀴리오스 예수 그리스도"를 뜻하거든요. 우리 그리스도인들은 예수님을 따르는 종이며, 예수님은 우리의 주인님이시기 때문입니다. 그렇다면 요한이서에 나오는 여주인 퀴리아는 우리 주(인)님 퀴리오스 예수 그리스도에 상응하는 높은 표현일 가능성이 있습니다. 마치 요한계시록이 "어린양 예수 그리스도의 신부인 교회"를 고귀하게 표현하듯이(계 19:7; 21:2, 9; 22:17), 요한이서는 우리 주(인)님 예수 그리스도의 신부 교회를 여주인 퀴리아라고 표현했을지도 모릅니다. 다만 유의할 것은 요한이서에 남자 주인을 뜻하는 "퀴리오스"는 나오지 않는다는 겁니다. 물론 예수 그리스도는 나오시지요.

구약성경 70인역도 "퀴리아"라는 호칭을 아무 데나 붙이지 않고 극히 엄선된 소수에게만 사용합니다. 예컨대 여종(파이디스케, παιδίσκη) 하갈에게 여주인 사라는 "퀴리아"입니다(창 16:4, 8, 9). 열왕기서의 저자는 사르밧의 집주인 과부와 아람 왕의 군대장관 나아만의 아내에게 "퀴리아"라는 표현을 씁니다(왕상 17:10; 왕하 5:2). 이 둘은 각각 엘리야와 엘리사 전통에서 중요한 역할을 감당하는 여성들이지요. 또한 시편은 다음과 같이 남주인 퀴리오스와 여주인 퀴리아를 나란히 사용하여 하나님과 연결합니다. "남종들의 눈들이 그 남자 상전들(퀴리오이)의 손들을, 여종의 눈들이 그 여자 상전(퀴리아)의 손들을 향하는 것과 같이 우리 눈들이 여호와 우리 하나님을 향하되, 우리를 긍휼히 여기실 때까지 하나이다"(시 123:2). 또한 잠언은 여종이 자기 여주인을 내치고 여주인의 자리를 차지하는 일을 가리켜 세상을 격동시켜 견딜 수 없게 만드는 몇 가지 일들 중 하나라고 지적함으로써, 여종과 여주인 사이의 현격한 신분 차이를 알려줍니다(전 30:23).

이처럼 "퀴리아"와 "에클렉테"는 모두 고결한 표현으로서, 또 다른 고결한 표현인 부르심을 받은 교회 "에클레시아"와 비교했을 때 철자와 발음 및 함축하는 의미가 유사하다는 점에서 서로 연관이 있을 가능성이 매우 큽니다. 만약에 "에클렉테 퀴리아"가 교회를 뜻한다면 이 교회는 어떤 교회일까요? 지구상의 모든 교회를 망라하는 일반 교회를 뜻할까요, 아니면 특정 지역 교회를 의미할까요?

확실하지는 않지만 이는 "특정 지역 교회"를 뜻할 가능성이 더 커 보입니다. 왜냐하면 요한이서 마지막 절에 이런 말이 나오거든요. "선택받은 그대의 자매의 자녀들이 그대에게 문안합니다"(13절). 이 말씀은 1절의 선택받은 여주인에게 자매가 있다는 뜻이고, 그 자매 역시 여주인처럼 선택받았으며, 여주인에게 자녀들이 있듯이 그 자매에게도 자녀들이 있다는 말입니다. 그러므로 13절의 "여주인의 자매와 그 자녀들"은 요한이서를 보낸 장로님이 계신 특정 지역의 교회와 성도님들일 가능성이 큽니다. 그 특정 지역 교회 성도님들이 "여주인과 그 자녀들"이라고 표현된 특정 지역 교회 성도님들에게 안부를 전하는 것 같아요.

그럼 이제 편지의 내용을 살펴보겠습니다. 장로는 먼저 누가 누구에게 보내는 편지인지를 밝히고, 이 편지를 받는 여주인과 그 자녀들이 절대 혼자가 아님을 강조합니다. 장로 자신과 "진리를 아는 모든 이들"이 그 여주인과 자녀들을 사랑하기 때문이죠(1절). 왜 사랑하냐면 바로 진리 때문인데요(2절), 이 진리와 사랑은 인간이 하나님께 닿을 수 있는 유일한 통로입니다. 왜냐하면 우리가 진리 안에서 사랑을 실천할 때 비로소 "하나님 아버지와 아버지의 아들 예수 그리스도께로부터 은혜, 자비, 평화"를 누릴 수 있기 때문입니다(3절). 다행스럽게도 현재 여주인과 그 자녀들은 은혜와 자비와 평화를 누리고 있습니다. 왜냐하면 그들은 이미 "아버지께 받은 계명대로 진리 안에 걷고(실천하고)" 있기 때문입니다. 그런 모습을 발견한 장로는 기뻐했습니다(4절).

이어서 장로는 여주인과 자녀들에게 서로 사랑하라는 예수님의 계명을 상기시킵니다. 이 계명은 새로 개정된 최신 계명이 아니라 창세 전 태초부터 변함없이 우리에게 주어진 영원한 진리로서, 그 계명을 몸소 행하는 것이야말로 사랑입니다(5-6절). 요한복음의 예수님은 이 계명을 가리켜 "새 계명"이라고 하시는데(요 13:34), 어찌하여 요한이서는 새 계명이 아니라 "태초부터 있는 계명"이라고 할까요? 이는 이상한 일이 아닙니다. 왜냐하면 이 계명은 예수님께서 제자들에게 새로 알려주신 새 계명이 맞지만, 새로 변경된 계명이 아니라 창세 전 태초부터 진리인 그런 계명이기 때문이지요. 이것은 마치 0이라는 숫자와 비슷합니다. 숫자 0은 5세기 인도인에 의해 발견되기 전까지 인류에게 알려지지 않았습니다. 인류 입장에서는 새로 발견하게 된 숫자지만, 0의 개념 자체는 새로 고안되거나 변한 것이 아니라 태초부터 진리였던 것이죠. 이와 유사하게 예수님도 그처럼 영원한 진리를 "새 계명"이라고 표현하심으로써 제자들에게 상기시키셨습니다. 요한이서의 장로는 그 계명이 태초부터 존재해온 변함없는 진리임을 알아본 셈이죠.

다시 본문으로 돌아가겠습니다. 장로는 자신을 포함해 여주인과 그 자녀들을 "우리"라고 표현하면서 "그대들은 스스로 살펴, 우리가 일한 것을 그대들이 망가뜨리지 말고 일한 것에 대한 온전한 임금을 그대들이 받도록 하십시오"라고 권면합니다(8절). 장로는 여주인과 그 자녀들을 지도하는 사람이자 함께 일하는 동역자로서 그들이 일한 것에 대해 온전히 임금을 받을 수 있기를 바라고 있습니다. 이 임금이 물질적 대가인지 영적 대가인지, 아니면 두 가지를 모두 뜻하는지에 관해서는 말을 아끼고 있지만, 문맥상으로 볼 때 "아버지와 아들을 가지는/모시는" 일을 포함하는 것이 분명합니다(9절). 이보다 더 큰 대가가 또 어디에 있겠습니까? 하나님 아버지와 그분의 아들이신 예수 그리스도는 보이는 세계와 보이지 않는 세계를 모두 창조하신 영원한 주인 퀴리오스신데, 이분들을 가지게 된다는 것은 세상 모두를 가지는 일 이상이지요!

그런데 그처럼 엄청난 대가를 소홀히 여기고 여주인의 교회를 교란한 자들이 있었던 것 같아요. 그들은 바로 "예수 그리스도께서 육체로 오시는(재림하는) 것을 고백하지 않는 자들"입니다(7절). 그들과 달리 우리 신자들은 요한복음이 증언한 바와 같이 말씀이 육체가 되어 우리 가운데 임하신 예수님을 그리스도로 고백하며(요 1:14) 그분이 재림 때도 육체로 오실 것을 믿습니다. 그러나 우리와 달리 "미혹하는 자 적그리스도"는 "그리스도의 교훈"(디다케, διδαχή)을 변질시키는 엄청난 잘못을 저질렀습니다(9-10절). 그리스도의 디다케가 왜 중요하냐면, 그것은 하나님이 예수님을 통해 우리에게 전해주신 유일한 영생의 방편이며 이것 때문에 예수님이 빌라도의 심문을 받고 고난을 겪으셨기 때문입니다(요 7:16-17; 18:19).

적그리스도는 이처럼 독보적인 교훈을 변질시킴으로써 스스로 망가졌을 뿐만 아니라, 부패한 그것을 들고 다른 이들을 자기 편으로 만들기 위해 여주인의 교회에 나와 사람들을 교란시켰습니다(10절). 당시 초기 교회는 예수님의 살아 있는 교훈과 전통을 후세에 고스란히 전해야 할 막중한 사명을 갖고 있었으며 변질된 교훈을 접하는 성도 개인과 교회는 하나님과 예수님과 영생에서 끊어질 것임을 알고 있었기 때문에, 장로는 신자들에게 적그리스도와 인사조차 하지 말라고 단단히 경고합니다(10-11절). 이런 자들은 요한일서에도 "적그리스도"이자 "거짓말쟁이"로 등장합니다. 이들은 종말에 나타날 것으로 예고되었다가 마침내 나타난 자들로서, 그 수가 상당히 많았던 것 같습니다(요일 2:18, 22; 4:3). 하지만 이들은 요한일서가 기록될 당시에 교회를 떠난 것으로 추정됩니다(요일 2:19).

이제 정리하겠습니다. 장로는 여주인과 그 자녀들을 매우 사랑했던 것 같습니다. 12절에서 그들을 직접 방문하겠다고 말하면서 13절밖에 되지 않는 이 편지가 왜 이렇게 짧은지도 설명합니다. 그는 나눌 이야기가 너무 많지만 "종이나 먹으로" 쓰기보다 직접 찾아가서 얼굴과 얼굴을 마주 보며 이야기해주고 싶다고 합니다. 장로는 그런 재회와 나눔을 통해 서로에게 기쁨이 가득하기를 기대합니다(12절). 또한 앞서 말씀드린 바와 같이 장로는 편지 끝에 여주인 교회에 자매 교회의 문안을 전함으로써 교회가 연합하여 그리스도의 일을 성취하는 아름다운 모습을 상상하게 합니다(13절). 장로가 여주인과 자녀들로 인해 벌써 기뻐했던 것처럼(4절), 이제 곧 여주인과 자녀들도 장로를 뵙고 이야기 나누며 기뻐하겠지요! 교통과 통신이 발달하지 않은 당시에 편지를 써서 전달하는 일도 큰 정성인데, 편지만 달랑 써서 보내는 데 그치지 않고 직접 방문하려는 것은 엄청난 섬김이자 사랑의 표현입니다.

설교자가 추천하는 주석

1. 이재현, 『요한서신』, 서울: 감은사, 2021.

2. 레이몬드 E. 브라운, 홍인규, 홍승민 역, 『앵커바이블 요한서신』, 서울: CLC, 2017.

3. 얀 판 더 바트, 황원하 역, 『요한문헌(요한복음-요한서신) 개론』, 서울: CLC, 2011.

4. R. Alan Culpepper, *Communities in Dispute: Current Scholarship on the Johannine Epistles*, Society of Biblical Literature, 2014.

5. William D. Mounce, Edited by Bruce M. Metzger et al., *Pastoral Epistles*, Word Biblical Commentary 46, Zondervan Academic, 2016.

25
요한삼서 설교

권해생

설교자 약력

연세대학교(B.A.)

고려신학대학원(M.Div.)

미국 Biola University, Talbot School of Theology(M.A.)

영국 Bristol University, Trinity College(Ph.D.)

국제신학대학원대학교 부교수

설교자 저서

『요한복음 주석』(2021) 외

축복의 정석

요한삼서 1:1-4

성도 여러분, 초기 교회 성도들은 서로를 위해 어떻게 복을 빌어주었을까요? 가장 대표적인 축복은 "은혜와 평강"을 기원해 주는 것이었습니다. 바울과 베드로가 쓴 모든 서신에는 성도들을 향해 "하나님 우리 아버지와 주 예수 그리스도께로부터 은혜와 평강이 너희에게 있기를 원하노라"고 복을 빌어주는 인사가 나옵니다(롬 1:7; 고전 1:3; 고후 1:2; 갈 1:3; 엡 1:2; 빌 1:2; 골 1:2; 살전 1:1; 살후 1:2; 딤전 1:2; 딤후 1:2; 딛 1:4; 몬 1:3; 벧전 1:2; 벧후 1:2). 똑같은 내용은 아니지만, 모두 은혜와 평강을 기원하는 인사입니다. 사도 요한도 요한이서에서 이런 축복의 인사를 합니다(요이 1:3). 유대인들은 평강("샬롬")으로 인사했는데, 사도들은 "은혜"를 첨가하여 축복합니다. 예수 그리스도 안에서 하나님께서 주시는 은혜를 통해 당신에게 평강이 있기를 원한다는 뜻입니다. 이런 은혜와 평강만큼 성도에게 필요하고 복된 것이 없습니다.

그런데 오늘 본문에는 좀 특이한 축복의 인사가 나옵니다. 은혜와 평강을 비는 인사가 빠지고 대신 다른 축복이 들어 있습니다. "사랑하는 자여, 네 영혼이 잘됨 같이 네가 범사에 잘되고 강건하기를 내가 간구하노라."(2절) 이처럼 영혼과 범사와 건강을 위한 축복 인사를 합니다. 사도는 왜 이런 색다른 축복으로 편지를 시작하는 것일까요? 오늘 본문을 통해 우리는 초기 교회 성도들이 서로를 축복할 때 어떤 마음과 원리에 따라 복을 빌어주었는지를 알 수 있습니다. 여기에 우리가 따라야 할 축복의 정석이 있습니다.

요한삼서는 성경 66권 중 가장 짧은 성경입니다. 빌레몬서, 요한이서, 유다서처럼 한 장으로 구성된 다른 성경도 있지만, 요한삼서는 가장 적은 그리스어 단어로 구성되어 있습니다. 그럼에도 불구하고 이 짧은 편지에 나오는 축복의 정석은 지난 기독교 역사 2천 년 동안 교회가 소중히 여겨온 핵심 가치가 무엇인지를 잘 드러내주고 있습니다. 자, 그러면 사도 요한을 통해 우리에게 전수된 축복의 정석, 교회의 핵심 가치를 좀 더 자세히 살펴보도록 하겠습니다.

1. 축복의 대상

사도 요한은 가이오라는 사람을 향해 축복의 인사를 합니다. 가이오의 정체에 대해서는 여러 주장이 있습니다. 우선 사도행전 19장에 마케도니아 사람인 가이오가 나옵니다. 그는 바울과 함께 전도 여행을 다니던 사람으로서 에베소 폭동 때 흥분한 사람들에게 붙잡힙니다(행 19:29). 또한 사도행전 20장에는 더베 사람 가이오가 나오는데, 후대 전승에 의하면 이 사람은 나중에 버가모의 감독이 되었다고 합니다. 한편 로마서

16장에는 바울을 환대하고 고린도 교회를 돌보는 가이오가 나옵니다(롬 16:23). 그렇다면 요한삼서에 언급된 가이오는 이 중 누구일까요? 가이오라는 이름이 당시에 흔한 이름이었기 때문에 어느 인물인지 쉽게 단정 지을 수 없습니다. 따라서 우리는 요한삼서에 나오는 내용만으로 그의 존재를 추측해볼 뿐입니다.

3절에 따르면 형제들이 와서 가이오가 어떤 사람인지 사도 요한에게 보고를 합니다. 여기에 가이오를 설명하는 두 가지 특징이 언급됩니다.

(1) 먼저 가이오에게는 진리가 있었습니다. 이 말은 그가 사도들이 예수님께 받아서 전해준 정통 복음의 진리 안에 굳건하게 서 있는 사람임을 뜻합니다. 1세기 당시 아시아 지역에서는 진리에 대한 싸움이 치열했습니다. 교회 안에 거짓 가르침이 들어와서 복음을 왜곡시키고 교회를 파괴하는 일이 빈번히 발생했습니다. 그래서 사도 요한을 비롯한 교회 지도자들에게는 진리 안에 교회를 세우는 일이 무엇보다 중요했습니다.

사도 요한이 쓴 다른 편지인 요한일서와 요한이서를 보면 당시 거짓 가르침이 어떤 것인지를 알 수 있습니다. 첫째, 거짓 교사들은 잘못된 기독론을 가르쳤습니다. 그들은 예수 그리스도께서 육체로 오신 사실을 부인하였으며(요일 4:1-3; 요이 1:7), 육체를 악한 것으로 보는 고대 영지주의 사상의 영향을 받아 예수님의 성육신을 부인하였습니다. 그런데 이렇게 되면 예수님이 행하신 구속 사역의 핵심이 변질될 수밖에 없습니다. 예수님은 참사람이 되셔서 우리를 대신하여 죽으시고 부활하셨기 때문에 그분의 죽음이 우리의 죽음이 되고 그분의 부활이 우리의 부활이 됩니다. 이런 예수님의 성육신을 부인하면 우리의 죄 용서도 부활도

무위로 돌아갑니다. 그렇기 때문에 사도 요한은 성육신을 부인하는 거짓 교사들을 적그리스도라고 칭하면서 강하게 비판합니다.

둘째, 거짓 교사들은 신자의 행함을 무시하는 가르침을 전파했습니다. 그들은 우리의 영혼이 이미 구원을 받았기 때문에 육체는 마음대로 죄를 지어도 상관없다고 주장하였습니다. 육체는 어차피 악하기 때문에 구원의 대상도 아니고 윤리의 대상도 아니라고 하였습니다. 사도 요한은 이런 거짓 가르침에 대항하여 하나님께로부터 난 자마다 죄를 짓지 않는다고 교훈합니다(요일 3:6-9). 심지어 그런 잘못된 사상으로 죄를 짓는 자는 마귀의 자녀들이라고 경고합니다(요일 3:10).

이런 맥락을 토대로 가이오에게 진리가 있다는 말의 의미를 생각해 보면 그가 당시 교회를 미혹하는 거짓 가르침을 따르지 않고 사도들이 전해준 복음의 진리 안에 굳건하게 머물러 있는 사람임을 알 수 있습니다. 사도는 가이오의 이런 믿음을 칭찬하며 기뻐하고 있습니다.

(2) 가이오를 설명하는 또 다른 특징은 진리 안에서 행하는 것입니다(3-4절). 우리말로 "행하다"로 번역된 그리스어 "페리파테오"(περιπατέω)는 "걷다"라는 기본적인 의미를 갖고 있습니다. 이를 의역하면 "살다"가 적당할 것 같습니다. 가이오는 진리 안에서 사는 사람이었습니다. 진리를 믿을 뿐 아니라 그 진리대로 사는 사람이었습니다. 그의 삶은 구체적으로 어떤 모습이었을까요? 이어지는 본문에 나타나는 바에 따르면, 그는 나그네에게 사랑을 베풀었습니다(5절). 여기 나오는 나그네는 1세기 당시 복음을 전하기 위해 여러 지역을 다니는 순회 전도자를 뜻합니다. 가이오는 이런 순회 전도자를 잘 대접하고 후원하였

습니다. 이를 본 사도 요한은 가이오가 진리 안에 사는 사람이라고 기뻐합니다.

순회 전도자는 교회가 없는 곳에 가서 복음의 진리를 전하면서 교회를 개척하였습니다. 또한 교회는 있지만 목회자가 없는 곳의 성도들에게 복음의 진리를 가르침으로써 교회를 굳건하게 하였습니다. 그런데 당시는 교통이나 숙박 시설이 발달하지 않은 시대인지라 이곳저곳을 이동하는 일이 매우 까다로웠습니다. 적당한 숙박 시설을 찾지 못하면 안전에 큰 위협을 받기 일쑤였고, 숙박 시설을 구하기 위해서는 많은 재정이 필요했습니다. 따라서 사례를 받지 않고 사역을 하던 순회 전도자들은 늘 재정적인 부담을 안고 있었습니다(7절).

이런 상황에서 숙소와 음식을 제공해주는 사람들은 전도자들에게 큰 힘이 되었습니다. 초기 교회에는 수많은 순회 전도자들의 노고 못지않게 그들을 후원하고 환대해준 많은 성도들의 도움이 있었습니다.

이런 환대는 이웃 사랑, 형제 사랑을 실천한 것입니다. 진리 안에서 사는 것은 사랑을 실천하며 사는 것입니다. 또한 이런 환대는 복음의 진리에 대한 헌신을 보여줍니다. 복음의 진리가 귀하니까 그것을 전하는 사람이 귀한 것입니다. 그래서 성도들은 그들을 환대하고 후원하였습니다. 가이오는 바로 이런 후원자로서 순회 전도자에게 넉넉한 환대를 베풀었는데, 이것이 그들에게 큰 격려가 되었던 것 같습니다. 잘 접대 받은 전도자들이 요한에게 와서 그 일을 보고하자 그는 크게 기뻐합니다(3절). 그러면서 가이오에 대해 "진리 안에서 행하는 자"라고 칭찬을 합니다.

2. 영혼을 위한 축복

이렇게 진리 안에서 행하는 가이오를 위해 사도 요한은 복을 빌어 줍니다(2절). 먼저 가이오에게 영혼이 잘되는 자라고 칭찬합니다. 이는 영혼이 안녕한 자라는 말입니다. "잘되다"로 번역된 그리스어 "유오도오"(εὐοδόω)는 "안녕하다" 혹은 "번영하다"라는 뜻을 가지고 있습니다. 영혼이 건강하고 안녕하며 성숙하고 번영한 사람, 가이오는 이런 사람이었습니다.

어떻게 그것을 알 수 있었을까요? 그가 진리 안에서 행하기 때문입니다. 가이오가 복음의 진리를 전파하는 전도자들을 잘 환대했다는 사실은 그가 복음의 진리를 사랑하고 잘 믿으며 그것을 전하는 일을 좋아한 사람이었음을 알려줍니다.

성도 여러분, 저는 무엇보다도 여러분의 영혼이 잘되면 좋겠습니다. 영혼이 건강하고 성숙한 사람이 되면 좋겠습니다. 여러분이 복음의 진리를 잘 믿고 사랑해서 그것을 널리 전하는 사람이 되면 좋겠습니다. 복음의 진리가 너무 좋은 나머지 복음 전도자들을 기도와 물질로 기꺼이 후원하고자 하는 그런 사람이 되면 좋겠습니다.

저는 우리 교회가 영혼이 잘되는 교회가 되길 바랍니다. 우리끼리 믿고 예배하며 교제하는 데 만족하지 않고 우리를 통해 복음의 진리가 전파되는 것을 꿈꾸고 실천하는 교회가 되면 좋겠습니다. 복음의 진리를 전하는 사람들을 적극적으로 후원하는 교회가 되면 좋겠습니다. 이런 모습이 바로 진리를 행하는 교회의 모습입니다. 그런 교회는 사도의 기쁨이 되고 하나님의 기쁨이 됩니다.

3. 범사와 건강을 위한 축복

이렇게 영혼이 잘된 사람을 위해 사도는 두 가지 기도를 합니다(2절). 첫째, 범사에 잘 되기를 기도합니다. 그가 하는 모든 일이 어려움 없이 순적하게 진행되기를 기도합니다. 이는 오로지 물질적인 복만을 뜻하는 것은 아니지만, 물질적인 복을 제외하지도 않습니다. 특히 고린도전서 16:2에 따르면 생업의 발전을 의미하는 상황에서 이 단어가 사용됩니다. "매주 첫날에 너희 각 사람이 **수입에 따라**(수입이 잘 되는 대로) 모아 두어서 내가 갈 때 연보를 하지 않게 하라." 따라서 범사가 잘되는 것은 모든 일상에 어려움이 없이 발전하는 상태를 의미합니다. 신약성경에서 이런 축복은 좀처럼 보기 어렵습니다. 그는 이어서 육신의 건강을 위해서도 축복합니다.

건강을 비는 것은 그리스 세계의 전통적인 인사인데, 성경학자들에 따르면 범사에 강건하기를 비는 것도 당시의 일반적인 축복이었다고 합니다[1]. 얼핏 보면 세속적인 기복주의 같기도 합니다만, 사도 요한은 가이오에게 이런 축복을 하고 있습니다. 다만 요한은 "네 영혼이 잘됨같이"라는 말을 붙입니다. 그는 특별히 영혼이 잘된 사람을 위해 범사와 건강에 관한 복을 빌어줍니다. 다시 말해 이 축복은 진리 안에서 행하는 자

---

1   케린 H. 좁스, 『강해로 푸는 요한일·이·삼서』, 326.

들을 위한 기도입니다. 복음의 진리를 잘 믿고 그 진리를 사랑하며 그 진리의 전파를 위해 수고하는 사람들을 위한 기도인 것입니다.

본문에는 가이오의 상황에 대해 특별히 건강이 좋지 않다든지 또는 재정적으로 궁핍하다고 언급하는 부분이 없습니다. 그런데도 사도는 그의 범사와 건강을 위해 축복합니다. 따라서 오늘 말씀드리는 축복의 정석은 가난한 자나 병든 자를 위한 축복의 원리는 아닙니다. 그 점에 대해서는 다른 성경 본문이 얘기하고 있습니다. 물론 우리는 급한 건강의 문제나 재정의 문제를 위해 서로 기도해야 합니다(예. 약 5:13-14).

다만 오늘 말씀드리는 것은 건강도 괜찮고 살림살이도 나쁘지 않은 사람들을 위한 일반적인 축복의 원리입니다. 오늘 본문에서는 그들의 건강이 계속 강건하도록 축복합니다. 사업과 직장이 무탈하고 잘되기를 축복합니다. 신약성경에서 굉장히 보기 드문 축복입니다. 실제로 신약성경에는 돈을 조심하라는 경고가 더 자주 등장합니다.

> 부하려 하는 자들은 시험과 올무와 여러 가지 어리석고 해로운 욕심에 떨어지나니 곧 사람으로 파멸과 멸망에 빠지게 하는 것이라. 돈을 사랑함이 일만 악의 뿌리가 되나니 이것을 탐내는 자들은 미혹을 받아 믿음에서 떠나 많은 근심으로써 자기를 찔렀도다(딤전 6:9-10).

우리는 물질로 인해 시험에 들고 넘어지기 쉽습니다. 물질은 하나님을 섬기는 데 방해가 되기도 합니다(마 6:24). 그런데 오늘 본문에서 사도 요한은 가이오의 건강과 범사를 위해 기도합니다. 왜냐하면 그는 영혼이 잘된 사람이기 때문입니다. 영혼이 건강하고 부요한 사람이기 때문입니다. 진리를 행함으로써 복음의 진리를 전하고, 더 나아가 복음의 진리를 전하는 자들을 돕는 사람이기 때문입니다. 따라서 그가 건강하면 복음의 진리가 더 많이 전해질 것이고, 그의 생업이 잘 되면 더 많은 후원이 이루어질 것입니다. 그래서 사도는 영혼이 잘됨 같이 범사에 형통하고 건강에도 문제가 없기를 축복하고 있습니다.

성도 여러분, 여러분의 영혼은 안녕하십니까? 여러분의 영혼은 건강하게 잘 성장하고 있습니까? 복음의 진리를 더 잘 믿으면서 나날이 더 사랑하시기를 축복합니다. 복음의 진리를 한껏 드러내고 더 힘껏 후원하시기를 축복합니다. 그리고 여러분의 영혼이 잘됨 같이 몸도 더 건강해지고 하시는 모든 일이 잘 되기를 축복합니다.

그런데 만약 영혼은 잘 안 되는데, 즉 영혼이 건강하지 않은 채로 하는 일이 더 잘 되면 어떻게 될까요? 대단히 죄송합니다만 그것은 복이 아닐 수도 있습니다. 우리를 하나님으로부터 더 멀어지게 만들기 때문입니다. 시편 저자는 "하나님께 가까이함이 내게 복이라"고 고백합니다 (시 73:28). 따라서 순서가 중요합니다. 영혼이 먼저 잘되어야 합니다. 그래야 몸이 건강하고 생업이 잘되어도 시험에 들지 않습니다. 하나님을 더욱 사랑하고 영생의 복을 누릴 수 있습니다. 우리는 세상 기준으로 부와 권력의 정점을 누리고도 비극적인 말로를 맞은 사람의 인생을 눈여겨보아야 합니다. 그의 이름은 솔로몬입니다. 그는 말년에 이방 여인의 손에 이끌려 이방 신에게 제사를 드렸습니다. 심지어 그의 사후에는 나라가 두 쪽으로 갈라지게 됨으로써 자손들이 비참한 최후를 맞게 되었고, 그 결과 아버지 다윗의 영광을 다 까먹게 되었습니다.

그러므로 성도 여러분, 영혼의 잘됨 없는 형통을 조심하셔야 합니다. 그리고 무엇보다 영혼의 잘됨을 위해 애쓰셔야 합니다. 사도 요한은 영혼이 잘된 가이오를 기뻐하면서 그의 몸과 살림살이 역시 잘되기를 축복합니다. 또한 우리도 사도 요한의 방식대로 서로를 위해 기도하면 좋겠습니다. 서로의 영혼이 잘되기를 기원하며 그것을 토대로 범사가 잘되기를 축복하면 좋습니다. 이것이 오늘 본문이 보여주는 축복의 정석입니다.

설교자가 추천하는 주석

1. 케런 H. 좁스, 김귀탁 역, 『강해로 푸는 요한일, 이, 삼서』, 서울: 도서출판디모데, 2018.

2. 스테핀 S. 스말리, 조호진 역, 『요한 1, 2, 3서』, 서울: 솔로몬, 2005.

3. 레이몬드. E 브라운, 홍인규 역, 『앵커바이블 요한서신』, 서울: CLC, 2017.

4. Daniel L. Akin, *1,2,3 John*, Nashville: B&H Publishing Group, 2001.

5. Colin G. Kruse, *The Letters of John*, Grand Rapids: William B. Eerdmans, 2020.

26
유다서 설교

강대훈

설교자 약력

경북대학교(B.A., M.A.)

총신대학교 신학대학원(M.Div.)

미국 Gordon-Conwell Theological Seminary(Th.M.)

영국 University of Bristol, Trinity College(Ph.D.)

개신대학원대학교 교수

설교자 저서

『마태복음 주석』(2019) 외

거짓 교사들을 분별합시다

유다서 1:1-10

우리가 사는 세상은 무성한 숲과 같습니다. 목적지를 향해 숲속을 지나면서 우리는 온갖 종류의 나무와 짐승과 사람을 만납니다. 숲이 클수록 목적지를 안내하겠다고 나서는 사람들도 많습니다. 숲에 나무가 많고 안개가 자욱해서 방향을 확신하기 힘들 때는 이쪽이 지름길이자 바른길이라고 확신에 찬 목소리로 외치는 안내자들의 말에 귀가 솔깃해집니다. 우리가 읽은 본문은 갓 태어난 교회를 위협하는 거짓 교사들의 문제와 그들의 운명을 지적합니다. 저자는 예수님을 믿고 따르는 신자들이 인생의 숲을 걷는 도중에 마주치는 거짓 안내자들을 어떻게 분별할 수 있는지를 가르칩니다. 오늘 본문을 통해 거짓 교사들이 어떤 방법을 사용하여 신자들을 이탈하게 만드는지를 살펴보고 우리는 이에 대항하여 어떻게 신앙의 위치를 지킬 수 있는지를 배울 수 있길 바랍니다.

교회에 들어온 거짓 교사들

편지의 발신자는 "예수 그리스도의 종", "야고보의 형제인 유다"입니다. 유다는 수신자들에게 간단히 인사를 하고 편지를 보내게 된 이유를 언급합니다. 유다는 신자들을 가리켜 "지키심을 받은 자들"이라고 부르면서 그들에게 "긍휼과 평강과 사랑"이 더욱 풍성해지기를 소망합니다. 이 표현에 편지의 내용이 함축되어 있습니다. 편지를 받는 신자들은 부르심을 받은 자들로서, 하나님 아버지의 사랑을 받았습니다. 즉 하나님의 부르심을 받은 사람은 하나님의 사랑을 받는 사람입니다. 유다는 "긍휼"과 "지키심"을 언급합니다. 신자들은 예수 그리스도를 위해 지키심을 받았습니다. 그런데 위치를 지키지 않은 거짓 교사들이 신자들을 유혹해서 신앙의 자리에서 벗어나도록 만듭니다. 거짓 교사들의 가르침에 넘어가는 신자들은 22절에 언급된 "의심하는"(="잘못 판단하는") 자들입니다. 의심하는 자들은 잘못된 가르침을 근거로 삼아 바른 가르침에서 이탈하는 사람들입니다. 부르심을 받은 신자들은 "지키심을 받은" 자들이므로 위치를 이탈하지 않아야 하며, 위치를 벗어나는 사람들이 생기면 "긍휼히" 여기는 마음으로 이들을 데려와야 합니다(22-23절).

유다는 어떻게 신앙의 위치를 지킬 수 있는지에 관해 설명합니다. "단번에 주신 믿음의 도를 위하여 힘써 싸우라"(3절). "단번에 주신 믿음의 도"는 편지를 쓰는 사람과 받는 사람들이 공통적으로 받은 계시를 뜻합니다. 이 "도"는 기록된 성경에 이미 들어 있으며, 더 이상의 새로운 계시는 없습니다. 그런데도 거짓 교사들은 새로운 계시를 주장하면서 믿음의 도가 불완전한 것이라고 몰아붙입니다. 그들은 교회가 예수님과 사도들을 통해 받은 가르침을 수정하고 거기에 새로운 내용을 덧붙입니다. 거짓 교사들은 "가만히(비밀리에) 들어온 자들"입니다(4절). 그들은 진짜 정체를 숨기고 좋은 교사들인 것처럼 행동합니다. 거짓과 참을 식별하기 어려운 상황에서 믿음의 도를 지키려면 치열하게 싸울 준비를 해야 합니다. 싸우는 것은 운동 시합이나 전투에서 맞붙는 행위를 말합니다. 또한 성도들은 믿음의 도를 흔드는 자들이 추구하는 목표가 무엇인지를 인지하고, 이들이 결국 하나님의 심판을 받게 된다는 사실을 명확히 알고 있어야 합니다. 구약에 따르면 믿음의 도를 부인하는 자들은 심판을 받게 됩니다. 이들의 삶은 경건하지 않습니다. 방탕합니다. 하나님의 은혜를 말하지만 실제로는 욕망을 채우는 데 관심을 둡니다. 놀랍게도 이들은 교회 안에서 활동하면서도 예수 그리스도를 부정합니다. 입술로 그리스도를 인정한다고 해도 그리스도를 존중하지 않는 행동을 한다면 사실상 그리스도를 부인하는 것입니다. 잘못된 가르침은 욕망으로 이어지고 욕망은 잘못된 가르침을 만들어냅니다.

구약의 비극적인 세 이야기

유다는 구약의 세 가지 예를 통해 거짓 교사들의 문제를 드러냅니다. 첫 번째는 이스라엘 백성이 이집트에서 해방된 후 광야에서 겪은 이야기입니다(출 32; 민 14). "주께서 백성을 애굽에서 구원하여 내시고 후에 믿지 아니하는 자들을 멸하셨으며"(5절). 하나님은 이집트의 속박에서 이스라엘을 구원하셨습니다. 그러나 하나님은 구원을 얻은 백성을 "가네스 바네아"에서 심판하셨습니다. 그들이 자신들을 구원하신 하나님을 신뢰하지 않았기 때문입니다. 하나님을 신뢰하지 않은 그들은 하나님께 헌신하지 않았습니다. 선택받은 백성에게 주어진 믿음의 길은 그들을 구원하신 하나님을 신뢰하고 그분께 헌신하는 삶을 사는 것이었습니다. 그러나 신뢰와 헌신의 자리를 이탈하는 백성은 하나님의 심판 아래 놓이게 됩니다.

두 번째는 하늘의 천사들이 타락한 이야기입니다. "또 자기 지위를 지키지 아니하고 자기 처소를 떠난 천사들을 큰 날의 심판까지 영원한 결박으로 흑암에 가두셨으며"(6절). 이 내용은 창세기 6:1-4에 근거합니다. 유대인들은 창세기 6장에서 "하나님의 아들들이 사람의 딸들의 아름다움을 보고 자기들이 좋아하는 모든 여자를 아내로" 삼은 사건을 하늘의 천사들이 타락해 벌인 비극으로 해석했습니다. 하나님은 천사들에게 각자의 위치와 임무를 주시면서 특히 파수꾼의 책임을 맡기셨습니다. 그러나 이 천사들은 하나님의 뜻을 따르지 않았습니다. 창세기 6장의 비극은 하늘의 천사들이 하나님이 정하신 위치를 벗어나 벌인 사건입니다. 타락한 천사들은 하늘의 처소를 떠난 죄로 인해 흑암에 영원히 결박됩니다. 흑암은 타락한 천사들이 갇힌 감옥의 특징입니다. 거짓 교사들은 타락한 천사들처럼 하나님께서 정하신 위치를 떠났으므로 흑암에 갇히게 될 것입니다.

세 번째는 창세기 19장의 소돔과 고모라 이야기입니다. "소돔과 고모라와 그 이웃 도시들도 그들과 같은 행동으로 음란하며 다른 육체를 따라가다가 영원한 불의 형벌을 받음으로 거울이 되었느니라"(7절). 음란한 소돔은 "다른 육체"를 따라갔기 때문에 불 심판을 받았습니다. "다른 육체"는 천사들의 육체입니다. 극단적인 음행에 중독된 소돔 사람들은 동성을 통해 성욕을 채우고자 했습니다. 그들이 성욕의 대상으로 삼은 것은 천사들이었습니다. 하나님의 뜻에서 벗어난 방식으로 성욕을 채우고자 한 결과는 인간이 아닌 육체를 탐하는 모습으로 나타났습니다.

유다는 세 가지 예를 살펴보면서 위치 이탈을 죄로 규정합니다. 이스라엘 백성은 믿음의 길에서 이탈했습니다. 천사들은 파수꾼의 임무를 벗어나 땅을 향했습니다. 성적 유희를 즐기려던 소돔 사람들은 하늘의 천사들을 향했습니다. 타락한 천사들과 소돔 사람들은 창조질서를 거스른 죄를 지은 결과로 불 심판을 받았습니다.

죄는 위치를 벗어나는 것입니다

유다는 5-7절에서 거짓 교사들의 모습을 반영한 구약의 세 사건을 언급한 후 8-10절에서 세 사건의 의미를 해석합니다. 유다는 거짓 교사들의 정체를 "꿈꾸는 이 사람들"이라는 말로 표현합니다. 신약성경이 기록될 무렵 유대인들은 꿈을 통해 하나님의 계시를 얻을 수 있다고 생각했습니다. 당시에 기록된 여러 문헌에는 사람들이 꿈을 통해 하늘에 올라가서 신비로운 경험을 하는 내용이 자주 나타납니다. 유대인들은 꿈을 통한 계시를 부정적으로 여기지 않았습니다. 오히려 경건한 의인들의 꿈을 통해 하나님의 뜻을 알고 싶어 했습니다. 그런 시대 분위기 속에서 거짓 교사들은 자신들에게 참된 계시가 있다는 식으로 선전했습니다. "단번에 받은 믿음의 도"를 폄훼하거나 불완전한 것으로 평가했습니다. 그러다 보니 교회는 꿈을 통해 새로운 계시를 받았다고 주장하는 이들에게 미혹당하기 쉬웠습니다. 거짓 교사들은 자신들의 욕망을 정당화하려는 목적으로 꿈을 통한 계시를 전했습니다. 8절을 보면 거짓 교사들은 육체를 더럽혔습니다. 비윤리적인 행위를 즐겼습니다. 그러면서도 자신들의 행위가 하늘의 계시에 근거한다고 주장했습니다. 꿈을 통해 계시를 받을 만큼의 특별한 권위가 자신들에게 있다고 소리를 높였습니다. 이런 주장은 교회가 믿는 계시자인 예수님의 권위를 부정하는 행위입니다. 그래서 저자는 거짓 교사들의 죄를 "권위를 업신여기는" 것으로 규정합니다. 여기서 "권위"는 예수님의 주 되심 또는 주권을 의미합니다. 거짓 교사들은 자신들이 사람의 행위를 판단할 수 있는 권위를 가지고 있다고 믿었으나, 이는 그리스도의 판결하는 권위를 인정하지 않는 것입니다. 또한 꿈꾸는 자들인 거짓 교사들은 "영광"을 비방합니다. 복수형인 "영광들"은 천사들을 가리킵니다. 유대인들은 하나님께서 천사들을 통해 하늘의 뜻을 땅에 전달하고 창조세계의 질서를 지키신다고 이해했습니다. 그런데 거짓 교사들은 자신들이야말로 하나님의 뜻을 아는 존재라고 주장합니다. 이는 하나님의 뜻을 전하고 실행하는 천사들의 역할을 모독하는 행위입니다.

과연 거짓 교사들은 하늘의 계시를 받았을까요? 꿈에서 하늘에 올라간 것이 사실일까요? 유다는 10절에서 거짓 교사들이 "알지 못하는 것을 비방하는도다"라고 평가합니다. 비방한 것은 모욕하는 행위를 말합니다. 거짓 교사들은 자신들이 하늘의 세계를 잘 알고 하늘의 비밀을 이해한다고 주장했지만 이는 거짓말입니다. 천상 세계를 보지 못한 그들은 하늘의 뜻을 알지 못합니다. 꿈의 환상을 통해 계시를 받았다는 주장은 사기였습니다. 만일 그들이 진정으로 천사들의 세계를 이해했다면 하나님에 대한 두려움이 생겨서 그런 거짓말을 할 수 없습니다. 거짓 교사들이 알고 있는 것은 하늘의 세계가 아니라 "짐승같이 본능으로 아는 그것", 즉 성적 욕망과 같은 죄입니다. 하늘의 세계를 아는 양 경건한 표정을 지으면서 자신들이 천사들보다 우월하다고 자랑하지만, 실제로는 짐승처럼 인간 이하의 수준에서 욕망을 채우며 살아가고 있음을 드러낼 뿐입니다. 이처럼 거짓 교사들은 자신들이 계시를 받은 선지자들처럼 하늘에 올랐다고 했으나, 실상은 땅의 정욕을 잘 알고 있는 사람들에 불과하며 그 결과 짐승처럼 멸망의 구덩이에 던져질 것입니다.

유다는 거짓 교사들의 태도(8, 10절)를 천사장 미가엘의 겸손과 대조합니다(9절). "천사장 미가엘이 모세의 시체에 관하여 마귀와 다투어 변론할 때에 감히 비방하는 판결을 내리지 못하고 다만 말하되 '주께서 너를 꾸짖으시기를 원하노라' 하였거늘"(10절). 10절 내용은 우리에게 생소합니다. 왜냐하면 성경이 아닌 유대교 문헌에 기록된 내용이기 때문입니다. 신명기 34:1-6은 모세가 죽은 뒤 알 수 없는 어떤 곳에 묻혔다고 기록할 뿐 모세의 시체를 두고 미가엘과 마귀가 다툰 이야기를 언급하지는 않습니다. 이 내용은 「모세의 유언서」로 알려진 유대교 문헌에 들어 있습니다. 유다는 미가엘의 이야기를 실제 사건으로 믿었고 편지의 수신자들이 이 사건을 잘 알고 있다는 전제하에 권면합니다. 미가엘이 모세의 시체를 놓고 마귀와 다툰 장면을 재구성하면 다음과 같습니다. 여호수아는 모세와 함께 느보산에 올랐습니다. 거기서 하나님은 모세에게 약속의 땅을 보여주셨습니다. 모세는 여호수아를 돌려보내면서 이스라엘 백성에게 자신의 죽음을 알리도록 명한 후 그곳에서 죽었습니다. 모세가 느보산에서 죽자 하나님은 미가엘 천사를 보내 그의 시체를 다른 곳으로 옮기도록 하십니다. 마귀는 모세가 이집트 사람을 죽였기 때문에(출 2:12) 명예롭게 매장되는 대신 살인죄로 기소되어야 한다고 주장했습니다. 마귀는 모세를 우상숭배의 대상으로 만들려고 했습니다. 이처럼 미가엘과 마귀는 모세의 시체를 놓고 논쟁했습니다.

왜 천사장 미가엘은 "감히 비방하는 판결"을 내리지 못했을까요? 판결은 하나님의 권한이기 때문입니다. 9절은 하늘 법정에서 일어난 일입니다. 하늘 법정에서 마귀는 검사처럼 모세를 기소하려고 합니다. 미가엘은 마귀의 목적과 태도가 잘못됐음을 압니다. 마귀의 고발이 잘못된 줄 알지만, 마귀의 행위에 대한 판결을 하나님께 맡깁니다. 미가엘의 행동은 사탄에게 예의를 갖추려는 것이 아니며, 사탄의 권세 아래서 눈치를 보는 것도 아닙니다. 미가엘은 하늘 법정에서 자신에게 주어진 위치와 역할을 알고 있으며 현재 벌어지는 상황에 대한 판결의 권한이 하나님께 있음을 압니다. 미가엘은 "주께서 너를 꾸짖으시기를 원하노라"고 마귀에게 경고합니다. 미가엘의 말은 스가랴 3장에 기록된 것으로서 하늘 법정에서 재판장이신 하나님께서 하신 말씀입니다. "여호와께서 너를 책망하노라.…여호와께서 너를 책망하노라"(슥 3:2). 판결은 하나님의 절대적이고 고유한 권한입니다. 이처럼 미가엘은 마귀에 대한 판결을 하늘의 재판장께 맡깁니다. 미가엘은 자신이 재판관이 아니라는 사실을 분명히 인지한 채로 하나님 앞에서 자신의 위치를 지켰습니다. 마귀가 위치를 지키지 않고 교만하게 자신이 판결을 내리고자 했던 것처럼, 거짓 교사들 역시 자기 위치를 모르는 교만을 드러냅니다. 미가엘이 자신이 위치를 알고 하나님의 주권에 복종한 태도는 거짓 교사들의 교만과 대조됩니다.

거짓 교사들의 실체는 가르침과 삶으로 드러납니다

우리는 지금까지 거짓 교사들의 문제가 무엇인지, 또한 그들이 궁극적으로 어떤 운명에 처하게 될지에 대해 살펴보았습니다. 양의 옷을 입고 활동하는 늑대를 조심하라고 경고하신 예수님의 말씀처럼(마 7:15), 거짓 교사들은 교회가 시작될 때부터 교회 안에서 활동했습니다. 유다가 설명하는 거짓 교사들의 문제는 자기가 있어야 할 위치를 이탈한 것입니다. 위치 이탈은 그들의 "가르침"과 "행위"를 통해 드러났습니다. 위치 이탈을 중심으로 그들의 문제를 정리해보면 다음과 같습니다. 첫째, 거짓 교사들의 문제는 "가르침"을 통해 드러났습니다. 그들은 교회가 사도들을 통해 받은 "믿음의 도"를 무시하면서 자신들이 꿈을 통해 받은 계시가 하나님의 뜻이라고 주장합니다. 또한 꿈을 통해 하늘의 세계를 보았으며 하나님의 계시를 받았다고 주장함으로써 신비적인 경험을 자신들의 주장을 입증할 수단으로 사용합니다. 그들은 자신들의 위치를 하늘에까지 높였습니다. 연예인처럼 멋있게 등장해서 신비로운 진리를 아는 것처럼 외쳤습니다. 그러나 교회의 교사들은 예수님과 사도들이 전한 "믿음의 도"에 순종하면서 배운 내용을 그대로 가르쳐야 합니다. 탁월한 능력으로 새로운 "도"를 받았다고 주장하는 것은 교사의 위치를 이탈하는 행위입니다. 교회의 교사는 환상이 아닌 기록되고 배운 "믿음의 도"를 겸손히 가르치는 사람입니다. 우리 시대에는 높은 수준의 기술을 이용한 소통의 수단이 다양합니다. 거짓 교사들은 이런 수단을 적극 활용하여 그릇된 가르침을 매혹적인 방식으로 더 많은 사람들에게 전달하고자 합니다. 신천지처럼 교회 속에 들어와 거짓 가르침을 전하기도 합니다. 거짓 교사들은 멋진 말과 경건한 표정과 체험의 언어로 메시지를 전함으로써 교회를 오염시킵니다. 교회를 혼탁하게 만드는 교훈에 넘어가지 않는 최선의 방법은 기록된 구약과 신약을 배우고 겸손히 가르치는 것뿐입니다.

둘째, 거짓 교사들의 문제는 "삶"을 통해 드러났습니다. 그들은 욕망의 추구를 최우선 목표로 삼고 스스로 설정한 기준에 따라 자신들의 행위를 옳다고 판결하면서 비윤리적 행위를 정당화했습니다. 환상을 보았거나 신비로운 경험을 했다고 주장하면서 이득을 챙기는 교사들은 흑암에 던져질 가짜 별들입니다(13절). 거짓 교사들의 정체를 파악하는 기준은 그들의 삶입니다. 욕망을 추구하도록 부추기는 선생은 가짜입니다. 안타깝게도 사람들은 자기 욕망을 채워줄 교사를 추앙합니다. 이는 욕망을 충족시켜 줄 수 있는 정치인을 지도자로 뽑는 것과 같습니다. 욕망을 추구하도록 재촉하는 가르침은 교회를 오염시키는 무서운 누룩입니다. 만인의 별과 같은 모습으로 빛을 내는 것 같지만 실제로는 자신과 타인의 욕망을 부추기고 있는 거짓 교사를 분별할 수 있기를 바랍니다.

믿음의 도를 지키는 생활

우리는 본문을 통해 거짓 교사들의 문제와 그들의 궁극적인 운명을 분명히 확인할 수 있었습니다. 이제는 본문이 우리 자신을 돌아보는 데 어떤 교훈을 전달하는지에 관해 언급함으로써 설교를 맺고자 합니다. 우리는 거짓 교사들의 가르침과 삶을 배척해야 하며, 동시에 각자 자신의 위치를 지키고 있는지를 점검할 필요가 있습니다. 유다가 서두에서 "하나님 아버지 안에서 사랑"을 얻었고 "지키심을 받은 자들"로 성도의 정체성을 규정한 부분을 기억해봅시다. 사랑을 얻은 신자는 "믿음의 도"에 만족하고 그것을 배울 때 "지키심"을 유지할 수 있습니다. "믿음의 도"는 우리에게 주어진 성경의 가르침입니다. 성경은 하나님의 사랑을 담고 있습니다. 하나님의 사랑을 알기 위해서는 성경으로 충분하며, 성경 외에 새로운 계시는 없습니다. 신앙의 위치를 지키는 길은 하나님께서 복음의 증인들을 통해 주신 성경을 겸손한 자세로 배우고 성경의 가르침을 실천하는 것입니다. 하나님의 사랑 안에 있는 자녀는 욕망의 유혹을 받을 때도 말씀이 주는 경고를 무시하지 않습니다. 믿음의 도를 기준으로 겸손히 자신의 위치를 지킬 때 비로소 "긍휼과 평강과 사랑"(2절)이 우리의 생애 가운데 더욱 풍성해집니다.

설교자가 추천하는 주석

1. 리차드 J. 보컴, 김철 역, 『유다서·베드로후서』, WBC 성경주석 시리즈 50, 서울: 솔로몬, 2010.

2. 더글러스 무, 권대영 역, 『베드로후서·유다서』, NIV 적용주석, 서울: 솔로몬, 2015.

3. 박창환, 『베드로전후서·유다서』, 서울: 솔로몬, 1996.

4. Peter H. Davids, *The Letters of Second Peter and Jude*, PNTC, Grand Rapids, Michigan: Eerdmans, 2006.

5. Thomas R. Schreiner, *1, 2 Peter, Jude*, NAC, Nashville: Broadman&Holman, 2003.

요한계시록 설교

김추성

설교자 약력

총신대학교(B.M.)

총신대학교 신학대학원(M.Div.)

미국 Westminster Theological Seminary(Th.M.)

미국 Trinity Evangelical Divinity School(Ph.D.)

합동신학대학원대학교 교수

설교자 저서

『하나님과 어린양의 보좌』(2015) 외

어린양 혼인 잔치

요한계시록 19:1-10

제가 청소년 때는 3-4일씩 진행되는 부흥회가 1년에 두 차례 정도 열렸습니다. 당시 부흥회 설교에는 보통 종말론이나 요한계시록이 단골 메뉴로 많이 등장하였습니다. 한번은 제가 다니던 교회에 신현균이라는 유명한 부흥사 목사님이 오셔서 집회를 인도하셨습니다. 얼마나 재미있게 설교를 하셨는지 지금도 그 내용이 생생하게 기억납니다. 다니엘서, 요한계시록을 많이 설교하셨고 나름대로 은혜도 많이 받았습니다. 어느 날 제가 늦잠을 자고 일어났는데 집이 텅 비어 있고 조용했어요. 순간적으로 공포심이 밀려왔습니다. "다 어디 갔지? 휴거되었나? 나만 놔두고 어머니와 형제들이 휴거된 건가? 큰일 났다. 7년 대환난이 드디어 시작되었나?" 무서운 생각들이 꼬리에 꼬리를 물고 일어났습니다. 그러다가 어머니가 들어오시는 소리를 듣고는 안도의 숨을 내쉬었습니다. 긴 시간은 아니었지만 잠시나마 두려움에 사로잡혔던 기억이 납니다. 여전히 많은 사람들이 요한계시록이나 종말론이라는 말을 들으면 무서운 생각을 떠올리는 것 같습니다. 오늘 저는 어린양 혼인 잔치라는 제목으로 말씀을 드리려고 합니다. 특히 요한계시록 19:7을 중심으로 은혜를 나누고자 합니다.

7절은 "즐거워하고 크게 기뻐하라"는 말씀으로 시작합니다. 사실상 본문이 축제를 선포하고 있음을 고려하면, 이 말씀은 승전 소식을 알리는 팡파르 역할을 한다고 봐도 무방합니다. 우리는 본문이 찬양의 맥락에서 선포되는 말씀임을 기억해야 합니다. 그리스도인에게 종말은 비관적인 것이 아닙니다. 두려움의 대상도 아닙니다. 한국교회 성도님들은 참으로 오랫동안 요한계시록을 오해하였습니다. 요한계시록이라고 하면 소망과 위로가 아닌 두려움을 느끼게 하는 책이라고 생각했습니다. 요한계시록의 저자인 요한은 19-21장에 걸쳐 종말을 신학적 관점에서 다루고 있습니다. 요한계시록의 구조를 거시적 관점에서 보면 6-16장까지는 일곱 인, 일곱 나팔, 일곱 대접 심판에 대해 기록하고 있으며, 17-18장은 음녀 바벨론 심판을 다루고 있습니다. 그런데 이 심판에 대한 기록이 끝난 후 이어지는 19장은 할렐루야 찬양으로 시작됩니다.

19:1-6에는 네 편의 할렐루야 찬미가 기록되어 있습니다. 신약 전체에서 할렐루야라는 말은 사실상 이 본문에만 4회 등장합니다. 요한계시록에 등장하는 일곱 편의 영광송 중 마지막 영광송이 19:1-6에 기록되어 있습니다. 요한계시록 19:1-6의 찬양송에는 요한계시록의 핵심 메시지가 담겨 있습니다. 요한계시록에 기록된 심판은 하나님 나라가 완성되어 가는 구원의 과정입니다. 심판은 하나님과 그분을 대적하는 악한 세력들을 심판하려는 목적뿐만 아니라 하나님 나라를 완성하고자 하는 구원의 양면성을 갖고 있습니다. 이 심판은 하나님과 어린양 및 그의

백성이 거둘 궁극적인 승리를 보여줍니다. "할렐루야! 구원과 영광과 우리 하나님께 있도다"(19:1). "하나님의 종들 곧 그를 경외하는 너희들아, 작은 자나 큰 자나 다 우리 하나님께 찬송하라"(19:5). 6절에서 요한은 요한계시록 전체의 가장 중요한 주제를 선포합니다. "할렐루야! 주 우리 하나님 곧 전능하신 이가 통치하시도다." 이는 참으로 어마어마한 선언으로서 하나님의 선하신 통치가 완성되었음을 알리는 말씀입니다. 예수님의 초림과 함께 이 땅에서 하나님 나라가 시작되었으나 아직 완성되지 않았습니다. 이미와 아직의 사이의 긴장이 있습니다. 악한 세력은 여전히 살아서 기승을 부리고 교회를 위협하며 가정과 사회를 무너뜨리고 있습니다. 심각한 영적 전투가 이곳저곳에서 벌어지고 있습니다. 그런데 이런 모든 세력들이 심판을 받고 멸망할 때가 옵니다. 그리스도인에게 종말은 결코 비관적인 것이 아닙니다. 하나님, 어린양, 성도들이 얻게 될 궁극적 승리가 바로 종말의 핵심입니다. 그래서 본문은 기뻐하고 즐거워하라고 선언합니다. 이 땅에서 고난 받는 하나님의 백성들이여! 기뻐하고 즐거워하십시오. 코로나로 인해 이 세상에 종말이 온 것 같은 때에도 성도는 기뻐하고 즐거워할 수 있습니다. 우리에게는 놀라운 소망이 있기 때문입니다. 요한은 왜 우리가 기뻐하고 즐거워해야 하는지에 대해 두 가지 이유를 말하고 있습니다.

첫째, 어린양의 혼인 기약이 이르렀기 때문입니다. 가이사랴의 안드레아스라는 교부가 있었습니다. 이분이 천국의 축복에 관해 매우 적절한 말을 남겼습니다. "영원한 천국의 축복을 표현하는 다양한 용어가 있습니다. 그 축복은 너무나 영광스럽기 때문에 하늘나라로, 때로는 좋은 것들로 이루어진 영원한 잔치라는 이유에서 낙원으로, 때로는 그곳에서 쉬는 사람들이 누리는 안식을 나타내기 위해 아브라함의 품으로, 때로는 하나님과 그의 종들이 누리는 완전하고 표현할 길 없는 합일을 통한 끝없는 기쁨이 되기 때문에 혼인 또는 혼인 잔치로 불립니다. 이 결합은 빛이 어둠과 다르고 향기가 악취와 다른 것처럼 모든 육적이고 신체적인 결합과도 구별되는 초월적인 것입니다." 그리스도인에게 종말은 무엇인가요? 기쁨과 환희의 날입니다. 요한은 이 기쁨을 무엇에 비교하고 있나요? 결혼식 축제에 비유합니다.

본문 말씀을 잘 이해하려면 유대인들의 결혼 풍습을 알아야 합니다. 요즘 결혼식에 참석해보면 교회나 예식장에서 번갯불같이 예식을 마친 뒤 급히 식사를 하고 흩어집니다. 특히 예식장에서 식을 치르는 경우는 정말 바쁩니다. 길어야 30분 정도 혼인 예식을 거행하고 사진을 찍지요. 하객들은 북적이는 인파 속에서 식권을 찾아 식사를 하고 식장을 떠납니다. 그러나 고대 유대인들의 혼인 잔치는 마을 전체의 축제였습니다. 보통 1주일씩 이어졌다고 하니 참 놀랍지요!

유대인들은 결혼을 하기 전에 정혼 예식을 올렸는데, 정혼은 오늘날의 약혼보다 더 강한 효력이 있었습니다. 유대인 남자는 만 13세, 여자는 만 12세가 되면 정혼할 수 있었는데 정혼하면 실제 부부로 간주되었습니다. 그러나 아직 합방을 할 수는 없었습니다. 정혼 예식을 마치면 떨어져 살면서 1년을 기다려야 했습니다. 그 기간에 남자는 함께 살 거처를 마련하고 여자는 신혼살림에 필요한 물품들을 준비했습니다. 요즘에는 혼인 날짜를 양쪽이 의논해서 결정하지만, 고대 유대인 사회에서는 전적으로 신랑 아버지가 날을 잡았습니다. 모든 준비가 되었다고 확인이 되면 그제서야 신랑 아버지가 신랑에게 신부를 데리고 오라는 허락을 내립니다. 신부 가정에 미리 통보하지도 않았다고 합니다. 신부 측에서는 신랑이 언제 올지 모르니 오매불망 그가 오기만을 기다려야 했습니다.

아버지의 허락이 떨어지면 신랑은 보통 밤중에 신부를 찾으러 갑니다. 사실 신부 입장에서 보면 쉽지 않은 결혼식이지요. 신랑도 신부도 기다리는 법을 배워야 했습니다. 모든 예식과 잔치를 준비한 후에 신랑은 친구들과 함께 신부를 데리러 떠납니다. 밤중에 친구들을 대동해서 신부의 집으로 직접 가는 것이 아니라 신부가 사는 동네 어귀에 도착해서 기다립니다. 그러면 신부를 기다리던 마을 사람들과 하객들이 신부의 도착에 맞춰 나팔을 불고 환영을 합니다. 혼인 예식을 올리고 신랑과 신부가 합방을 하면 드디어 혼인 잔치가 시작되는데 무려 7일이나 계속되었다고 합니다. 이때 신부는 방에서 모습을 드러내지 않은 채로 두 사람의 가족과 친지들을 비롯해 온 마을 사람들이 하나가 되어 축제를 즐겼다고 합니다. 하나 된 신랑과 신부가 잔치와 축제 가운데서 사람들의 축복과 환영을 받는 날입니다. 가만히 생각해보면 고대 유대인들의 혼인 잔치는 나름대로 운치와 멋이 있었습니다. 신랑 신부 당사자에게도 즐겁고 복된 일이지만 사람들이 어우러져 기뻐하는 날이었습니다. 이런 혼인 잔치보다 더 기쁘고 복된 날이 있을까요?

본문은 구속사적인 관점에서 볼 때 매우 의미심장한 말씀입니다. 혼인은 무엇을 상징하나요? 신랑과 신부가 하나 됨을 상징합니다. 오매

불망 서로를 기다리던 신랑 신부가 하나 되는 날입니다. 마찬가지로 어린양의 혼인 잔치는 신부인 하나님의 백성과 신랑인 어린양이 이루는 온전한 연합을 상징합니다. 또한 그리스도와 그의 백성 사이의 친밀함, 사랑, 기쁨을 표현합니다. 따라서 본문은 구속사의 완성을 보여주는 말씀입니다. 본문은 어린양과의 혼인 축제가 이르렀음을 강조하지만, 어린양의 혼인 잔치가 어떤 것인지에 대해 자세히 설명하지는 않습니다. 오히려 혼인이 이르렀음을 선포하면서 잔치에 초대받은 사람들을 향해 기뻐하고 즐거워하라고 권면합니다. 여기서 중요한 것은 시간적 관점입니다. 마지막 때는 어린양의 혼인 축제와 같은 날입니다. 지금도 우리는 어린양 예수님과 친밀함을 누릴 수 있습니다. 비록 온전한 연합이 완성된 상태는 아니지만, 연합이 완성됨으로써 친밀함을 경험할 수 있는 때가 곧 온다는 것입니다.

이는 놀라운 구원의 완성을 선포하는 말씀입니다. 누가 이것을 선포하나요? 천상의 셀 수 없는 무리들이 허다한 무리의 음성과 같고 많은 물소리와 같으며 큰 우렛소리와도 같은 소리로 이 강력한 메시지를 선포합니다. 이 선포는 세미한 가운데 들리는 자그마한 음성이 아닙니다. 귀를 기울여야만 들을 수 있는 것도 아닙니다. 온 우주를 진동하는 엄청난 소리입니다. 일이천도 아니고 그 수를 헤아릴 수 없는 수억, 수조 이상의 무리가 내는 음성입니다.

드디어 마지막 종말의 때가 도래했습니다. 어린양과 하나님의 백성이 온전히 연합할 때가 도래했습니다. 구속사의 마지막 정점이 도래했습니다. 성도는 그리스도와의 온전한 연합을 통해 구원의 클라이맥스를 경험합니다. 이 말씀 안에는 엄청난 신학이 담겨 있습니다. 요한의 신학과 바울의 신학이 하나로 만나는 지점입니다. 이 땅에서 그리스도와의 신비스러운 연합이 이미 시작되었으나 아직 완성되지 않았습니다. 연합의 신비와 비밀은 우리가 측량할 수 없을 정도로 크고 깊습니다. 요한은 참으로 깊은 신학자입니다. 요한은 사건 중심이 아닌 신학적 관점으로 종말을 서술합니다. 종말의 날에 어린양 예수님과의 온전한 연합이 완성됩니다.

그의 아내가 자신을 준비하였다고 합니다. 이는 우리가 기뻐하고 즐거워해야 할 두 번째 이유입니다. 이 구절 역시 구속사의 절정을 이루는 말씀입니다. 요한은 이제 다른 시각에서 종말을 묘사하고 있습니다. 마지막 때에 혼인 잔치와 같은 축제와 기쁨의 날이 영원토록 지속될 것입니다. 그런데 여기서 한 걸음 더 나아가 신부가 자신을 잘 준비하였다고 말합니다. 구약에서 하나님은 종종 남편으로, 이스라엘 백성은 아내로 나타납니다. "내가 네게 장가들어 영원히 살되 공의와 정의와 은총과 긍휼히 여김으로 네게 장가들며 진실함으로 네게 장가들리니 네가 여호와를 알리라"(호 2:19-20). 이런 전통은 신약에도 그대로 이어집니다. 마가복음 2:19-20에서 예수님은 자신을 신랑으로 표현합니다. 바울 역시 고후 11:2-3에서 "내가 너희를 정결한 처녀로 한 남편인 그리스도께 드리려고 중매함이로다"고 이야기합니다. 엡 5:25-27에서는 교회와 그리스도의 관계를 남편과 아내의 관계로 묘사합니다.

그런데 구약을 보면 신부인 이스라엘 백성이 늘 불성실한 모습으로 나타납니다. 한 번도 신부가 제대로 준비된 적이 없습니다. 신부인 이스라엘은 이 남자 저 남자에게 추파를 던지는 음란한 아내의 모습으로 묘사됩니다. 실제로 이스라엘 백성은 걸핏하면 우상숭배에 빠져서 하나님 한 분을 온전히 섬기지 못하였습니다. 구약의 역사는 일관된 반역의 역사입니다. 이는 신약에 와서도 그렇게 다르지 않습니다. 교회는 신랑 되신 예수님을 맞이할 준비를 제대로 하지 못했습니다. 성경에 묘사된 일곱 교회뿐만 아니라 오늘날 교회도 일그러지고 왜곡된 상태로 우왕좌왕하고 있습니다. 신구약 어디서도 하나님의 백성은 항상 온전하지 못했습니다. 늘 반역하고 신랑을 배반하는 행동을 일삼았습니다.

그런데 본문 말씀은 너무나 놀라운 선포를 합니다. "그의 아내가 자신을 준비하였다." 이 말씀 역시 구속사적인 관점에서 볼 때 참으로 놀라운 말씀입니다. 이 땅에서 우리는 온전한 아내로 준비되지 못했습니다. 그런데도 준비되었다고 선포합니다. 놀라운 구원의 완성이 이르렀다는 말씀입니다. 우리는 이 땅에서 자신의 연약함과 부패함으로 인해 탄식하고 고통을 느낍니다. 그리스도인임에도 불구하고 다른 사람의 허물과 죄 때문에 심한 고통을 느낄 때도 있습니다. 힘 있는 자들은 약한 자들을 억압하고 자신을 과시합니다. 우리는 여전히 죄의 권세 아래 눌려 있습니다. 그러나 이제 아내가 자신을 준비하였다고 합니다. 이는 온전한 연합과 구원이 도래하였음을 선포하는 말씀입니다. 이처럼 종말은 그리스도인에게 전해지는 놀라운 구원의 선포입니다.

에베소서 5:27을 함께 읽어봅시다. "그리스도께서 교회를 사랑하시고 자신을 주심같이 하라. 이는 곧 물로 씻어 말씀으로 깨끗하게 하사 거룩하게 하시고 자기 앞에 영광스러운 교회로 세우사 티나 주름 잡힌 것이나…이런 것들이 없이 거룩하고 흠이 없게 하려 하심이라." 우리 주님의 놀라운 계획이 여기에 담겨 있습니다. 예수께서 자신의 몸을 드리시고 피 흘려 교회를 사신 목적이 무엇인가요? 영광스러운 교회, 티나 주름 잡힌 것 없이 온전하고 거룩하고 흠이 없는 교회를 세우시려는 것이 교회를 향한 주님의 계획입니다. 우리는 오늘날 교회의 모습을 보며 낙심합니다. 여기저기서 발견되는 교회의 부끄러운 모습들을 보면서 한탄하지 않을 수 없습니다. 교회를 향한 거센 비판의 소리가 들려오는 가운데, 우리의 연약함과 부패함이 드러날 때마다 좌절하고 탄식합니다. 그러나 성도에게는 영광스러운 미래가 있습니다.

한편 본문은 요한계시록 21-22장에 등장할 영광스러운 새 예루살렘의 모습을 예고합니다. 21:2에는 새 예루살렘이 잘 치장한 신부가 되어 나타납니다. "또 내가 보매 거룩한 성 새 예루살렘이 하나님께로부터 하늘에서 내려오니 그 준비한 것이 신부가 남편을 위하여 단장한 것 같더라." 새 예루살렘이 하나님의 백성, 즉 교회 공동체와 동일시되고 있습니다. 이 말씀은 완성된 교회의 모습을 보여줍니다. 현재 이 땅의 교회는 많은 흠을 가진 채 다툼과 분열의 장소가 되어 온전한 교회의 모습을 보여주지 못하고 있습니다. 그러나 하나님은 교회를 위해 놀라운 계획을 가지고 계십니다. 마지막 때가 되면 하나님께서 그분의 백성을 온전하게 하실 것입니다. 하나님께서 완성하실 교회의 모습이 21:9-27에 펼쳐집니다. 이것이 성도의 미래입니다. 저와 여러분의 미래 모습입니다. 요한계시록 21-22장에는 새 하늘과 새 땅, 새 예루살렘, 새 에덴의 계시가 펼쳐집니다. 영원한 나라, 천국의 모습이 다양한 모습으로 계시됩니다. 그런데 놀랍게도 새 예루살렘이 그리스도의 신부로 등장합니다. 천국의 영광과 교회의 영광이 여기서 중첩되고 있습니다. "일곱 대접을 가지고 마지막 일곱 재앙을 담은 일곱 천사 중 하나가 나아와서 내게 말하여 이르되 '이리 오라. 내가 신부 곧 어린양의 아내를 네게 보이리라' 하고"(21:9). 요한계시록 21:10-27에는 새 예루살렘의 영광의 계시가 펼쳐집니다. 그런데 새 예루살렘을 그리스도의 신부이자 어린양의 아내라고 말합니다. 새 예루살렘은 영원한 도성이자 공동체입니다. 새 예루살렘을 묘사하는 가장 중요한 단어는 바로 하나님의 영광입니다. 새 예루살렘에 대한 계시를 관통하는 가장 중요한 단어는 바로 영광입니다. 영광이 무엇입니까? 눈에 보이도록 나타나는 찬란함입니다. 요한은 열두 보석의 아름다움과 광채를 빌려서 새 예루살렘의 찬란함과 아름다움을 묘사합니다. 잘 준비되고 단장한 신부의 모습입니다.

이것이 바로 요한이 서두에서 기록한 일곱 별의 비밀입니다(계 1:20). 요한계시록은 일곱 별의 비밀을 기록하고 있는 책입니다. 일곱 별의 비밀이란 바로 교회의 감추어진 비밀을 말합니다. 교회가 연약하고 보잘것없는 모습으로 이 땅에 존재하고 있을지라도, 하나님은 이런 교회를 향해 놀라운 계획을 갖고 계십니다. 마지막 날, 그리스도께서 교회를 온전히 세워 주시고 영광 가운데 있게 하실 것임을 보여주는 것이 바로 일곱 별의 비밀입니다.

주 안에서 사랑하는 성도 여러분, 이제 말씀을 정리하겠습니다. 즐거워하고 기뻐합시다. 세상의 모든 소망이 끝난 것처럼 보여도 우리에게는 영원한 소망이 있습니다. 종말은 하나님의 선하신 통치가 완성되는 날입니다. 우리에게는 어린양의 혼인 잔치가 남아 있습니다. 그날은 우리가 신랑 되신 예수님과 연합하는 날입니다. 어린양 예수 그리스도를 직접 뵘으로써 주님과의 친밀함을 완성하는 날입니다. 우리가 상상도 못 할 환희가 가득한 날이 될 것입니다. 그날에 주님께서 우리에게 빛나고 깨끗한 세마포 옷을 입혀 주실 것입니다. 우리는 교회를 함부로 비판하지 않도록 조심해야 합니다. 왜냐하면 하나님께서 자기 피로 사신 그 교회를 친히 영화롭게 하실 것이기 때문입니다. 현재 교회의 모습을 보고 함부로 판단하지 맙시다. 지금은 교회의 영광에 대해 더 많이 나누었으면 좋겠습니다. 교회를 깎아내려서 천한 것으로 만들고자 하는 악한 사단의 속임수에 넘어가지 마십시오. 우리는 영광의 나라를 유업으로 받을 자들입니다. 장차 영광스러운 신부로서 주님을 맞이하게 될 것입니다. 따라서 이 땅에서도 정결한 신부로서 신랑 되신 예수님을 맞을 준비를 해야 합니다. 우리는 음녀 바벨론의 유혹에 현혹될 사람들이 아닙니다.

설교자가 추천하는 주석

1. Vern S. Poythress, *The Returning King: A Guide to the Book of Revelation*, Phillipsburg: P&R Publishing Company, 2000.

2. Richard Bauckham, *The Theology of the Book of Revelation*, Cambridge: Cambridge University Press, 1993.

3. Grant Osborne, *Revelation*, Grand Rapids: Baker Academic, 2002.

4. Colin J. Hemer, *The Letters to the Seven Churches of Asia in Their Setting*, Grand Rapids: Eerdmans, 2001.

5. Robert H. Mounce, *Revelation*, Grand Rapids: Eerdmans, 1977.

한국복음주의신약학회 소개

한국복음주의신약학회는 1981년 창립된 "한국복음주의신학회"(KETS: Korea Evangelical Theological Society)에 소속된 신약성경 학자들의 모임에 뿌리를 두고 있습니다. 선배 회원들이 매년 두 차례 열리는 KETS 정기 학술대회에서 교제를 나눠오던 중 2001년 11월부터 신약분과 논문발표회를 독립적으로 개최하면서 "한국복음주의신약학회"(KENTS: Korea Evangelical New Testament Studies)가 발족되었습니다. 아울러 2002년 10월에 9편의 논문을 모아 「복음주의 신약학 연구」라는 이름으로 첫 학회지를 출간하였는데 당시 부록에 기록된 바에 따르면 58명의 회원이 가입·활동 중이었습니다. 2006년 12월에는 「신약연구」라는 이름으로 학회지 제목이 변경되었으며, 2012년에는 한국연구재단 학술지로 등재되었습니다. 현재 한국복음주의신약학회는 준회원을 포함해 150명이 넘는 회원을 보유하고 있으며, 양적·질적으로 많은 성장과 발전을 거듭해오고 있습니다.

고문

김상복(할렐루야 교회)

송태근(삼일교회)

이종윤(서울교회)

후원 이사

김미열(원부중앙교회)

김성곤(풍성한교회)

김영삼(금광교회)

김형국(하나복DNA네트워크)

노천상(기독교세계관학교)

박동국(서귀포교회)

방성일(하남교회)

안상호(열린성경아카데미)

안성덕(남양주충신교회)

유상섭(창신교회)

이인호(더사랑의교회)

이풍인(개포동교회)

이형신(은혜교회)

조운(울산대영교회)

최윤석(천안아산 주님의교회)

화종부(남서울교회)

임원

회장   허주(아신대학교)

부회장   최승락(고려신학대학원)

          배종열(개신대학원대학교)

총무   권해생(국제신학대학원대학교)

서기   김선욱(에스라성경대학원대학교)

부서기   박장훈(백석대학교)

회계   김혜란(KC대학교)

부회계   송승인(총신대학교)

감사   김경식(웨스트민스터신학대학원대학교)

      문우일(서울신학대학교)

편집위원

위원장   박윤만(대신대학교)

서기   김규섭(아신대학교)

위원   채영삼(백석대학교)

      이장렬(Midwestern Baptist Theological Seminary)

      김문경(장신대학교)

      김추성(합동신학대학원대학교)

      김경식(웨스트민스터신학대학원대학교)

      문우일(서울신학대학교)

      이승현(호서대학교)

      황진기(Georgia Christian University)

홈페이지

http://www.kents.or.kr

때를 얻든지 못 얻든지

신약학자들의 설교

Copyright © 한국복음주의신약학회 2021

1쇄 발행 2021년 10월 28일

지은이 한국복음주의신약학회
펴낸이 김요한
펴낸곳 새물결플러스

편 집 왕희광 정인철 노재현 한바울 정혜인
         이형일 나유영 노동래 최호연
디자인 박인미 황진주 김은경
마케팅 박성민 이원혁
총 무 김명화 이성순
영 상 최정호 곽상원
아카데미 차상희

홈페이지 www.holywaveplus.com
이메일 hwpbooks@hwpbooks.com
출판등록 2008년 8월 21일 제2008-24호
주 소 (우) 04118 서울시 마포구 마포대로19길 33
전 화 02) 2652-3161
팩 스 02) 2652-3191

ISBN 979-11-6129-218-2 93230

책값은 뒤표지에 있습니다.